Hauswirtschaft und Sozialwesen

9/10

Rheinland-Pfalz

Herausgegeben von Margarete Schmid

Erarbeitet von
Hildegard Adler
Benjamin Apeloig
Daniela Bühler
Heide Danner
Ingrid Klinga
Jutta Kuhnert
Christa Sänger
Tabea Schäpsmeyer
Margarete Schmid
Heide Tremmel-Sack

Oldenbourg Schulbuchverlag, München

Erarbeitet auf der Grundlage von „Mensch und Umwelt. Haushalt, Wirtschaft, Gesundheit“, Band 2.

Bedeutung der Symbole:
M Methode
P Portfolio

Illustrationen: Cleo-Petra Kurze, Detlef Seidensticker, Klaus Puth
Redaktion: Elisabeth Dorner, Berlin
Umschlagkonzept: Mendell & Oberer, München
Umschlaggestaltung: silbersee agentur für design, München
Technische Umsetzung: Doris Haßiepen, Heiko Jegodtka
Satz: Verlagsservice Dr. Helmut Neuberger & Karl Schaumann GmbH, Heimstetten

www.cornelsen.de

1. Auflage, 5. Druck 2021

Alle Drucke dieser Auflage sind inhaltlich unverändert
und können im Unterricht nebeneinander verwendet werden.

Druck: Mohn Media Mohndruck, Gütersloh

ISBN 978-3-637-01524-1

PEFC™
PEFC/04-31-1033

PEFC zertifiziert
Dieses Produkt stammt aus nachhaltig bewirtschafteten Wäldern und kontrollierten Quellen.

www.pefc.de

Inhalt

Familienkonferenz über
Einkommen und Ausgaben
Lohn-ab-rechnung

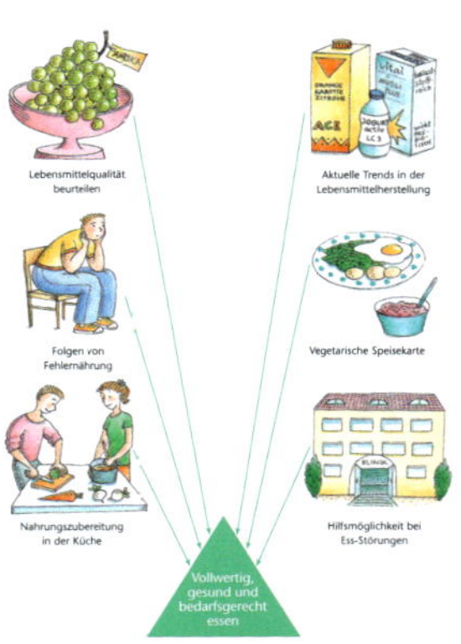

Lebensmittelqualität beurteilen
Aktuelle Trends in der Lebensmittelherstellung
Folgen von Fehlernährung
Vegetarische Speisekarte
Nahrungszubereitung in der Küche
Hilfsmöglichkeit bei Ess-Störungen
Vollwertig, gesund und bedarfsgerecht essen

Sich informieren ...
... im Gespräch mit den Eltern
... in der Berufsberatung
... im Betriebspraktikum
... im Gespräch mit Freunden
und entscheiden, damit das Berufsleben
nicht so aussieht ...,
Noch acht Stunden – dann bin ich hier endlich raus!
sondern so ...
Wenn ich den Teig etwas länger ruhen lasse und mit Zimt würze, ... mmmmh!

M Methodenübersicht

Kompetent im Alltag

Gesellschaft

Umwelt

Das Zusammenleben bewusst gestalten
(Sozialwesen/Gesellschaft)

Die Wirtschaftseinheit Haushalt bewältigen
(Ökonomische Bildung)

Grundlegende Informations- und Kommunikationstechniken nutzen
(Informatische Bildung)

Umwelt

Gesellschaft

Einflüsse von Gesellschaft und Umwelt – kompetent begegnen, überlegt bewältigen

Gesellschaft

Umwelt

Ernährungsweisen kennen und beurteilen
(Gesundheitsförderlicher Lebensstil)

Berufliche Lebensplanung
(Berufsorientierung)

Umwelt

Gesellschaft

1 Soziales Handeln im Haushalt

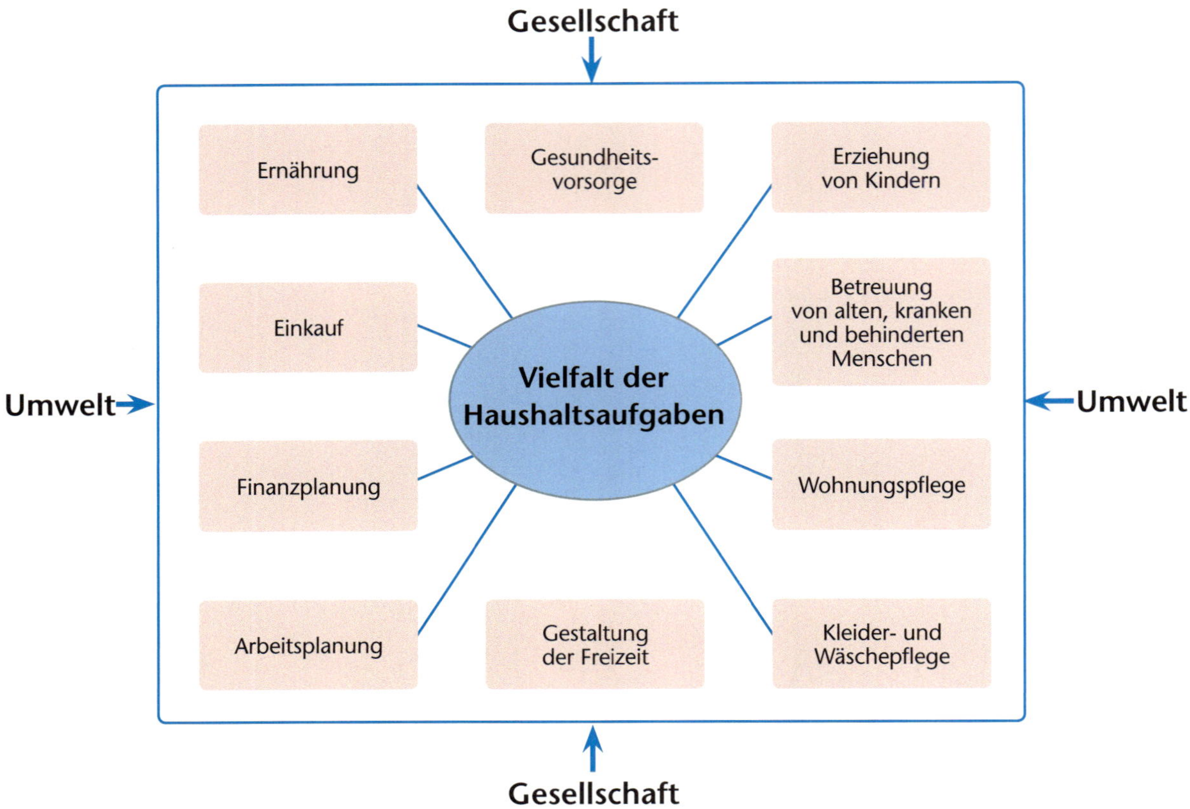

Ein Haushalt hat vielerlei Aufgaben

Jeder lebt in einem Haushalt, die meisten von uns leben in einem Familienhaushalt. Die Familienhaushalte gehören in die Gruppe der privaten Haushalte.

Private Haushalte sind wirtschaftliche und soziale Einheiten.

In den Haushalten werden unsere Wünsche und Bedürfnisse so weit wie möglich befriedigt: das ist z. B. das Bedürfnis nach Nahrung, die uns gut schmeckt, nach passender und moderner Kleidung, in der wir uns wohl fühlen, sowie nach einer gemütlichen Wohnung, in der wir uns gerne aufhalten.
Im privaten Haushalt werden also wirtschaftliche Bedürfnisse befriedigt. Aber der Haushalt versorgt uns nicht nur mit wirtschaftlichen Gütern. Vielmehr befriedigen Familienhaushalte auch unsere sozialen Bedürfnisse. Dazu gehört, dass der Haushalt ein echtes Zuhause ist, in dem wir uns wohl fühlen, unseren Alltagsstress abbauen, Gesprächspartner finden und uns individuell entfalten können.
Den Wünschen und Bedürfnissen der Haushaltsmitglieder kann man verschiedene Haushaltsaufgaben zuordnen wie Ernährung, Kleidung, Wäschepflege oder Gestaltung der Freizeit. All diese Haushaltsaufgaben haben einen wirtschaftlichen und einen sozialen Aspekt. Je nach Haushaltsziel wird der wirtschaftliche oder der soziale in den Vordergrund gestellt. Beispiel: Die Freizeitaktivität darf nicht viel kosten und soll gemeinschaftsfördernd und interessant sein.
Im Laufe des Lebens verändern sich die Bedürfnisse der Haushaltsmitglieder und damit auch die Schwerpunkte bei den Haushaltsaufgaben. Neue Situationen ergeben sich z. B. durch die Geburt eines Kindes oder wenn Kinder den Haushalt der Eltern verlassen, um einen eigenen zu gründen.
Es gibt aber nicht nur Veränderungen innerhalb des Haushalts, sondern auch Veränderungen

Arbeitsplanung einer Familie

Fallbeispiele:

Sandra, 13 Jahre
Sandra besucht eine Ganztagesschule. Ihre Eltern gehen beide einer Vollzeitbeschäftigung nach. Die Familie kommt erst abends nach Hause. Die Familie hat die täglich anfallenden Arbeiten gleichmäßig auf alle Familienmitglieder verteilt.

Claudia, 11 Jahre
Sie lebt alleine mit ihrer Mutter. Die Mutter ist ganztags berufstätig. Nach der Schule ist Claudia allein, bis ihre Mutter von der Arbeit kommt. Ihre Mutter hat ihr den Einkauf zur selbstständigen Erledigung übertragen.

Philipp und Jan, 12 und 15 Jahre
Ihre Eltern sind viel unterwegs, beide haben keine geregelten Arbeitszeiten. Die Kinder sind sehr viel allein. Die Eltern erwarten, dass sie die täglich anfallenden Arbeiten erledigen.

Tom und Katrin, jung verheiratet
Sie arbeiten beide ganztags. Tom hat Grundkenntnisse in der Nahrungszubereitung, die er in der Schule erworben hat. Katrin musste zu Hause nur ihren Bereich in Ordnung halten. Vereinbart haben die beiden, dass sie die Haushaltsaufgaben gleichmäßig verteilen.

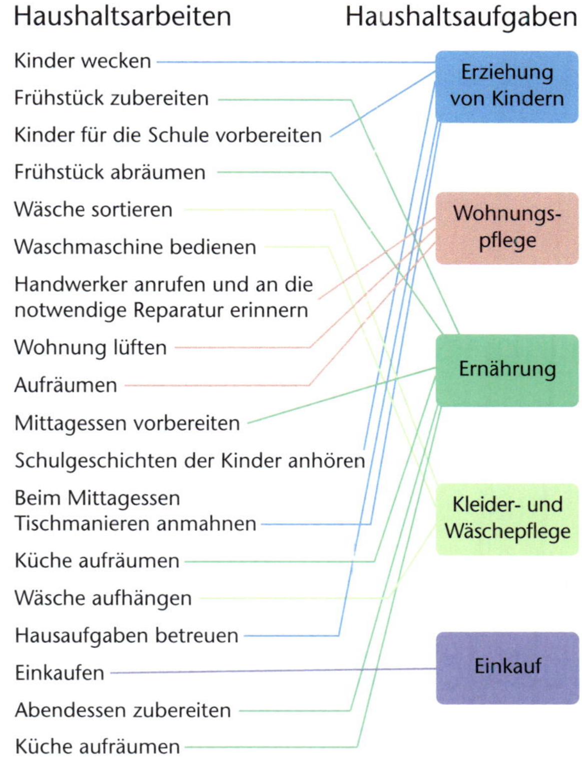

durch Einflüsse von außen, z. B. durch die Wirtschaftslage.

Kein Haushalt gleicht dem andern

Wie die Fallbeispiele oben zeigen, gleicht kein Haushalt dem andern. Teil jedes Haushalts sind die Haushaltsaufgaben wie Ernährung, Einkauf usw. Aus den Haushaltsaufgaben resultieren die Haushaltsarbeiten, die je nach Haushalt verschieden aufgeteilt werden.

Um die Haushaltsarbeiten sachgerecht durchzuführen, brauchen wir Kenntnisse, Fähigkeiten und Fertigkeiten. Am Beispiel der Arbeitsschritte bei der Wäschepflege wird dies deutlich: Kenntnis der Pflegekennzeichen, Füllmenge der Waschmaschine, Wahl des Waschmittels – Vollwaschmittel, Feinwaschmittel, Spezialwaschmittel – Dosierung des Waschmittels, Wahl der Waschtemperatur sowie der Umdrehungszahl beim Schleudern, Aufhängen der Wäsche, Bügeln.

Grundkenntnisse in allen Haushaltsaufgaben sollten alle Haushaltsmitglieder erwerben, damit partnerschaftliches Arbeiten im Haushalt möglich ist.

P **1** Überlegt in Gruppen, welche Kenntnisse, Fähigkeiten und Fertigkeiten man braucht, um die verschiedenen Haushaltsaufgaben auszuführen. Überprüft dabei euer eigenes Wissen. Erstellt zu jeder Haushaltsaufgabe ein Plakat mit Forderungen an das Können der Haushaltsmitglieder.

M **2** Entwickelt ein Rollenspiel zu folgender Situation: Vater ist voll berufstätig, Mutter stockt ihre Halbtagstätigkeit auf ganztags auf, die Kinder, 12 und 14 Jahre, sind schulpflichtig. Die Wäsche ist seit drei Wochen ungewaschen. Der Vater hat kein sauberes Hemd mehr.

Wer macht die Hausarbeit?
Anteile in %

An 100 % fehlende Anteile: keine Angaben

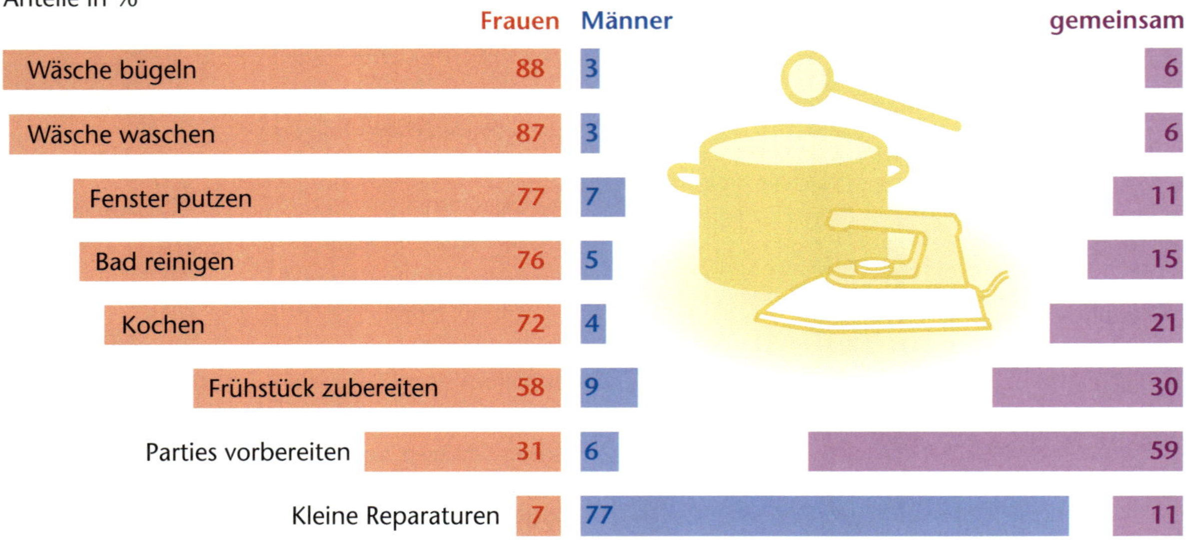

Arbeitsbelastung von Frauen im Haushalt

Quelle: GfK

Wer macht die Hausarbeit?

Seit immer mehr Frauen erwerbstätig sind, muss die typische Rollenverteilung und die Arbeitsteilung im Haushalt neu überdacht und geregelt werden.
Wie viele Arbeiten jedes Mitglied der Familie übernimmt, hängt ab von
- der Anzahl der Haushaltsmitglieder,
- ihrem Alter,
- ihrem Können und Wissen,
- ihrer Berufstätigkeit,
- dem Freizeitbedarf: jeder benötigt für die persönliche Regeneration angemessene Freizeit.

> Ob Mann oder Frau, Junge oder Mädchen, Alt oder Jung – jeder muss einen Beitrag zur Hausarbeit leisten.

Um rationell zu arbeiten sollten für alle Haushaltsarbeiten Arbeitspläne erstellt werden. Du kennst Arbeitspläne schon aus der Nahrungszubereitung. Man kann sie für einen bestimmten Tag, für eine Woche oder auch nur für einen etwas komplizierteren Arbeitsprozess erstellen.

Ein Arbeitsplan umfasst folgende Teilschritte:
- das Ziel: Was will ich erreichen?,
- das Zusammenstellen der Arbeitschritte,
- die Festlegung der Reihenfolge und
- eventuell die Verteilung auf die entsprechenden Personen.

Familienarbeit

Frau Weber ist seit vier Monaten wieder berufstätig. Bisher wurden Webers von einer Tante unterstützt, die in Notfällen einsprang. Diese muss jedoch jetzt ihren erkrankten Bruder pflegen und steht als Nothelferin nicht mehr zur Verfügung. Der Vorschlag von Tochter Anja, die Hausarbeit zu verteilen, löst nicht gerade Begeisterung aus. Man einigt sich darauf, es für zwei Wochen mit einer planvollen Arbeitsverteilung zu versuchen. Einige Arbeiten, wie zum Beispiel saugen, die Treppen putzen oder bügeln, müssen nicht täglich durchgeführt werden.

1 Wer erledigt bei euch welche Hausarbeiten? Erstelle einen Hausarbeitsplan für deine Familie. Ist die Verteilung gerecht?

Haushalt Bauer

Heinz Bauer, 43 Jahre, Kraftfahrzeugmechaniker in Kundendienstbetrieb
Anni Bauer, 38 Jahre, Verkäuferin, Montag–Freitag 14–18 Uhr, Samstag 9–13 Uhr
Sabine Bauer, 14 Jahre, Schülerin
Markus Bauer, 12 Jahre, Schüler

Eigenes Reihenhaus mit kleinem Garten
Mittagsmahlzeit: daheim

- Heinz Bauer kommt pünktlich um 12 Uhr zum Mittagessen. Er hat bis 1 Uhr Mittagspause.
- Markus spielt in einer Jugendfußballmannschaft. Seine Sportkleidung muss oft gewaschen werden.

Kochen

Müll entsorgen

einkaufen

bügeln

.....

.....

.....

Rangliste der Hausarbeit	dringend notwendig	wünschenswert
täglich		
wöchentlich		
monatlich		
seltener/ bei Bedarf		

Beispiel: Tagesablauf am Montag ▭ = verfügbare Zeit

Uhrzeit	Mutter	Vater	Sabine	Markus
6 Uhr				
7				
8				
9				
10		Berufsarbeit	Unterricht	
11				Unterricht
12				
13				
14			Unterricht	
15		Berufsarbeit		
16	Berufsarbeit			
17				
18 Uhr				Sportverein

Beispiel für einen Tagesablauf am Montag

	Mutter	Vater	Sabine	Markus
Montag	Bad putzen	waschen	Mülleimer bereitstellen	eigenes Zimmer staubsaugen
Dienstag	…	…	…	…

Wer macht was am Tag?

1 Schreibt die im Haushalt Bauer vermutlich anfallenden Arbeiten auf Kärtchen und ordnet sie in einer Rangliste.

2 Füge die Arbeiten, die wöchentlich anfallen, in den Tagesplan ein.

3 Planung bringt Freizeit. Begründe diese Behauptung.

Lecek, 53 Jahre

Lecek ist Saisonarbeiter und arbeitet im Frühling bei der Spargelernte und im Sommer bei der Obst- und Gemüseernte mit.

Sabine, 35 Jahre

Sabine arbeitet als Lehrerin. Sie hat eine Vollzeitstelle an einer Sekundarschule. Als Beamtin ist sie vor Arbeitslosigkeit geschützt.

Benjamin, 33 Jahre

Benjamin arbeitet Teilzeit an der Universität. Er muss 20 Stunden die Woche arbeiten. Den Rest der Zeit kümmert er sich um die Kinder.

Franzi, 22 Jahre

Franzi hat einen Job auf 400-Euro-Basis. Sie arbeitet in einem Supermarkt abends an der Kasse, um ihr Studium zu finanzieren.

Verschiedene Arbeitszeitmodelle

Vielfalt der Beschäftigungsverhältnisse

Die Arbeitswelt befindet sich in einem ständigen Wandel. Technologien, Orte und die Formen von Arbeitsverhältnissen verändern sich. Man unterscheidet zum Beispiel „Normalarbeitsverhältnisse" und neue Formen der Beschäftigung.
Unter einem Normalarbeitsverhältnis versteht man eine Arbeit bei der man Vollzeit (38–40 Std./Woche) ohne zeitliche Befristung für einen Arbeitgeber arbeitet. Diese Arbeitsverhältnisse gibt es immer weniger. Stattdessen nehmen Formen wie befristete Arbeit, Teilzeitarbeit, Arbeit auf Abruf, geringfügige Beschäftigung, Leiharbeit bzw. Zeitarbeit und Scheinselbstständigkeit zu.
Ein Normalarbeitsverhältnis hat Vorteile. Man kennt seine Arbeit und seine Kollegen ganz genau. Um die Zukunft muss man sich wenig Sorgen machen. Schließlich bekommt man bis zur Rente ein festes Einkommen.

Ein Normalarbeitsverhältnis ist eine unbefristete Beschäftigung bei einem festen Arbeitgeber mit der vollen Stundenzahl von 38 bis 40 Stunden in der Woche.

Arbeiten im Home Office

Sehr viele Menschen wünschen sich flexiblere Arbeitszeiten und möchten auch von zu Hause arbeiten können. Laptop, Handy und drahtlose Internetverbindungen machen dies möglich. Familie und Beruf können unter einen Hut gebracht werden, indem der Arbeitsplatz ins eigene Wohnzimmer verlegt wird. Intensivere Kontakte zu anderen Menschen allerdings ergeben sich nicht mehr so leicht über die Arbeit, sondern müssen privat aufgebaut und gepflegt werden.
Gleichzeitig verlangen diese neuen Arbeitsformen bestimmte Kompetenzen: Disziplin, Teamarbeit, Kommunikationsfähigkeit, Verlässlichkeit. Die ständige Erreichbarkeit kann aber auch zum Problem werden wie dass folgende Interview zeigt.

Work-Life-Balance

Anton: Was versteht man unter Work-Life-Balance?

Psychologin: Work-Life-Balance bedeutet, die richtige Mischung von Arbeit und Freizeit herzustellen.

Wanda, 30 Jahre Interneterklärerin und Autorin

Aus dem Arbeitsleben einer „New Workerin"

Wanda ist selbstständig. Sie berät Privatpersonen und Unternehmen als „Interneterklärerin" über die strategische Nutzung des Internets.

Morgens zwischen 7 und 8 Uhr: Aufwachen ohne Wecker; im Bett sitzend mit Kaffee und Notebook surft Wanda durch Nachrichtenportale und Blogs, liest Reaktionen auf ihre Arbeit, schreibt Mails und informiert sich über aktuelle Themen.

Vormittags: Meeting mit einem Kunden im Café. Wandas Arbeitsmaterialien haben auf dem Tischchen Platz: berufliches Handy, privates iPhone, Laptop, iPad, zwei elektronische Bücher; ein Büro ist überflüssig. Die Daten, die sie für ihre Arbeit benötigt, sind elektronisch in einer Cloud gespeichert und von jedem Rechner aus abrufbar.

Wenn Wanda merkt, dass sie nicht produktiv arbeiten kann, arbeitet sie nicht, sondern macht einen Mittagsschlaf oder geht skaten. In einer intensiven Arbeitsphase hingegen hat sie Schwierigkeiten, richtig Feierabend zu machen. Dann sitzt sie häufig bis tief in die Nacht am Computer.
Wandas Einkommen ist unregelmäßig. Hat sie einen großen Auftrag abgeschlossen, ist sie reich. Es kommt aber auch vor, dass sie von ihren Ersparnissen leben muss, wenn Aufträge ausbleiben.

Die Arbeit hat sich tief in Wandas Leben eingeprägt. Sie ist so sehr mit ihr verwachsen, dass man nicht sagen kann, wo der professionelle Mensch aufhört und der private anfängt. Wanda war einmal in ihrem Leben für sechs Monate angestellt und möchte es nie wieder sein: „Die Gleichförmigkeit, die man im Tausch für die Sicherheit bekommt, ist für mich eine unerträgliche Vorstellung", sagt sie.

Anton: Warum wird das immer wichtiger?
Psychologin: In vielen Bereichen bestimmt nur noch die Arbeit unser Leben und drängt unser Privat- und Familienleben immer mehr zurück.
Anton: Welche Rolle spielt das Internet dabei?
Psychologin: Internet und Handys führen dazu, dass wir ständig erreichbar sind. So kann schnell aus einem Familienessen eine Projektbesprechung werden.
Anton: Was ist denn dabei das Problem?
Psychologin: Nicht nur unser Körper, auch unser Geist muss sich täglich erholen. Wenn der Kopf sich aber in ständiger Alarmbereitschaft befindet, löst dies schnell Stress aus. Wird der Stress zu groß, kann man davon richtig krank werden. Diese Krankheit nennt man Burnout.

Work-Life-Balance bedeutet ein ausgeglichenes Verhältnis von Arbeit und Freizeit im Leben zu haben.

1 Welche Arbeitszeitmodelle kennst du? Notiere sie und überlege dir Kriterien zur Bewertung der einzelnen Modelle.

2 Recherchiere und erläutere die Begriffe „Arbeit auf Abruf", „geringfügige Beschäftigung" und „Scheinselbstständigkeit".

3 Wie findet ihr es, ständig erreichbar zu sein? Diskutiert die Auswirkungen.

4 Wodurch unterscheidet sich das Arbeitsleben von Wanda vom Arbeitsleben einer Angestellten? Liste die Unterschiede auf.

5 Überlege, über welche Kompetenzen, die für einen New Worker notwendig sind, du verfügst und wo du noch dazulernen musst.

6 Entwirf einen eigenen Work-Life-Balance-Plan für ein Schulhalbjahr.

7 Recherchiere die Begriffe Wiki, Intranet, soziales Netzwerk und Cloud im Internet.

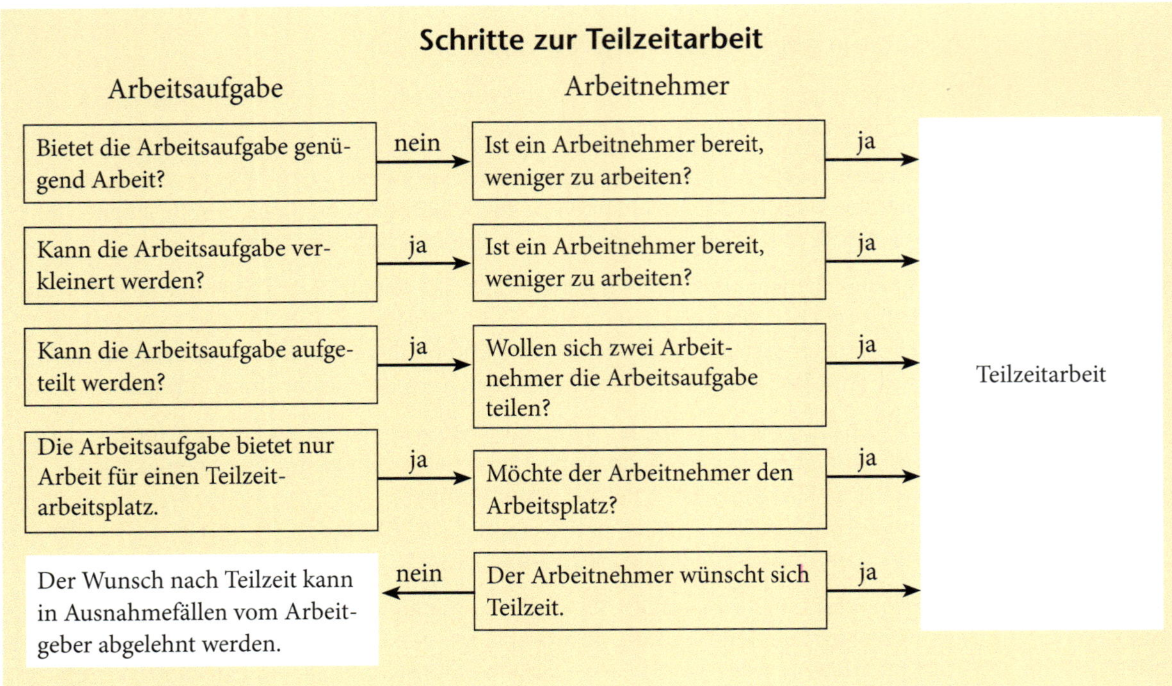

Teilzeitarbeit

Arbeitszeitregelungen

Wie lange arbeiten wir?

Die Lebensarbeitszeit beträgt gegenwärtig etwa 37 Jahre bei einer Lebenserwartung von durchschnittlich 75 Jahren. 1910 gab es noch eine Lebensarbeitszeit von etwa 32 Jahren bei einer durchschnittlichen Lebenserwartung von 49 Jahren. Das Eintrittsalter in das Berufsleben lag 1950 bei etwa 14 Jahren im Durchschnitt und liegt heute, aufgrund längerer Ausbildungszeiten, bei etwa 19 Jahren. Obwohl die Menschen immer älter werden, arbeiten sie im Vergleich zu früher immer weniger.

1918 wurde der 8-Stunden-Tag – für 6 Tage in der Woche – gesetzlich eingeführt. Bis zu dieser Zeit musste wöchentlich noch bis zu 60 Stunden gearbeitet werden. Gegenwärtig liegt die durchschnittliche Wochenarbeitszeit zwischen 35 und 40 Stunden. Das kann vom Industriezweig, dem Unternehmen oder von den persönlichen Wünschen des Arbeitnehmers abhängen.

In den meisten Unternehmen wird die Wochenarbeitszeit auf fünf Werktage verteilt, obwohl der Samstag auch ein Werktag ist. Die Arbeitszeitordnung weist den Samstag jedoch nicht als regulären Werktag aus.

Voll- und Teilzeitarbeit

Wenn Florian nach der Schule mit zu Sebastian nach Hause geht, ist Sebastians Mutter schon von ihrer Arbeit zurück. Florians Mutter, die ebenfalls in einem Büro angestellt ist, kommt erst gegen Abend nach Hause. Auf seine Frage, warum das so ist, antwortet Sebastian, dass seine Mutter eine Teilzeitarbeit hat. Sie arbeitet täglich nur fünf Stunden und am Freitag gar nicht.

Wir unterscheiden Vollzeit- und Teilzeitarbeit. Die Teilzeitarbeit hat in den letzten Jahren zugenommen. Grundlage bildet hierzu das Recht jedes Arbeitnehmers auf Teilzeitarbeit. Häufig teilen sich zwei Arbeitnehmer einen Arbeitsplatz, dies wird Jobsharing genannt.

Die Arbeitszeit lässt sich in Vollzeit- und Teilzeitarbeit einteilen.

Schichtarbeit im Restaurant …

… und im öffentlichen Nahverkehr

Die Arbeitszeit kann sich auch nach der Auftragslage der Unternehmen richten. Bei größeren Aufträgen oder wenn Termine eingehalten werden müssen, kann es vorkommen, dass über die normale Arbeitszeit hinaus gearbeitet wird. Gehen die Aufträge zurück, werden die mehr gearbeiteten Stunden in Freizeit umgewandelt. Hierzu werden für die Arbeitnehmer spezielle Arbeitszeitkonten geführt.
Mithilfe unterschiedlicher Arbeitszeitmodelle wird auch versucht, mehr Menschen einen Arbeitsplatz anzubieten.

Arbeiten, wenn andere Freizeit haben

Wenn die meisten Menschen am Freitag ins Wochenende gehen, muss zum Beispiel im Krankenhaus, bei der Feuerwehr oder im Verkehrswesen gearbeitet werden. Bei Nachtarbeit wird auch der natürliche biologische Rhythmus gestört. Für betroffene Familien ergibt sich die Notwendigkeit, das Familienleben anders zu organisieren. Die Schichtarbeit nachts, an Wochenenden und Feiertagen wird jedoch besser entlohnt.
Zum jährlichen Stadtfest kann Robert dieses Jahr nicht mit seiner Mutter gehen, da sie am Wochenende Dienst bei der Post hat. Dafür bekommt sie an einem anderen Tag in der Woche frei. Schichtarbeit ist in vielen Bereichen der Wirtschaft üblich. Das gilt auch für den Dienstleistungssektor, wie beispielsweise in Pflegeberufen und der Gastronomie.

Schichtarbeit gibt es ebenfalls in Industrieunternehmen. In den meisten Fällen wird die Schichtarbeit mit wirtschaftlichen Argumenten begründet. Teure Maschinen und Anlagen dürfen nicht lange stillstehen. Es gibt aber auch technologische Gründe, warum die Produktion rund um die Uhr weiterlaufen muss. Hochöfen in der Stahlindustrie oder manche Anlagen der Chemieindustrie können nicht täglich abgeschaltet werden. Einen Hochofen zu reinigen dauert mehrere Tage. Zu Beginn des nächsten Arbeitstages müsste er wieder angeheizt werden, das kostet viel Zeit und Energie.

Schichtarbeit wird nur in bestimmten Berufen eingesetzt. Sie hat oft wirtschaftliche Ursachen und kann aus technologischen Gründen notwendig werden.

P **1** Suche aus Beruf aktuell mindestens fünf Berufe heraus, die Schichtarbeit erfordern.

P **2** Stelle in einer Tabelle Vor- und Nachteile der Schichtarbeit gegenüber. Würdest du in Schichtarbeit arbeiten?

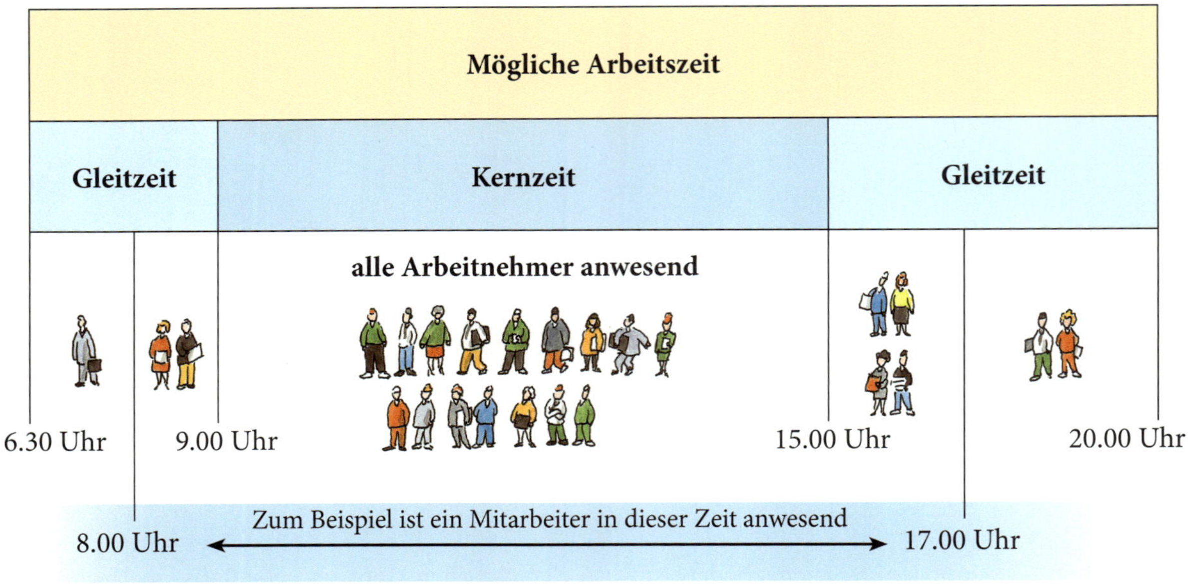

Gleitende Arbeitszeit

Flexible Arbeitszeit

Bei gleitender Arbeitszeit werden der Beginn und das Ende der Arbeitszeit nicht vorgeschrieben. Bietet ein Betrieb diese Arbeitszeitregelung an, wird sie häufig von Büroangestellten in Anspruch genommen. Innerhalb bestimmter Grenzen kann so der Arbeitnehmer seine Arbeitszeit selbst festlegen. Das bezieht sich aber nur auf den Anfang und das Ende der Arbeitszeit. In einer Kernzeit, die vom Arbeitgeber vorgeschrieben ist, besteht Anwesenheitspflicht.

Familie und Haushalt können mit dem Beruf besser abgestimmt werden. Kinder können zum Beispiel vor Arbeitsbeginn ohne Hast zur Schule gebracht werden. Der innerstädtische Berufsverkehr verteilt sich auf eine größere Zeitspanne und entlastet somit die Straßen. Dadurch verkürzt sich die Fahrzeit von der Wohnung zur Arbeitsstelle und umgekehrt bis zu fünfzig Prozent. Wiebkes Mutter arbeitet im Rathaus ihrer Heimatstadt. Seit einem Jahr beginnt sie erst um 9.00 Uhr mit der Arbeit. Ab 10.00 Uhr, wenn die Sprechzeit im Rathaus beginnt, müssen alle Angestellten am Arbeitsplatz sein. Jetzt beginnt die Kernzeit. Als ihr Arbeitsbeginn noch bei 7.00 Uhr lag, musste sie eine Stunde Fahrzeit einplanen. Jetzt benötigt sie nur noch 35 Minuten für die Fahrt, da der stärkste Berufsverkehr schon vorbei ist. Dafür kommt sie aber erst gegen 18.30 Uhr nach Hause.

Der Arbeitgeber muss die Anfangs- und Endzeit für jeden Arbeitnehmer genau erfassen. Häufig werden dazu Chipkarten genutzt. Sie werden von einem Lesegerät zu Beginn und am Ende der Arbeitszeit gelesen. Das Lesegerät ist mit einer Uhr gekoppelt. Somit können die Arbeitszeit und der Name des Arbeitnehmers gespeichert werden. Das bedeutet für die Unternehmen oft einen höheren technischen, organisatorischen und damit auch finanziellen Aufwand.

Flexible Arbeitszeitregelungen werden immer öfter angewendet. Das bezieht sich sowohl auf die Wochenarbeitszeit als auch auf die tägliche Arbeitszeit und wie sie über den Arbeitstag verteilt wird. Mit solchen Regelungen können die wirtschaftlichen Interessen der Arbeitgeber ebenso berücksichtigt werden wie die privaten Interessen der Arbeitnehmer.

Die vorhandene gesellschaftliche Arbeit muss künftig anders verteilt werden. Unterschiedliche Arbeitszeitmodelle können dabei behilflich sein.

§ 1 Zweck des Gesetzes. Zweck des Gesetzes ist es,

1. die Sicherheit und den Gesundheitsschutz der Arbeitnehmer bei der Arbeitszeitgestaltung zu gewährleisten und die Rahmenbedingungen für flexible Arbeitszeiten zu verbessern sowie
2. den Sonntag und die staatlich anerkannten Feiertage als Tage der Arbeitsruhe und der seelischen Erhebung der Arbeitnehmer zu schützen.

§ 3 Arbeitszeit der Arbeitnehmer. Die werktägliche Arbeitszeit der Arbeitnehmer darf acht Stunden nicht überschreiten. Sie kann auf bis zu zehn Stunden nur verlängert werden, wenn innerhalb von sechs Kalendermonaten oder innerhalb von 24 Wochen im Durchschnitt acht Stunden werktäglich nicht überschritten werden.

§ 4 Ruhepausen. Die Arbeit ist durch im voraus feststehende Ruhepausen von mindestens 30 Minuten bei einer Arbeitszeit von mehr als sechs bis zu neun Stunden und 45 Minuten bei einer Arbeitszeit von mehr als neun Stunden insgesamt zu unterbrechen. Die Ruhepausen nach Satz 1 können in Zeitabschnitten von jeweils mindestens 15 Minuten aufgeteilt werden. Länger als sechs Stunden hintereinander dürfen Arbeitnehmer nicht ohne Ruhepausen beschäftigt werden.

Auszug aus dem Arbeitszeitgesetz

Eine Pause muss sein

Arbeitsbelastungen können von den Menschen nicht über einen längeren Zeitraum ohne Pausen ertragen werden. Das gilt für geistige Tätigkeiten, zum Beispiel in der Schule, ebenso wie für schwere körperliche Arbeit.
Anne erinnert sich noch genau daran, wie sie ihrem Vater geholfen hat, die Garage zu bauen. Jede Pause kam ihr recht, da sie körperliche Arbeit nicht gewohnt war. Nach den Pausen ging alles viel besser.

Durch Arbeitspausen sollen die Gesundheit und die Leistungsfähigkeit erhalten werden.

Jeder Arbeitgeber muss den betrieblichen Arbeitsablauf so regeln, dass den Arbeitnehmern Ruhepausen ermöglicht werden. Die Arbeitszeitordnung schreibt Mindestruhepausen vor. Für Jugendliche gelten besondere Bestimmungen. Sie dürfen beispielsweise nicht länger als viereinhalb Stunden ohne eine Ruhepause arbeiten. Danach muss die Pause mindestens 15 Minuten betragen. Anzahl und Länge der Pausen richten sich auch nach den unterschiedlichen Arbeitsaufgaben. Julias Onkel arbeitet in einer Chipfabrik mit hoch empfindlichen elektronischen Bauelementen. Seine Arbeit erfordert höchste Konzentration, da er mit sehr kleinen Bauelementen arbeitet und das ist nur unter einer großen Lupe möglich. Für diese Arbeit sind nach zwei Stunden jeweils zwanzig Minuten Pause vorgesehen. In anderen Betrieben, in denen die Belastung der Arbeitnehmer ähnlich hoch ist, sind noch mehr, aber dafür kürzere Pausen vorgeschrieben. Dies wird im Betrieb geregelt.

Die Häufigkeit und Länge der Pausen richtet sich auch danach, wie hoch die körperlichen und geistigen Anforderungen an die Arbeitnehmer sind.

1 Stelle dir vor, du wärst Journalist bei einer Zeitung. Schreibe einen Artikel über die Vor- und Nachteile der Gleitzeit.

2 Erfrage Arbeitszeitmodelle bei deiner Familie oder bei Bekannten. Nenne und beschreibe sie im Unterricht.

P **3** Lies die Paragraphen aus dem Arbeitszeitgesetz. Erkläre sie mit deinen eigenen Worten.

4 Welche Möglichkeiten hast du in den Schulpausen, dich zu erholen?

Freizeit – deine Zeit!

Freizeit und Lebensgestaltung

In der heutigen Zeit ist immer wieder die Rede von Work-Life-Balance. Was damit genau gemeint ist, hast du bereits auf Seite 13 erfahren: Es ist wichtig, dass Menschen neben ihrem beruflichen Alltag auch Freiräume für sich haben. Dafür gibt es die Freizeit – freie Zeit, die jeder individuell gestalten sollte.
Gut genutzte Freizeit muss nicht Faulenzen bedeuten, denn es geht nicht um das „Nichtstun", sondern vielmehr um das „Anderstun". Freizeitverhalten ermöglicht Selbstverwirklichung. Die Gestaltung der Freizeit hängt von verschiedenen Voraussetzungen ab. Dies sind u. a. Berufstätigkeit, Kenntnisse und persönliche Hobbys, Ideenreichtum, Selbstständigkeit im Denken und Tun, Gesundheit und Vitalität. Für Freizeitaktivitäten wird zunehmend mehr Geld benötigt.

Freizeit ist Zeit außerhalb der Arbeitszeit. Sie dient der Erholung und Entspannung, der persönlichen Entfaltung und der Pflege sozialer Kontakte.

Freizeit ist Zeit außerhalb der Arbeitszeit. Sie dient der Erholung und Entspannung, der persönlichen Entfaltung und der Pflege sozialer Kontakte.

Freizeit nutzen – aber wie?

Die freie Zeit ist nicht nur für Erholung und Entspannung da, sondern auch für Interessen wie:
- sportliche Betätigung im Verein,
- soziales Engagement und Beteiligung am gesellschaftlichen Leben, wie z. B. Ehrenämter,
- Freunde treffen und miteinander Spaß haben,
- Selbstfindung und Selbstverwirklichung.

Die Medien prägen das Freizeitverhalten gerade von Kindern und Jugendlichen stark. Fernsehen und Computerspiele sind in vielen Familien beliebt. Sportliche und kulturelle Aktivitäten sowie Freizeitgestaltung mit der Familie oder im Freundeskreis sollten aber im Vordergrund stehen.
Schulen mit Ganztagsangeboten versuchen, den Jugendlichen Lust auf sinnvolle Freizeitbeschäftigungen zu vermitteln. So werden z. B. künstlerische und musische Begabungen und Interessen gefördert. Die Angebote zur Freizeitgestaltung in den Regionen sind unterschiedlich. Mit der Zunahme der freien Zeit steigt das Angebot der

Wie Mädchen und Jungen ihre Freizeit verbringen

Freizeitindustrie. Menschen werden zum passiven Konsumieren verlockt, statt selbst schöpferisch tätig zu werden. Auch Werbung und Mode beeinflussen das Freizeitverhalten. Von der eigentlichen Freiheit des Tuns bleibt wenig übrig.

Freizeitverhalten von Jugendlichen

Das Freizeitverhalten von Jugendlichen hängt ab von Geschlecht, Alter, Zeit, Eltern/Familie, der sozialen Schicht und dem Verhältnis zu Gleichaltrigen. Jugendliche verfügen heute über mehr Geld und Konsumgüter als in früheren Zeiten. Handys, Musik hören, Computer und Shoppen spielen in ihrer Freizeit eine wichtige Rolle. Im Mittelpunkt stehen bei Jungen und Mädchen jedoch die Pflege von Freundschaften außerhalb der Familie. Es gibt aber auch typisch weibliche und männliche Freizeitbeschäftigungen, wie ihr mit einer Umfrage in der Klasse feststellen könnt. Freizeitverhalten wird im Elternhaus vorgelebt. Kinder orientieren sich an ihren Eltern. Mit zunehmendem Alter wollen Jugendliche ihre Freizeit jedoch mit Gleichaltrigen verbringen.

Was kostet Freizeit?

In den letzten Jahren hat die Freizeitwirtschaft stark zugenommen und neue Berufe sind in dieser Branche entstanden, um den Menschen etwas zu bieten. Dafür müssen sie allerdings teuer bezahlen. Wer regelmäßig in seiner Freizeit im Fitnessstudio trainiert, zahlt monatlich hohe Gebühren. Kinos, Museen, Freizeitparks oder Erlebnisbäder verlangen Eintrittsgelder.

Die Ansprüche der Menschen an organisierte Freizeit wachsen ständig. Es werden immer neue Angebote und Attraktionen erwartet, die natürlich Geld kosten. Will eine Familie ihre Freizeit gemeinsam genießen und etwas Besonderes unternehmen, müssen die finanziellen Möglichkeiten berücksichtigt werden.

1 Welche Freizeitangebote gibt es an deinem Wohnort? Erstelle einen Freizeitführer nach Altersgruppen und Kosten.

M 2 Führe eine Befragung zum Freizeitverhalten in deiner Klasse durch.

3 Plane einen Familienausflug in die nähere Umgebung. Beachte dabei das ökonomische Prinzip. Mache Vorschläge für ein Picknick: Speisen? Getränke?

4 Elena ist 15 Jahre alt. Sie möchte mit ihren Freundinnen an den nahe gelegenen See zelten fahren. Diskutiert Vor- und Nachteile dieses Urlaubs.

„Ja, das möchste.
Eine Villa im Grünen mit großer Terrasse,
vorn die Ostsee, hinten die Friedrichstraße;
mit schöner Aussicht, ländlich-mondän,
vom Badezimmer ist die Zugspitze zu sehn –
aber abends zum Kino hast du's nicht weit.
Das Ganze schlicht, voller Bescheidenheit;
neun Zimmer – nein, doch lieber zehn!
Ein Dachgarten, wo die Eichen drauf stehn …"

(Aus: Kurt Tucholsky, Das Ideal)

sonniger Balkon

ein gemütliches helles Zimmer

?

nicht weit zum Bahnhof

in der Nähe meiner Freundin

einen Hund halten können

Platz zum Tischtennisspielen

?

Ordnet die Kärtchen so an, dass Gruppen entstehen. Solche Gruppen können sein:

Bedürfnisse, die oft genannt werden	⟷	Bedürfnisse, die nur Einzelne haben
Grundbedürfnisse	⟷	Wahlbedürfnisse
Wünsche, die das Leben in der Wohnung betreffen	⟷	Wünsche in Bezug auf das Haus, die Nachbarschaft

Unsere Wohnung – ein Lebensraum

So möchte ich wohnen

Wir alle haben Vorstellungen, wie wir gerne wohnen möchten. Die Qualität des Wohnens wird von äußeren und inneren Bedingungen bestimmt: Das Wohnumfeld, die Verkehrsanbindung, Einkaufsmöglichkeiten und Kultureinrichtungen spielen genauso eine Rolle wie die Größe der Wohnung, die individuelle Einrichtung und der bauliche Zustand der Wohnung. Wohnen ist eines der ältesten Grundbedürfnisse des Menschen. Unsere heutigen individuellen Wünsche an das Wohnen können allerdings sehr unterschiedlich sein und haben sich in der modernen Gesellschaft stark verändert.

Schreibt auf Kärtchen jeweils einen Wunsch und befestigt das Kärtchen an der Wand oder an der Tafel.

In der Vergangenheit war es üblich, dass mehrere Generationen einer Familie in einem Haus zusammen wohnten. Gegenseitige Verantwortung

M Gesucht: Eine Wohnung nach unseren Bedürfnissen

Wir planen einen Umzug

Fallbeispiel: Familie Weber muss umziehen, der Sohn des Hausbesitzers meldet Eigenbedarf an, weil er heiratet. Er will in die Wohnung, die Webers bisher gemietet haben, einziehen.

Das ist Familie Weber:

Michael Weber,
40 Jahre, Bäcker in einer Großbäckerei am Stadtrand

Jenny Weber,
39 Jahre,
arbeitet von 16 bis 22 Uhr bei einer Gebäudereinigungsfirma, die in Schulhäusern tätig ist

Jana Weber,
17 Jahre, macht eine Lehre als Zahnarzthelferin in einer Praxis am Stadtrand

Sebastian Weber,
14 Jahre, Schüler der 8. Klasse, trainiert im Fußballclub und arbeitet gern am Computer

Bisherige Wohnung der Familie Weber:
Drei Zimmer, Bad und Küche im 2. Stock eines Wohn- und Geschäftshauses in der Innenstadt, 70 Quadratmeter groß. Einen Balkon gibt es nicht. Das 1928 gebaute Haus ist 1992 teilsaniert worden. Webers zahlen 370 Euro Kaltmiete.

Welche Bedürfnisse soll die neue Wohnung erfüllen?

Herr Weber:
Mehr als 450 Euro sollten wir nicht für Miete ausgeben, sonst müssen wir sehr sparen.

Frau Weber:
Zu weit vom Stadtzentrum entfernt darf die Wohnung nicht sein. Wie käme ich da nach 22 Uhr nach Hause?

Jana:
In der Nähe unserer Zahnarztpraxis gibt es moderne Häuser mit sonnigen Balkonen und Hausgärten. Da könnte man abends draußen sitzen und eine Grillparty machen.

Sebastian:
In der neuen Wohnung möchte ich ein eigenes Zimmer. Wie oft bringt Jana am Abend ihre Clique mit, wenn ich am Computer sitze oder mich nach dem Training ausruhen möchte.

und Hilfe ermöglichten sozialen Zusammenhalt und Sicherheit aller Familienmitglieder, vor allem für ältere Menschen. Heute existieren diese Großfamilien nur noch vereinzelt, zunehmend mehr Menschen wohnen in Singlehaushalten. Besonders für Ältere und Hilfsbedürftige kann das ein Problem sein.

Das Wohnen ist neben dem Ernähren und Kleiden ein Grundbedürfnis.

1. Bestimme Vor- und Nachteile deiner Wohngegend, was würdest du ändern?
2. Informiere dich über die Begriffe „Kaltmiete" und „Betriebskosten". Ermittle die verschiedenen Bestandteile der Betriebskosten eurer Wohnung.
3. Suche in örtlichen Tageszeitungen oder im Internet ein Wohnungsangebot für Familie Weber.

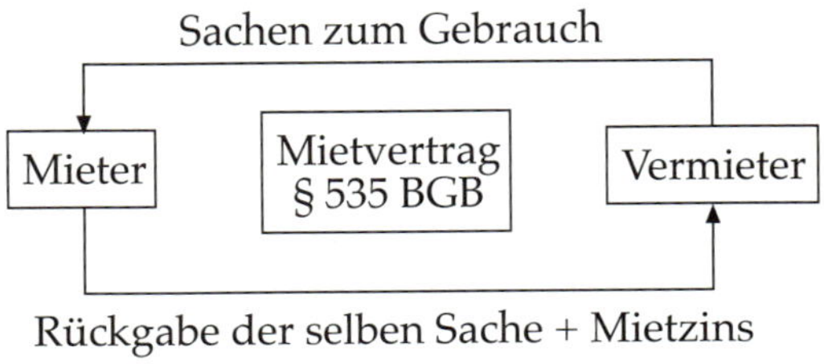

Mögliche Minderung der Miete

Dach undicht	20 %
Elektrische Anlage, Versorgung fällt aus	100 %
Fenster luftdurchlässig, schließen schlecht	5–10 %
Fenster aller Räume undicht und damit verbunden Feuchtigkeit in der Wohnung	50 %
Feuchtigkeit in der Wohnung	20 %
Heizung Temperatur an Winterabenden unter 20 Grad	20 %
Lärm mangelhafte Isolierung der Wohnung, Störung durch Trittschall	10 –15 %
Schallisolierung mangelhaft, bauliche Mindestanforderung nicht eingehalten	10 – 20 %
Schimmelpilzbefall mit verminderter Stellmöglichkeit von Möbeln	20 %
Ungeziefer, starker Befall mit so genannten Silberfischchen	15 %

Wir mieten eine Wohnung

Wie jeder Vertrag entsteht auch der Mietvertrag durch zwei übereinstimmende Willenserklärungen. Dabei überlässt der Eigentümer bewegliche Sachen, wie z. B. Fahrzeuge, Baumaschinen, oder unbewegliche Sachen, wie z. B. Wohnungen oder Ferienwohnungen, dem Mieter zum Gebrauch gegen ein Entgelt. Der Vermieter ist verpflichtet, dem Mieter den Gebrauch der gemieteten Sache während der Mietzeit zu gewähren. Der Mieter ist verpflichtet, dem Vermieter termingemäß den vereinbarten Mietzins zu entrichten und die Sache nach Beendigung der Mietzeit in ordnungsgemäßem Zustand zurückzugeben.

Sind sich Mieter und Vermieter über die Vertragsbedingungen einig, wird der Mietvertrag geschlossen. Dabei ist die Schriftform nur bei Mietverträgen über einen Zeitraum von mehr als einem Jahr gesetzlich vorgeschrieben. Im Mietvertrag werden die Rechte und Pflichten beider Vertragspartner festgeschrieben. Der Vermieter ist verpflichtet, die Wohnung dem Mieter in ordnungsgemäßem Zustand zu überlassen. Schäden an der Wohnung, die nicht durch unsachgemäßen Gebrauch des Mieters entstanden sind, muss der Vermieter beheben. Kommt der Vermieter seinen Pflichten nicht nach und behebt Schäden an der Wohnung nicht in einem angemessenen Zeitraum, hat der Mieter das Recht der Mietpreisminderung. Mietpreisminderungen dürfen nicht willkürlich vorgenommen werden. Dem Vermieter müssen die Minderung und der Minderungsgrund angekündigt werden.

Der Mietvertrag regelt die Rechte und Pflichten des Mieters und des Vermieters über die gemietete Sache sowie die Höhe des Mietzinses.

Seit dem 1. Januar 2009 muss der Vermieter auf Nachfrage einen Energieausweis vorlegen, der über den energetischen Zustand eines Gebäudes informiert.

Der Inhalt des Mietvertrages

In einem Mietvertrag sollte enthalten sein:

- Angaben zu Mieter und Vermieter
- Mietzeit (entweder auf unbestimmte Dauer oder begrenzte Zeit)
- Aufzählung und Größe der Räume
- Angaben zu Nebenräumen wie Keller, Garage oder Stellplatz in der Tiefgarage
- Angabe des Mietpreises und der Nebenkosten
- Angaben zu Kautionszahlungen
- Regelungen zur Benutzung von Gemeinschaftsräumen
- Vereinbarung über die Instandhaltung der gemieteten Räume
- Bestimmungen zur Hausordnung (z. B. Schneeräumen, Tierhaltung)

Fast immer wird der Vermieter einen Vertragsentwurf vorbereitet haben. In jedem Falle solltest du den Mietvertrag genau lesen, ehe er von dir unterzeichnet wird. Regelungen, die gegen gesetzliche Grundlagen verstoßen, sind unwirksam. Im Zweifel helfen örtliche Mietervereine.

Kündigung des Mietvertrages durch den Mieter

Als Mieter kannst du nach Ablauf der vereinbarten Mietfrist kündigen. Ist keine Mietfrist vereinbart, muss die Kündigung spätestens am dritten Werktag eines Monats für den Ablauf des übernächsten Monats erfolgen (dreimonatige Kündigungsfrist).

Für die Kündigung von Wohnungen durch den Vermieter gelten besondere Vorschriften zum Schutz des Mieters. Der Vermieter darf nur kündigen, wenn er einen gesetzlich anerkannten Kündigungsgrund hat. Eine fristlose Kündigung ist nur bei schweren Vertragsverstößen des Mieters zulässig, z. B. wenn die Miete in zwei aufeinanderfolgenden Monaten nicht gezahlt wurde. Eine Kündigung durch den Vermieter zur Durchsetzung einer Mieterhöhung ist nicht zulässig (Wohnraumkündigungsgesetz).

Der Mieter kann der Kündigung widersprechen, wenn sie für ihn eine unzumutbare Härte bedeutet (Krankheit, keine angemessene Ersatzwohnung; Sozialklausel. § 556a BGB).

Will der Vermieter modernisieren, muss der Mieter zwei Monate vor Beginn der Arbeiten schriftlich informiert werden. Dabei sind Dauer und Umfang der Arbeiten sowie die zu erwartende Mieterhöhung anzugeben. Diese darf nicht mehr als 11 % des zu erwartenden Modernisierungsaufwandes betragen. Dem Mieter steht dabei ein außerordentliches Kündigungsrecht zu.

Die Mietervereine und Verbraucherzentralen geben Auskunft bei Fragen und Problemen. Die Adressen stehen im Branchentelefonbuch.

Rechte und Pflichten des Mieters und des Vermieters sind im Mietrecht des BGB (Bürgerliches Gesetzbuch) verankert.

1 Welche Rechte und Pflichten ergeben sich aus dem Mietvertrag für Mieter und Vermieter?

2 Für die Kündigung von Wohnungen durch den Vermieter gelten besondere Vorschriften zum Schutz des Mieters. Erkundige dich.

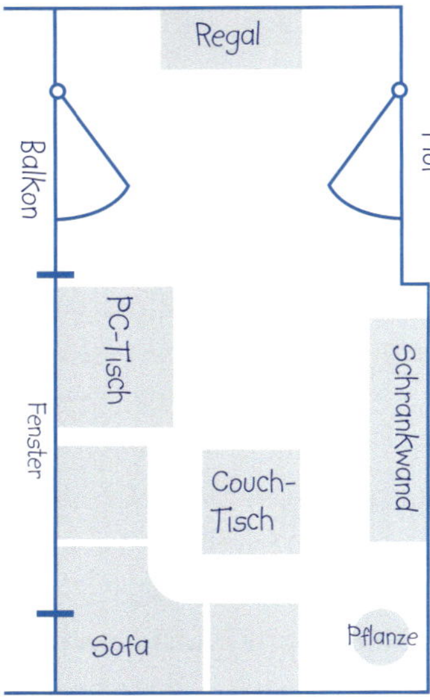

Zimmergrundriss

- ☐ **Alle Zimmer:** Schränke, Lampen, Vorhänge, Tapeten, Farben, Dekoartikel, Pflanzen …
- ☐ **Küche:** Herd, Kühlschrank, Spüle, Tisch und Stühle, Regal
- ☐ **Bad:** Spiegelschrank, Regal
- ☐ **Schlafzimmer:** Bett, Teppich, Schrank
- ☐ **Wohn-/Arbeitszimmer:** Schreibtisch, Regal, Sofa, Tisch, Teppich
- ☐ **Kommunikationstechnik:** Fernseher, Telefon, Computer …

Checkliste Einrichtung (Beispiele)

Wie plane ich die Einrichtung?

- Grundriss maßstabsgetreu aufzeichnen
- Einrichtungsgegenstände zeichnen, ausschneiden und auf dem Grundriss herumschieben
- Kataloge aus Möbelhäusern auswerten
- Kosten ermitteln
- Finanzierungsplan aufstellen

Wohnung einrichten

Individualität beim Einrichten von Wohnraum

Felix und Philipp gründen zusammen mit einer Bekannten von Felix eine Dreier-WG. Sie haben eine sanierte Altbauwohnung im Obergeschoss mit einer günstigen Miete gefunden.
Bei der Verteilung der Räume waren sich die Jugendlichen schnell einig. Küche, Bad und Flur werden gemeinsam genutzt. In der Küche können sie sich einen Essplatz einrichten.
Das eigene Zimmer gestaltet jeder selbst. Dabei sollten sie bestimmte Regeln beachten:

- Wie viele und welche Möbel werden gebraucht?
- Wo sollte der Schreibplatz sein?
- Welche Farben sollen die Raumwirkung bestimmen?
- Was ist bereits vorhanden?
- Wie viel Geld steht zur Verfügung?

Eingerichtete Räume strahlen bestimmte Grundstimmungen aus, die uns beeinflussen. Diese können gezielt hergestellt werden, wenn man weiß, wovon diese Raumwirkungen abhängen und welche wir erreichen wollen.

Wohnraumgestaltung nach eigenen Vorstellungen

Die Wirkung eines Raumes wird durch die verwendeten Farben und Muster wesentlich beeinflusst. Beim Einrichten von Wohnraum setzt man mit der Auswahl der Wandfarbe, der Tapeten und Fußböden die entscheidenden Farbakzente. Die Abstimmung mit Möbeln und Wohnraumtextilien sowie Dekorationsmaterial sollte man rechtzeitig überlegen und planen. Zeitschriften und Fernsehsendungen liefern hier viele gute Ideen.
Farben lösen Empfindungen aus, die nicht bei jedem Menschen gleich sind. Je gesättigter und reiner eine Farbe ist, desto stärker ist ihre Wirkung, umso überlegter muss man sie einsetzen. Farben wirken auf verschiedenen Materialien ganz unterschiedlich. Man vergleiche weiße Fliesen mit weißer Raufasertapete oder weiße Vorhänge mit einer weißen Tagesdecke. Farbwirkungen werden entscheidend bestimmt durch die Größe des Raumes und die Größe der Farbflächen. Farben sind nicht isoliert zu sehen, sie beeinflussen sich wechselseitig. Kontrastfarben beleben sich gegenseitig. Farbwirkungen werden auch durch Licht beeinflusst. Im wechselnden Licht des Tages und unter künstlicher Beleuchtung verändern sich Farben.

Blau und Weiß erzeugen Kühle und Weite

Rottöne erzeugen Lebendigkeit

Die Raumwirkung ist abhängig von:

1. Raumgröße und Raumproportionen
2. Farbgebung und Musterung (Decke, Wand, Fußboden, Möbel, Raumtextilien, Beiwerk, Pflanzen)
3. Licht: Lichteinfall, natürliche oder künstliche Beleuchtung
4. Form und Menge der Einrichtungsgegenstände
5. Fenstergestaltung
6. Bilder, Pflanzen, Ausblick

Die Wirkung einer Farbe hängt auch vom Betrachter ab. Seine Einstellung zu Farben und seine Stimmung spielen eine wesentliche Rolle.
Heute richten sich junge Leute ihre Zimmer z. B. im Retrostil ein. Dabei spielen ausgeflippte Muster eine Rolle. Doch zu viele auffällige Muster bringen Unruhe. Diese sollte mit Einrichtungsgegenständen, Pflanzen und individuellem Beiwerk wieder ausgeglichen werden. Unser Zuhause sollte unsere kleine Wohlfühloase sein.

Raumgestaltung und Raumwirkung beeinflussen sich gegenseitig.

Möbel sollten nach folgenden Kriterien ausgewählt werden:

1. Verwendungszweck: für wen und wofür
2. Räumliche Gegebenheiten: Größe und Form
3. Finanzielle Möglichkeiten (eventuell nur einen Grundbedarf auswählen)

Möbel sollen funktionstüchtig, beweglich und pflegeleicht sein.

1 Betrachte die Bilder. Wie wirken die Räume auf dich?

2 Suche aus Zeitschriften, Katalogen usw. Bildmaterial von eingerichteten Wohnräumen. Stelle Beispiele für unterschiedliche Raumwirkungen einander gegenüber: eng – weit, ruhig – unruhig, hell – dunkel.

3
- Arbeite einen Einrichtungsvorschlag für die WG von Felix und Philipp aus.
- Stelle eine Liste von Anforderungen für die Einrichtung auf.
- Berücksichtige bei deinem Vorschlag, dass er kostengünstig und realisierbar sein muss.
- Beachte die Bedürfnisse der Jungen.
- Lass dir von deinem Lehrer einen Grundriss für die WG geben.
- Veranschauliche deinen Vorschlag durch Abbildungen aus Zeitschriften und Katalogen oder durch eigene Skizzen und präsentiere ihn.

Kinderwunsch

Mein Papa und meine Mama freuen sich auf mich

Ich habe häufiger am Tag Hunger als Erwachsene

Ich kann schon beinah alles!

Kinder verändern das Leben der Eltern

Gravierende Veränderungen treten im Leben eines Paares ein, wenn sie ein Kind erwarten. Von dem Zeitpunkt an, an dem Eltern Gewissheit haben, dass sie ein Kind bekommen, übernehmen sie Verantwortung für ihr Kind. Ihr Leben verändert sich grundlegend, denn Eltern bleiben Eltern, ihr ganzes Leben lang.

Schon vor der Geburt des Kindes sollte vieles überlegt und bedacht werden. Wenn man sich frühzeitig damit auseinander setzt und beschäftigt, findet sich für so manches Problem eine geschickte Lösung.

Die Mutter sollte vor allem Folgendes bedenken:

- Wann teile ich meinem Arbeitgeber die Schwangerschaft mit?
- Wie oft muss ich vor der Geburt zur Vorsorgeuntersuchung?
- Darf ich mich jetzt nicht mehr sportlich betätigen?
- Darf ich noch rauchen?
- Muss ich jetzt für zwei essen?

Für werdende Eltern sind folgende Überlegungen wichtig:

- Wie wird sich unser Tagesablauf ändern?
- Wie ernähren wir unser Kind richtig?
- Wie sollte sich unser Kind entwickeln?
- Welches Spielzeug ist für unser Kind geeignet?
- Wie erziehen wir unser Kind richtig?
- Wo soll unser Kind seinen Bereich in der Wohnung haben?
- Wie viel Kinderausstattung ist notwendig?
- Warum sind so viele Impfungen bei Kindern notwendig?

Eltern tragen Verantwortung für ihre Kinder.

Fast unmerklich wird das Kind zum neuen Lebensinhalt. Ist das Kind geboren, so orientiert sich der Tagesablauf an den Bedürfnissen des Säuglings. Das heißt fünf- bis sechsmal täglich

Ich freue mich auf den Kindergarten

Endlich in die Schule

Wie wird es wohl in der neuen Schule sein?

Welchen Beruf soll ich ergreifen?

wird das Baby gewickelt und gefüttert. Dies allein bedeutet eine tief greifende Veränderung in den Lebensgewohnheiten der Eltern.
Die Alltagsordnung wird nicht nur durch die Eltern, sondern auch durch die Kinder immer wieder von neuem verändert. Kommen Kinder in den Kindergarten, so sollte das Einleben der Kinder in die neue Situation von den Eltern positiv begleitet werden. Kinder wachsen so heran und erweitern ihre Welt. Die Einflüsse gehen jetzt nicht mehr nur von der Familie aus. Während der Schulzeit werden dann die Einflüsse von außen immer stärker. Eltern sollten sich dieser Einflüsse bewusst sein und – wenn notwendig – rechtzeitig gegensteuern.

Kinder sollten auf dem Weg zum Erwachsenwerden von Eltern begleitet werden.

Ein gutes Vertrauensverhältnis zwischen Eltern und Kindern ist wichtig, damit Eltern langsam vom Erzieher ihrer Kinder zum Berater werden. Die Bereicherung des Lebens durch Kinder hängt sehr stark ab vom Verhältnis der Eltern zu ihren Kindern.
Kinder hinterfragen je nach Alter den Lebensstil der Eltern. Dies führt häufig zu interessanten Diskussionen.

1 Beschreibt in Partnerarbeit die Situationen in den Abbildungen oben aus der Sicht der Kinder und aus der Sicht der Eltern und erarbeitet die Bedeutung der Veränderung im gemeinsamen Leben von Kindern und Eltern.

2 Diskutiert in der Klasse die Aussage: Eltern bleiben Eltern ein Leben lang.

M **3** Kinder verändern das Leben der Eltern. Führt ein Brainstorming zum Thema durch und entwickelt daraus eine Mindmap.

Art. 6 des Grundgesetzes der Bundesrepublik Deutschland:

Ehe und Familie, nichteheliche Kinder

(1) Ehe und Familie stehen unter dem besonderen Schutze der staatlichen Ordnung.

(2) Pflege und Erziehung der Kinder sind das natürliche Recht der Eltern und die zuvörderst ihnen obliegende Pflicht. Über ihre Betätigung wacht die staatliche Gemeinschaft.

(3) Gegen den Willen der Erziehungsberechtigten dürfen Kinder nur auf Grund eines Gesetzes von der Familie getrennt werden, wenn die Erziehungsberechtigten versagen oder wenn die Kinder aus anderen Gründen zu verwahrlosen drohen.

(4) Jede Mutter hat Anspruch auf den Schutz und die Fürsorge der Gemeinschaft.

(5) Den unehelichen Kindern sind durch die Gesetzgebung die gleichen Bedingungen für ihre leibliche und seelische Entwicklung und ihre Stellung in der Gesellschaft zu schaffen wie den ehelichen Kindern.

Grundfragen der Erziehung

Die Erziehung der Kinder ist vor allem die Aufgabe der Eltern. Diese Aufgabe ist im Grundgesetz festgelegt. Der Gesetzgeber überlässt die Erziehung den Erziehungsberechtigten. Sie dürfen und sollen ihr Kind nach ihren Vorstellungen und Werten formen. Über Inhalte und Methoden dürfen Eltern selbst entscheiden.
Bei der Erziehung wirken viele Faktoren zusammen. Zum einen werden Kinder von Eltern und Lehrern bewusst erzogen, zum andern sind es Einflüsse der Umwelt, die auf das Kind erziehend wirken. Unbestritten ist die Bedeutung der Familie in der frühkindlichen Phase bis zu vier Jahren. Diese Phase nennt man auch primäre Sozialisation. Die primäre Sozialisation wird danach überlagert durch weitere Sozialisationsinstanzen wie Kindergarten, Schule, Gruppe der Gleichaltrigen und Massenmedien. Ob Einflüsse von außen einen jungen Menschen fördern oder in seiner Entwicklung hemmen, hängt nicht allein von der Art der Einflüsse ab. Es kommt dabei auch auf die Veranlagung und die Reaktion des Einzelnen an.
Für die Persönlichkeitsentwicklung ist es wichtig, dass Kinder eine bestimmte Ordnung, klare Grenzen, Regeln und berechenbares Verhalten erfahren. Dies gibt ihnen Sicherheit und Geborgenheit.

Ziel der Erziehung ist es, die Entwicklung der Persönlichkeit des Einzelnen zu fördern ebenso wie die Eingliederung des jungen Menschen in die Gesellschaft.

Erziehungsstile

Die Suche nach dem richtigen Erziehungsstil ist ein altes Problem. Viele Eltern wollen „es“ recht machen und stehen daher unter einem besonderen Leistungsdruck. Denn Kinder sind das Vorzeigeprodukt der Eltern.

Durch die bewussten und gezielten Erziehungsmaßnahmen der Eltern wird die Persönlichkeitsentwicklung eines Kindes beeinflusst.

Frühere Generationen hatten andere Erziehungsziele als heute. In den fünfziger Jahren waren die Erziehungsziele Gehorsam, Pünktlichkeit, Fleiß, Pflichtbewusstsein.
Die heutigen Erziehungsschwerpunkte sind Selbstvertrauen, Selbstständigkeit, Verantwortungsbewusstsein, Einfühlungsvermögen. Danach erst folgen Pflichtbewusstsein, Fleiß und

Wenn du jetzt nicht gleich dein Zimmer aufräumst, dann …

Das hast du aber schön gemacht!

Gehorsam. Die Schwerpunkte haben sich deutlich verschoben.

Autoritäre Erziehung

Erwachsene, die ihre Kinder autoritär erziehen, haben vor allem den Wunsch, dass die Kinder nahtlos in die Gesellschaft mit ihren Normen und Anforderungen hineinwachsen. Entsprechend wird bei dieser Erziehung erwünschtes Verhalten belohnt und nicht erwünschtes Verhalten bestraft. Die Bestrafung kann auch körperlicher Art sein. Die Erziehungsziele sind Ordnung, Fleiß, Anständigkeit, Rechtschaffenheit, Gehorsam, Ehrlichkeit.
Viele Erziehungsbrechtigte erziehen ihre Kinder so wie sie selbst erzogen wurden. Sie sind davon überzeugt, dass diese Erziehung im Ganzen richtig war, denn aus ihnen ist ja auch was Rechtes geworden. Über Methoden wird nicht weiter nachgedacht.

Demokratischer Erziehungsstil

Der demokratische Erziehungsstil verfolgt Ziele wie Selbstständigkeit, Kritikfähigkeit, demokratische Werte. Um diese Ziele zu erreichen, müssen neue Wege und Methoden entwickelt werden, z. B. verzichten Eltern auf das Ausnutzen ihrer natürlichen Autorität. Die Eigeninitiative des Kindes wird gefördert, Verbote und Leitlinien werden erklärt. Konflikte werden verbal gelöst. Kritik an einzelnen Einstellungen ist erlaubt. Kinder werden bei wichtigen Entscheidungen mit einbezogen.
Die Erfahrung hat gezeigt, dass keine Methode allein Kinder zu selbstständigen, leistungsfähigen und gesellschaftlich verantwortungsbereiten Persönlichkeiten erzieht. Eltern sollten versuchen, der Entwicklung des Kindes entsprechend angemessen zu reagieren, vereinbarte Regeln einzufordern und Kinder durch Anregung, Anleitung und Anerkennung zu fördern.

1 Diskutiert den Ausspruch: Viel Nähe macht Kinder später unabhängiger.

M 2 Stellt die einzelnen Erziehungsstile an Problemsituationen in einem Rollenspiel dar. Diskutiert und bewertet sie.

3 Erläutert, warum Konsequenz in der Erziehung so große Bedeutung hat.

4 Nimm zu folgender Aussage Stellung: Der Erfolg der Erziehung hängt auch ab von der positiven Einstellung der Erziehenden gegenüber Kindern.

Älter wird jeder

Die Ursachen des Alterns der Menschen sind bis heute noch nicht völlig geklärt. Wir wissen jedoch, dass sich unser Körper ganz allmählich verändert, so dass es von den Betroffenen selbst kaum wahrgenommen wird. Deutlich wird das Älterwerden erst, wenn wir Probleme mit einzelnen Körperfunktionen haben. Wir bemerken z. B., dass wir körperlich nicht mehr so belastbar sind und die Sehkraft nachlässt.

> Der Alterungsprozess erfasst jeden, den einen früher, den anderen später.

Wichtig ist, dass wir gesund bleiben. Nicht alle Krankheiten und Gebrechen lassen sich im Alter vermeiden. Doch auf viele Gesundheitsprobleme, die im Alter häufig auftreten, hat die frühere Lebensweise einen entscheidenden Einfluss.

Deshalb sollten folgende allgemeine Gesundheitsregeln ein Leben lang beachtet werden:

- Sich gesund und vollwertig ernähren,
- Übergewicht vermeiden,
- auf Rauchen möglichst ganz verzichten,
- Maßhalten bei Alkohol und anderen Genussmitteln,
- auf ausreichende Bewegung achten.

Leben im Alter

Viele jüngere Menschen haben die Vorstellung, dass ältere Menschen körperlich hinfällig, vergesslich, nicht ernst zu nehmen und nicht kompetent sind.

Die heutige Erfahrung zeigt jedoch, dass die meisten alten Menschen (95 %) nicht in Heimen, sondern in Privathaushalten leben. Sie sind also im Allgemeinen aktiv und leistungsfähig und können sich weitgehend selbst versorgen.

Ältere Menschen sind keine homogene Gruppe. Sie unterscheiden sich aufgrund ihrer Biographien, ihrer geistigen, sozialen, gesundheitlichen und materiellen Gegebenheiten. Viele gestalten diesen Lebensabschnitt selbstständig. Treten jedoch gewisse Einschränkungen auf, so wird versucht, sie auszugleichen. Erst wenn mehrere Defizite zusammenkommen, ist Hilfe von außen notwendig.

Eine wichtige Voraussetzung im Alter ist eine günstige Lebenssituation. Dazu gehören auch

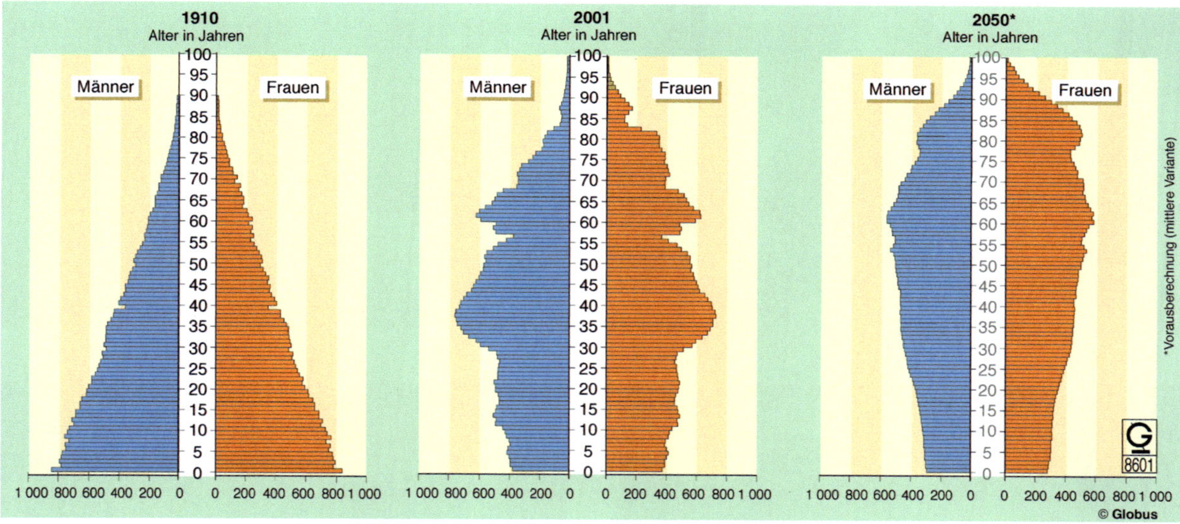

Deutsche Lebensbäume 1910, 2001, 2050

gesicherte soziale und familiäre Beziehungen. Somit wird Senioren die Erfahrung vermittelt, dass Belastungen gemeinsam getragen werden. Das bedeutet aber nicht, dass Jüngere und Ältere „unter einem Dach leben" müssen. Sowohl die jüngere als auch die ältere Generation zieht es vor, zwar bei innerer Nähe, jedoch bei äußerer Distanz zu leben.

Die Lebenszufriedenheit im Alter wird nicht durch die Quantität, sondern durch die Qualität der sozialen Kontakte beeinflusst.

Altersstruktur in Deutschland

Der Anteil von Kindern und alten Menschen an der Gesamtbevölkerung hat sich in den letzten hundert Jahren deutlich verändert. Während es vor hundert Jahren viele Kinder gab und nur wenige alte Menschen, so ist es heute umgekehrt. Es kommen weniger Kinder auf die Welt, und es gibt viele alte Menschen.
Die Verschiebung im Altersaufbau der Bevölkerung lässt sich beinahe in allen Industrieländern mehr oder weniger deutlich nachweisen. Sie beruht nicht nur auf der höheren Lebenserwartung, sondern auch auf einem längerfristig anhaltenden Geburtenrückgang.

Gründe für den Geburtenrückgang sind:
- Betonung der Individualrechte des Einzelnen,
- zu wenig geeignete Kinderbetreuungseinrichtungen,
- die geringe öffentliche Wertschätzung der Rolle der Hausfrau/des Hausmannes,
- die Erfahrung, dass Doppelverdiener im Vergleich zu Ein-Verdiener-Familien über ein höheres Einkommen verfügen,
- späterer Berufseinstieg durch längere Ausbildungszeiten.

Die Überalterung der Bevölkerung ist eine der herausragenden gesellschaftlichen Herausforderungen der kommenden Jahre.

1 Erläutert die Lebensbäume.

2 Frage deine älteren Verwandten, ob sie ihre Großeltern noch kannten.

3 Suche Gründe, warum ältere Menschen unabhängig bleiben wollen.

4 Welchen Beschäftigungen gehen ältere Menschen nach, die du kennst?

M 5 Erkundige dich in sozialen Einrichtungen nach Angeboten für Ältere. Erstellt dazu eine Broschüre.

Erfahrungen mit älteren Menschen

Beinahe jeder hat heute Erfahrung mit der Betreuung und Versorgung älterer Menschen. Für beide Generationen kann diese Lebensphase eine Bereicherung sein, gemeinsame Aktivitäten wie Weiterbildung und Betreuung der Enkel können die Gemeinsamkeit stärken. Trotzdem gibt es immer wieder Probleme. Ältere fühlen sich häufig angegriffen, weil sie nicht mehr so schnell reagieren können. Sie merken selbst, dass ihre körperliche und geistige Leistungsfähigkeit in den letzten Jahren abgenommen hat. Sie können aber sich selbst und anderen gegenüber dies nicht eingestehen. So kommen sie sich schwach vor und wollen wie früher doch immer noch stark sein.

Das ist auch mit der Grund, warum Ältere immer gerne von ihren erfolgreichen Jahren erzählen, obwohl jeder diese Geschichten kennt.

Jeder Erwachsene sollte sich langfristig mit der Lebensphase „Älterwerden" beschäftigen und sein „Alter" planen.

Hilfsbedürftig und dennoch daheim

Um die Betreuung und Versorgung älterer Menschen zu erleichtern, gibt es eine Vielzahl von ambulanten Diensten. Ohne den Einsatz dieser Dienste könnten viele Ältere nicht Demente nicht mehr zu Hause bleiben. Trotzdem haben manche Ältere mit den ambulanten Diensten Probleme, weil sie nicht zugeben können, dass sie wesentliche Tätigkeiten des täglichen Lebens nicht mehr selbst ausführen können. Man muss aufpassen, dass diese Menschen nicht verwahrlosen. Die Mobilen Sozialen Dienste bieten Folgendes an:

- Essen auf Rädern. Fünfmal in der Woche wird um die Mittagszeit ein warmes Essen gebracht, das aus mehreren Angeboten ausgesucht werden kann.
- Fahr- und Begleitdienst: für Arztbesuche oder zu kulturellen Veranstaltungen wird der Fahr- und Begleitdienst angefordert.
- Hilfe bei der hauswirtschaftlichen Versorgung: zum Einkaufen, zur Nahrungszubereitung, zum Waschen und Bügeln und zum Putzen kann dieser Dienst gleichfalls in Anspruch genommen werden.

Umgang mit Älteren

Für Betreuende und Angehörige ist der Umgang mit älteren Menschen manchmal schwierig, da sich diese vielfach nicht mehr in die Situation der Erwerbstätigen hineindenken können, weil sie schon viele Jahre im Ruhestand sind. Den Alltag mit Erwerbsarbeit und eigenem Haushalt auf die Reihe zu bringen und dazu noch Angehörige zu betreuen, ist für viele ein ungeheuerer physischer und psychischer Druck. Gibt es dann noch Probleme mit den älteren Angehörigen, weil sie nicht warten können oder alles besser wissen, so steigt die Belastung noch mehr.

Um diesen Stress zu mildern, sollen folgende Verhaltensregeln beachtet werden:

- Wertschätzung entgegenbringen,
- freundlich gegenübertreten,
- bei Gesprächen unproblematische Themen bevorzugen,
- Achtung und Rücksicht zeigen („Kann ich helfen?"),
- Äußerungen nicht ständig verbessern,
- Lebensweise und Lebensgewohnheiten nicht außer Acht lassen,
- Besuchstermin festlegen und einhalten,
- die verschiedenen Interessen durch neue Informationen wach halten,
- kleine Aufgaben selbst erledigen lassen,
- Formen des Umgangs miteinander einhalten, wie „Bitte und Danke",
- Tätigkeiten, die noch ohne Hilfe ausgeführt werden können, selbstständig erledigen lassen.

Für die Betreuenden selbst gilt:

- sich nicht aus der Ruhe bringen lassen,
- nicht ständig auf den persönlichen Stress hinweisen,
- eine positive Grundeinstellung zur Betreuung mitbringen.

Jeder muss sich im Klaren sein, dass er selber auch alt wird und im Voraus nicht weiß, wie er sich im Alter verändert.

1 Denkt euch in ältere Menschen hinein und sucht Beispiele für die genannten Verhaltensregeln. Unternehme z. B. einen Spaziergang mit deinen Großeltern.

M **2** Erkundet verschiedene ambulante Pflegedienste.

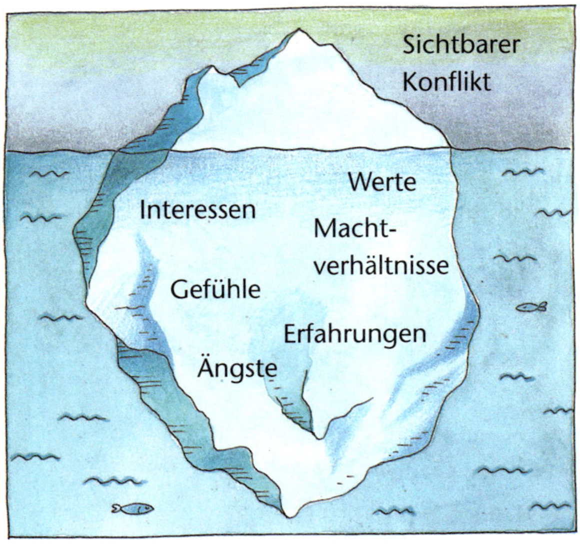

Was sich hinter dem Verhalten eines Menschen verbergen kann

Konflikte lösen durch Gespräche – aber so nicht!

Konflikte gehören dazu!

Konflikte gehören zum täglichen Leben. Sie begegnen dir überall: in der Familie, in der Schule, am Arbeitsplatz. Sie betreffen jeden – Eltern, Freunde, Partner, Klassenkameraden, Lehrer oder dich selbst.
Wie entstehen Konflikte? Diese Frage ist schwer zu beantworten, vor allem deshalb, weil bei Konflikten oft nur die Spitze des Eisbergs sichtbar ist. Das bedeutet, dass das Verhalten und die Worte eines Menschen sichtbar sind, aber was dahinter steckt, nämlich die Gefühle, Ängste, Erfahrungen, also das eigentliche Problem, die Ursache, oft verborgen bleiben.

Konfliktlösung – ein schwieriges Feld

Die Lösung von Konflikten ist daher oft schwierig und nicht zuletzt deshalb werden Konflikte gerne verdrängt. Verdrängen bedeutet zu versuchen, das Belastende zu vergessen, es in der hintersten Schublade des Gehirns abzulegen. Langfristig bewirkt diese Form des Umgangs mit Konflikten leider nur, dass der ungelöste Konflikt dich unbewusst immer weiter belastet und dich unter Umständen sogar körperlich oder psychisch krank machen oder aber in stärkerer Form wieder hervorbrechen kann.

Die Lösung von Konflikten durch Gewalt, sei es mit Fäusten oder mit Worten (Beleidigungen usw.), ist langfristig auch keine geeignete Strategie. In den meisten Fällen wird das Gegenüber zu den gleichen Mitteln greifen und seinerseits gewalttätig werden: der Konflikt eskaliert im schlimmsten Fall in einer Spirale der Gewalt, bei der es keine Gewinner, sondern nur Verletzte gibt.
Eine echte Lösung, die auch langfristig Bestand hat, bietet nur das klärende Gespräch. Das Problem dabei ist allerdings oft, dass die am Konflikt beteiligten Personen meist davon überzeugt sind, dass sie Recht haben. In gewisser Weise stimmt das auch, denn jeder Mensch sieht die Welt durch seine ganz persönliche Brille und kann sich nur sehr schwer in die Sicht eines anderen Menschen hineinversetzen. Trotzdem: die Fähigkeit zur Empathie, d.h. sich in jemanden hineinfühlen zu können, ebenso wie Toleranz und Kompromissfähigkeit sind erlernbar. Diese Fähigkeiten, die man für die Lösung von Konflikten braucht, kann man auch trainieren.

Lerne, Konflikte mit dem Kopf zu lösen, durch ein klärendes Gespräch, nicht mit der Faust!

DU-Botschaft	ICH-Botschaft
Du Idiot, dir kann man auch nichts in die Hand geben. Alles machst du kaputt.	Ich bin absolut sauer → *Mein Gefühl* darüber, dass du mir meinen → *Warum fühle ich das?* Stift einfach kaputt auf den Platz gelegt hast. Ich erwarte, → *Was erwarte ich?* dass du ihn mir ersetzt.
Der Angesprochene fühlt sich angegriffen, er wird sich verschließen oder wehren und nicht kompromissbereit sein.	Wenn eigene Gefühle und der Grund dafür geäußert werden, klingt das weniger als Angriff, sondern der Angesprochene fühlt sich eher betroffen. Wenn ich Grund habe, verärgert zu sein, darf ich auch eine Erwartung äußern.

Ich-Botschaften können dir helfen, ein Gespräch zur Lösung eines Konfliktes zu führen

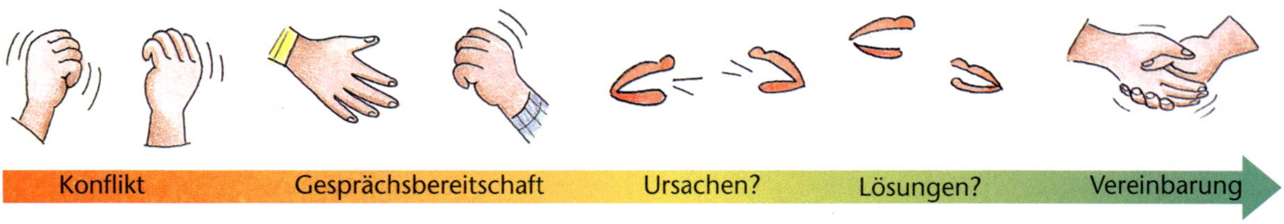

Tipps für erfolgreiche Konfliktgespräche

Der richtige Zeitpunkt

Für ein Konfliktgespräch müssen sich alle Beteiligten erst einmal beruhigt haben. Bei Familien oder Schulklassen haben sich fest vereinbarte Konferenztermine bewährt. Probleme, die sich angestaut haben, werden regelmäßig im Gespräch gelöst.

Missverständnisse klären

Frage im Gespräch öfter nach, ob du die Botschaft richtig verstanden hast: „Habe ich dich richtig verstanden, dass …?"
Missverständnisse sind eine häufige Ursache für Konflikte.

Die richtige Wortwahl

Versuche, Ich-Botschaften anstatt Du-Botschaften zu verwenden. Du-Botschaften führen oft dazu, dass das Gegenüber sich angegriffen fühlt, sich verschließt und nicht mehr offen für eine Konfliktlösung ist.

Regeln festlegen

In der Familie, in der Schulklasse, in der Partnerschaft und am Arbeitsplatz ist es hilfreich, Regeln des gemeinsamen Umgangs, insbesondere in Konfliktsituationen, festzulegen. Diese Regeln müssen eingehalten werden, damit das Zusammenleben und -arbeiten funktionieren kann.

Ein Konfliktlösungsgespräch funktioniert nur mit Gelassenheit und mit den richtigen Worten zum richtigen Zeitpunkt.

M **1** Entwickelt in Gruppen zwei kurze Rollenspiele, in denen die Regeln für ein Konfliktgespräch eingehalten und gebrochen werden. Spielt beide der Gruppe vor.

2 Erarbeitet die fünf wichtigsten Regeln, die bei der Arbeit in der Küche beachtet werden sollen.

3 Fülle ein Eisbergbild aus für einen Konflikt aus dem Bereich Familie, Hausarbeit oder Schule. Stelle ihn der Klasse vor.

4 Formuliere die folgende Du-Botschaft in eine Ich-Botschaft um.
„Ihr seid unkonzentriert und nicht fleißig genug. So werdet ihr die Prüfung nicht bestehen."

DIE SOZIALVERSICHERUNG

Wenn ich krank werde, …	Wenn ich einen Unfall habe, …	Wenn ich alt bin, …	Wenn ich arbeitslos bin, …	Wenn ich krank werde, …
… dann hilft die gesetzliche Krankenversicherung.	… dann hilft die gesetzliche Unfallversicherung.	… dann hilft die gesetzliche Rentenversicherung.	… dann hilft die gesetzliche Arbeitslosenversicherung.	… dann hilft die gesetzliche Pflegeversicherung.
Leistungen:	**Leistungen:**	**Leistungen:**	**Leistungen:**	**Leistungen:**
• Krankengeld • Arztbehandlung • Krankenhauspflege • Arzneimittelversorgung • Zuschüsse bei Kuren	• Rente an Verletzte oder Hinterbliebene • Kosten für Behandlungen • Rehamaßnahmen • Kosten für Umschulung	• Altersrente • Hinterbliebenenrente • Rente wegen Berufs- oder Erwerbsunfähigkeit	• Arbeitslosengeld • Kurzarbeitergeld • Arbeitsvermittlung • Fort- und Weiterbildung • Kostenbeihilfe für Bewerbungen	• Sach- und Geldleistungen bei häuslicher Pflege • Bezahlung von Pflegekräften
seit 1883	**seit 1884**	**seit 1889**	**seit 1927**	**seit 1995**

Das System der gesetzlichen Sozialversicherung

Soziale Sicherungssysteme

Die Bundesrepublik Deutschland ist ein Sozialstaat. Die soziale Sicherheit kostete im Jahr 2006 ca. 750 Mrd. Euro. In diese Summe fließen Renten und Pensionen, die Krankenversicherung und das Arbeitslosengeld, das Kindergeld, die Lohnfortzahlung im Krankheitsfall, die Unfallversicherung, Pflegeleistungen und vieles mehr ein.

> Die Sozialversicherung ist eine Pflichtversicherung. Sie wird von Arbeitgebern und Arbeitnehmern finanziert.

Die Höhe der Beiträge (Sozialabgaben) richtet sich nach der Höhe des Einkommens. Wer viel verdient, muss mehr bezahlen, wer wenig verdient, zahlt auch weniger.
Arbeitslosengeld und Rente richten sich nach der Menge und Höhe der Beiträge, die man eingezahlt hat. Die Leistungen aus der Krankenversicherung sind für alle Beitragszahler gleich. Solidarität ist die Grundlage. Alle Versicherten tragen die Risiken gemeinsam.
Die Sozialversicherung ist eine staatliche Grundversorgung. Wer mehr oder bessere Leistungen möchte, z. B. für die Gesundheit oder im Alter, muss sich freiwillig zusätzlich privat versichern.

Der Staat schützt die sozial Schwachen

Es gibt Menschen, die unverschuldet in Not geraten oder gesundheitlich stark eingeschränkt sind. Wenn sie keine Versicherungsbeiträge geleistet haben, können sie auch keine Leistungen aus der Sozialversicherung bekommen. Diesen Menschen hilft der Staat. Hier wird die Bedürftigkeit des Einzelnen geprüft und entschieden, welche Unterstützung er erhält. Wer arbeitsfähig ist, erhält Arbeitslosengeld II, wer nicht arbeitsfähig ist, erhält Hilfe zum Lebensunterhalt. Hilfen wie Wohngeld oder Kleidergeld werden jedoch nur bezahlt, wenn der Einzelne sich nicht selber helfen kann und keine andere Hilfe wie z. B. durch eigenes Vermögen oder die Familie möglich ist.

Bevölkerungsentwicklung und Altersstruktur 1960 – 2050

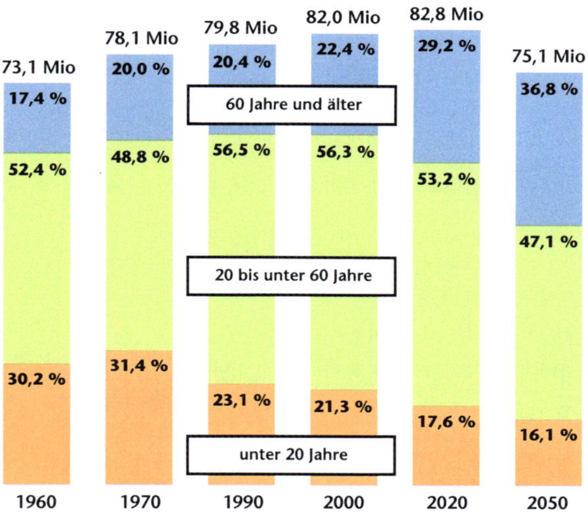

Quelle: Statistisches Bundesamt Wiesbaden 2003

Oben: Das sozialpolitische Dilemma. Karikatur von Gerhard Mester
Links: Grenzen der Finanzierbarkeit für das Sozialversicherungssystem

Grenzen der Finanzierbarkeit

Bisher finanziert die junge Generation der Erwerbstätigen mit ihren Beiträgen in die Rentenkasse die Renten der älteren Generation („Generationenvertrag"). Da in Deutschland jedoch immer weniger Kinder geboren werden, wird der Generationenvertrag bald nicht mehr funktionieren. Hinzu kommen weitere Probleme: Wegen der hohen Sozialabgaben sind Arbeitskräfte in Deutschland teuer. Firmen verlegen ihre Produktion ins Ausland. In Deutschland aber fehlen dann die Arbeitsplätze und somit Beiträge zur Sozialversicherung.

Selbst vorsorgen

Die Kosten für die Sozialversicherung dürfen nicht weiter steigen und die Leistungen müssen bezahlbar bleiben. Daher kann die Sozialversicherung keinen Rundumschutz leisten.

> Die gesetzliche Sozialversicherung bietet eine Grundversorgung. Junge Leute, die berufstätig werden, sollten zusätzlich privat für den beruflichen Alltag und für das Alter vorsorgen.

Das Sicherheitsbedürfnis jedes Einzelnen ist sehr unterschiedlich. Weil alle Versicherungsleistungen Beiträge erfordern, muss jeder genau überlegen, welchen Versicherungsschutz er will und braucht. So kann über eine private Rentenversicherung eine Zusatzrente aufgebaut werden, um den Lebensstandard im Alter zu halten. Wer das Risiko einer Berufsunfähigkeit durch Unfall oder Krankheit zusätzlich absichern will, schließt eine Berufsunfähigkeitsversicherung ab. Eine private Unfallversicherung ist bei Unfällen in der Freizeit sinnvoll. Eine private Haftpflicht kommt bei Schäden gegenüber Dritten auf und ist jedem zu empfehlen. Eine Rechtsschutzversicherung hilft Kosten bei Rechtsstreitigkeiten zu sparen. Wer im Todesfall seine Familie finanziell absichern will, kann eine Lebensversicherung abschließen. Auch an die private Vermögensbildung sollte gedacht werden. Wohneigentum hilft z. B. langfristig, Mietbelastungen zu verringern.

1 Befragt eure Eltern, welche privaten Absicherungen eure Familie nutzt.

P **2** Recherchiere im Internet mit dem Stichwort „Start in den Beruf", um welche Versicherungen du dich selbst kümmern musst.

3 Befrage Erwachsene, welche Veränderungen sie in unserem Sozialstaat noch erwarten. Diskutiert darüber.

Wichtige Aufgaben des Staates		Wofür gibt der Staat sein Geld aus?
Bundesrepublik:	soziale Leistungen Verteidigung Europäische Union zwischenstaatliche Beziehungen Verkehr Wohnungsbau Subventionen Bildung, Forschung	Die meisten Staatsausgaben stehen fest. Durch Gesetze und vertragliche Verpflichtungen entstehen Ansprüche, die erfüllt werden müssen. Unaufschiebbare Projekte müssen realisiert werden. Dafür gibt der Staat sein Geld aus (einige Beispiele): • Beim Staat sind viele Beamte und Angestellte beschäftigt. Die Gehaltszahlungen müssen jeden Monat erfolgen. • Der Straßenunterhalt und der Winterdienst auf den Autobahnen müssen gewährleistet sein. • Die Sozialleistungen (z. B. Kindergeld, Wohngeld) werden bei Vorliegen der Voraussetzungen bezahlt. • Wenn der Staat Kredite aufgenommen hat, sind dafür Zinsen fällig. • Der Wohntrakt einer Bundeswehrkaserne bedarf einer grundlegenden Sanierung. Ein weiteres Hinauszögern der Maßnahme ist unmöglich. • Die Beiträge für die Mitgliedschaft in internationalen Organisationen müssen regelmäßig erfolgen.
Länder:	Bildung Kultur Sicherheitsangelegenheiten Gesundheitswesen Subventionen Sozial- und Jugendhilfe Verkehr	
Kommunen:	Einrichtungen der Daseinsvorsorge (Ver- und Entsorgung) Ortsstraßen Bildungseinrichtungen Einrichtungen des Gesundheitswesens	

Die Aufgaben des Staates

Einnahmen und Ausgaben des Staates

Der Staat hat vielfältige Aufgaben zu erfüllen. So wollen wir alle in Frieden leben. Er sorgt also für unsere Sicherheit nach außen wie nach innen. Dafür gibt es die Armee und die Polizei. Er regelt aber auch durch Gesetze oder Verordnungen, welche Zusatzstoffe Lebensmitteln beigefügt werden dürfen. Die Straßenverkehrsordnung legt fest, wie wir uns im Straßenverkehr verhalten müssen. Und auch alltägliche Dinge des Lebens wie der Kauf von Brötchen oder die Fahrt in der Straßenbahn werden grundsätzlich in Rechtsnormen geklärt, um bei Streitigkeiten richten zu können. Der Staat hat auch die Aufgabe, Einrichtungen zu schaffen, die dem Wohle aller dienen, deren Bereitstellung aber einzelnen Menschen nicht zugemutet werden kann.
Daneben erbringt der Staat Leistungen, die jedem ein menschenwürdiges Dasein sichern sollen. Hierzu zählen insbesondere:

- Leistungen zur Sicherung der sozialen Existenz (Kindergeld, Wohngeld, Sozialhilfe)
- Einrichtungen, die dem Aufbau einer Infrastruktur dienen z. B. Straßenbau, Wasserversorgung, Bau von Schulen, Museen, Freibädern

Die Aufgaben des Staates umfassen die innere und äußere Sicherheit sowie die Daseinsvorsorge.

Der Staat braucht also viel Geld. Jeder von uns muss daher Abgaben in Form von Steuern, Beiträgen oder Gebühren leisten (s. S. 39), um die Leistungen des Staates mitzufinanzieren.

Abgaben sind alle Pflichtzahlungen, die vom Staat erhoben werden.

Diese Abgaben und zugleich die Staatsausgaben sind in den letzten Jahren stetig gewachsen. Drastische Sparmaßnahmen und Steuererhöhungen bedeuten schmerzhafte Einschnitte für die Bürger.

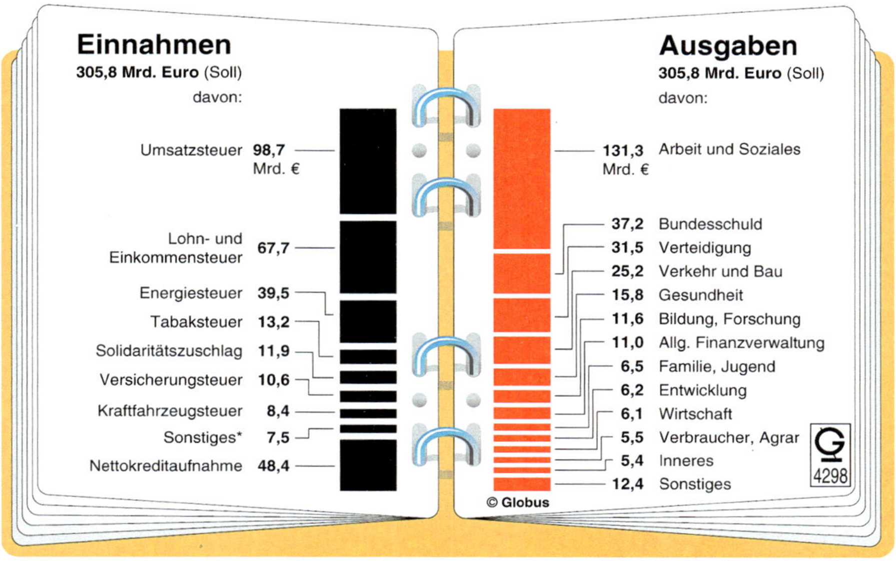

Der Bundeshaushalt 2011

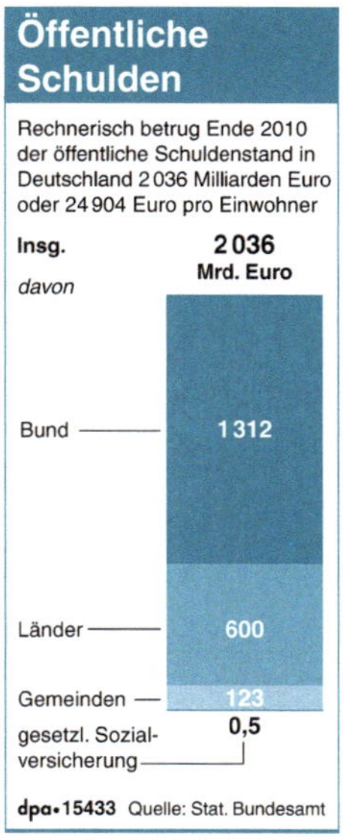

Staatsverschuldung 2010

Der Haushaltsplan des Staates

Die Planung und Verwendung der Gelder, die der Staat zur Finanzierung seiner Aufgaben benötigt, werden in einem Haushaltsplan erfasst. Ebenso wie im privaten Haushalt müssen beim Aufstellen eines solchen Haushaltsplanes u. a. folgende Grundsätze eingehalten werden:

- Vollständigkeit: Im Haushaltsplan sind alle voraussichtlichen Einnahmen und Ausgaben zu veranschlagen.
- Jährlichkeit: Für jedes Jahr ist ein Haushaltsplan zu erarbeiten.
- Klarheit: Es muss klar erkennbar sein, für welche Zwecke und aus welchem Grund Gelder benötigt werden.
- Öffentlichkeit: Jeder Bürger hat das Recht zum Einblick in den Haushaltsplan.
- Gesamtdeckung: Alle Einnahmen dienen als Deckung für alle Ausgaben. Damit soll eine bevorzugte Deckung bestimmter Ausgaben verhindert werden.

Der Haushaltsplan eines Staates ist vergleichbar mit dem Haushaltsbuch eines privaten Haushaltes. Alle Einnahmen und Ausgaben müssen vorausschauend lückenlos aufgeführt werden.

Der Haushaltsplan muss für den Gesamtbetrag der veranschlagten Ausgaben die erforderliche Deckung ausweisen. Somit passiert es immer wieder, dass der Staat wie auch viele private Haushalte für die Deckung der Ausgaben Kredite aufnehmen müssen. Ein Ziel der Haushaltsmitglieder oder der Finanzpolitiker ist es, den Schuldenberg nicht zu groß werden zu lassen. Dies ist angesichts dringend notwendiger Investitionen zur Verbesserung der Lebensverhältnisse nicht immer einfach.

1 Informiert euch über den Haushaltsplan eurer Gemeinde. Welche Einnahmen und Ausgaben sind geplant? In welchen Bereichen wird investiert?

2 Vergleiche die Gliederung eines Haushaltsplanes eines privaten und öffentlichen Haushaltes. Wo gibt es Abweichungen?

3 Welche Ereignisse können dafür verantwortlich sein, dass der Plan mit der Realität nicht übereinstimmt?

4 Welche Möglichkeiten seht ihr zum Abbau von Schulden in einem privaten Haushalt oder im Staat? Teilt euch zur Beratung in zwei Gruppen auf.

M Methode Rollenspiel

Phase 1: Planung

Wir legen das Thema und das Ziel des Spiels fest. Außerdem überlegen wir uns Kriterien für das Auswertungsgespräch nach dem Rollenspiel.

Wir entscheiden, welche Personen im Spiel vorkommen und verteilen diese Rollen auf Schüler/-innen. Alle übrigen Schüler/-innen sind Beobachter, für die wir einen Beobachtungsauftrag formulieren.

Jeder Spieler/jede Spielerin wird von einer Gruppe unterstützt. Wir überlegen uns, wie die Person argumentieren und sich verhalten könnte. Außerdem suchen wir einen für die Person typischen Gegenstand als „Verkleidung".

Phase 2: Durchführung

Wir schaffen eine Bühne im Klassenraum und kennzeichnen unsere Spieler/-innen (Namenschilder etc.). Bevor das Spiel beginnt, beschreibt der Spielleiter/die Spielleiterin noch einmal die Situation, die gespielt wird. Es kann ein Zeitlimit festgelegt werden. Dann spielen und beobachten wir.

Phase 3: Auswertung

Wir werten das Spiel aus.

1. Die Beobachter/-innen kommen zu Wort. Sie schildern ihre Beobachtungen zu den einzelnen Spielern anhand ihres Beobachtungsauftrages.

2. Die Spieler/-innen kommen zu Wort: Sie berichten, wie sie sich in der Rolle gefühlt haben, und äußern ihre Meinung zu den Beobachtungen der Beobachter.

2 Miteinander im Haushalt wirtschaften

Einkommen als Lebensgrundlage

Leistungen im Haushalt

Für die Deckung der Bedürfnisse benötigt der Haushalt ein regelmäßiges Geldeinkommen. Von diesem Einkommen werden Sachgüter und Dienstleistungen gekauft oder in Anspruch genommen. Dem privaten Haushalt stehen verschiedene Arten von Einkommen zur Verfügung. Haushaltsmitglieder gehen arbeiten, das heißt, sie geben Arbeitskraft an ein Unternehmen oder an den Staat ab. Als Gegenwert für die geleistete Arbeit erhalten sie Geld in Form von Lohn oder Gehalt. Dieses Einkommen heißt auch Erwerbseinkommen.
Der Haushalt erhält außerdem Einkommen, indem Arbeitsleistungen für den Haushalt erbracht werden, z. B. Wäsche waschen, Essen kochen, Hausaufgaben betreuen. Diese Arbeitsleistungen werden nicht mit Geld bewertet.
Manche Haushalte bekommen auch Leistungen vom Staat, z. B. Kindergeld, Bafög oder Sozialhilfe. Diese Gelder werden nicht als Gegenleistung für erbrachte Arbeit gezahlt, deshalb nennt man sie Transfereinkommen.
Darüber hinaus gibt es Einkommen aus Vermögen, wie Zinsen für ein Sparguthaben, Gewinne bei Aktien (Dividende) oder Mieteinnahmen.

Dem Haushalt stehen Arbeits-, Transfer- oder Vermögenseinkommen für notwendige Ausgaben zur Verfügung.

Lohn und Gehalt

Das Erwerbseinkommen ist in den meisten Haushalten das Haupteinkommen. Beim Abschluss des Arbeitsvertrages spielt deshalb die Höhe des Lohnes oder Gehalts eine wichtige Rolle. Arbeitnehmer versuchen einen möglichst hohen Lohn zu erhalten, um ihre Existenz zu sichern. Arbeitgeber hingegen versuchen die Löhne niedrig zu halten, um ihre Gewinne zu steigern. Die Lohnhöhe ist u. a. abhängig vom Lebensalter, von der

Auszug aus einer Gehaltsabrechnung (Stand: Oktober 2011)

	Monat	Jahr
Gehalt (Brutto)	**2.502,00 €**	**30.024,00 €**
Abgaben		
Rentenversicherung (19,9%)	248,95 €	2.987,40 €
Arbeitslosenversicherung (3%)	37,53 €	450,36 €
Pflegeversicherung (2,2%)	30,65 €	367,80 €
Krankenversicherung (15,5%)	205,16 €	2.461,92 €
Summe Sozialabgaben	**522,30 €**	**6.267,48 €**
Steuern		
Lohnsteuer	342,41 €	4.109,00 €
Solidaritätszuschlag	18,83 €	225,96 €
Kirchensteuer	30,81 €	369,72 €
Summe Steuern	392,05 €	**4.704,68 €**
Gehalt (Netto)	**1.587,65 €**	**19.051,84 €**

Ausbildung, Berufserfahrung, Tätigkeit und Position im Unternehmen, Unternehmensgröße, Ertragssituation und Branche.

Brutto und Netto

Der Vater von Lisa sagt: „Brutto ist das, was man bekommt, und netto ist das, was man hat."
Der Bruttolohn ist der im Arbeitsvertrag vereinbarte Lohn. Er setzt sich aus dem Grundlohn (für die normale Arbeitszeit), den Zulagen (z. B. Vermögenswirksame Leistungen, Weihnachtsgeld) und den Zuschlägen für Nachtarbeit, Überstunden, Sonn- und Feiertagsarbeit zusammen. Vom Bruttolohn bzw. Bruttogehalt werden die Steuern und Sozialbeiträge abgezogen.
Steuern sind Abgaben, die der Staat von Arbeitnehmern und Arbeitgebern erhebt. Damit finanziert er u. a. Schulen, Straßen, das Kindergeld und andere Ausgaben. Die Höhe der Steuern ist abhängig von der Höhe des Lohnes oder Gehalts, von der Steuerklasse (abhängig vom Familienstand) und der Anzahl der Kinder. Der Solidaritätszuschlag ist eine Sondersteuer zum Aufbau der neuen Bundesländer. Wer Mitglied einer Kirche ist, zahlt außerdem Kirchensteuer.
Neben den Steuern werden die gesetzlich festgelegten Sozialbeiträge vom Bruttolohn abgezogen. Das sind Beiträge zur Renten-, Kranken-, Arbeitslosen- und Pflegeversicherung.
Der Nettolohn ist die Differenz zwischen dem Bruttolohn und den gesetzlichen Abzügen.

Der Bruttolohn ist der vertraglich vereinbarte Lohn. Davon werden Steuern und Beiträge abgezogen. Übrig bleibt der verfügbare Nettolohn.

1 Schreibe auf, welche Einkommensarten es in deiner Familie gibt. Erkläre sie.

P **2** Erkundige dich im Betriebspraktikum oder bei Freunden, welche Abgaben Auszubildende bezahlen müssen. Notiere die Art und Höhe der Abgaben.

3 Nenne die einzelnen Beiträge zur Sozialversicherung. Erläutere ihre Leistungen.

4 Diskutiert, inwiefern Kinder Einkommen für den Haushalt erwerben können.

5 Herr Muster hat einen Bruttolohn von 1500 € im Monat. Berechne mithilfe der Internetseite www.nettolohn.de die Abzüge und den Nettolohn.

Vater Michael (46 J.)
voll berufstätig, Nettogehalt:
1.413,72 €

Mutter Marie (43 J.)
arbeitet im Büro für
400 € netto

Tochter Lena (16 J.)
Schülerin
20 € Taschengeld

Sohn Tino, (13 J.)
Schüler
10 € Taschengeld

Warmmiete:
580 €/Monat

Versicherungen, Strom,
Wasser, Monatskarte und
andere feste Ausgaben:
340 €/Monat

Lebensunterhalt:
150 €/Woche
(ohne kleine Extras wie Kino
oder Essengehen)

Keine größeren
Sparrücklagen

Fallbeispiel: Familie Muster

Familien planen ihre Ausgaben

Familie Muster ist unzufrieden, weil ihre Ausgaben im Vergleich zu den Einnahmen recht hoch sind. Die Familienmitglieder beraten, wie sie das Problem lösen können. Lena schlägt vor, ein Haushaltsbuch zu führen, um zu sehen, wo sie Geld einsparen können.

Das Haushaltsbuch

Gut wirtschaften heißt, die Übersicht über das zur Verfügung stehende Geldeinkommen und über die Ausgaben zu behalten.

> Das Haushaltsbuch hilft, einen Überblick über Einnahmen und Ausgaben zu behalten.

Ein Haushaltsbuch sollte übersichtlich angeordnet sein (siehe S. 45 oben). Es ist nur dann sinnvoll, wenn alle Einnahmen und Ausgaben regelmäßig eingetragen und verglichen werden.
Familie Muster notiert sorgfältig alle Einnahmen und die festen und veränderlichen Ausgaben. Zu den festen Ausgaben gehören u. a. die Kosten für Miete, Versicherungen, Fahrtkosten, Kitabeiträge und Zeitungsabo sowie die Vorauszahlungen oder Abschlagszahlungen für Heizung, Strom, Gas und Wasser. Zu den festen Ausgaben zählen auch Beiträge, die nur in bestimmten Monaten bezahlt werden müssen, wie Kfz-Steuern, Rundfunk- und Fernsehgebühren.

> Feste Ausgaben sind vertraglich feste Kosten, die kurzfristig nicht verändert werden können und regelmäßig bezahlt werden müssen.

Zu den veränderlichen Ausgaben zählen u. a. die Aufwendungen für Lebensmittel, Bekleidung, Telefon, Internet, Kosmetik, Kino, Theater und andere Freizeitaktivitäten.

> Veränderliche Ausgaben sind die laufenden Kosten, bei denen man immer wieder neu planen und entscheiden kann.

Datum	Einnahmen	Ausgaben
30.05.	1.413,72 € Lohn …	
Zwischensumme	…	
01.06. 02.06. …		580,00 € Miete 33,20 € Lebensmittel …
Zwischensumme	…	…
Endsummen	…	…

Auszug aus einem Haushaltbuch

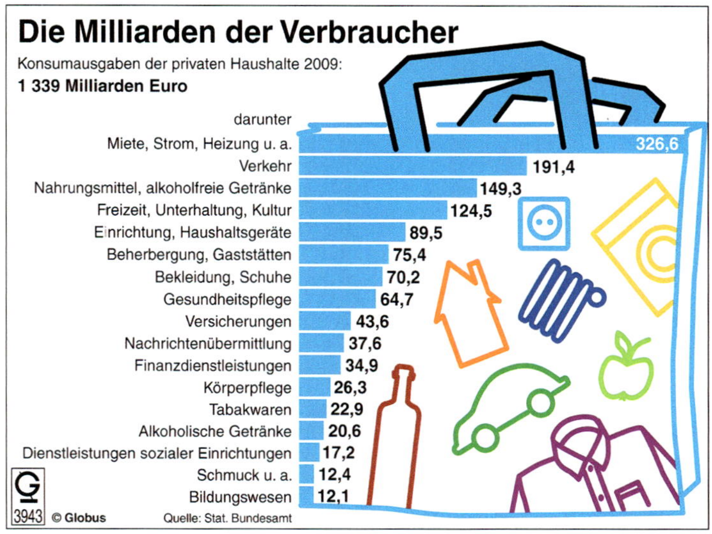

Wofür Haushalte ihr Geld ausgeben

Es gibt aber auch Ausgaben, die entweder den festen oder den veränderlichen Ausgaben zugeordnet werden können. Zum Beispiel: Die Familie beschließt, einen bestimmten Betrag im Monat zu sparen, dann ist dies eine feste Ausgabe. Wird das Monatsende abgewartet und hängt die Höhe des Sparbetrages von der Differenz zwischen Einnahmen und Ausgaben ab, handelt es sich um eine veränderliche Ausgabe.
In der Familie Muster hat jeder Wünsche und Bedürfnisse, die er erfüllt haben möchte. Die Mutter wünscht sich eine neue Küche und einen gemeinsamen Urlaub. Der Vater träumt von einem neuen Auto und die Kinder hätten gern mehr Taschengeld. Reicht das Geld, das am Ende des Monats übrig bleibt, für diese Anschaffungen?

Konsum und Sparen

Von seinem Einkommen verwendet jeder Haushalt einen mehr oder weniger hohen Anteil für den Konsum. Die Höhe des Konsums ist abhängig von der Höhe des Einkommens, der Einkommenserwartung, den Preisen und der konjunkturellen Situation. Dabei wird es heute den Konsumenten leicht gemacht, bestimmte Waren oder Dienstleistungen zu erwerben. Werbung mit Sätzen wie „Kaufe jetzt, zahle später" oder „Spontane Wunscherfüllung mit dem Dispo" sowie Angebote zur Ratenzahlung lassen das Sparen auf bestimmte Güter oder Dienstleistungen immer öfter in den Hintergrund treten.

Sparen ist der Verzicht auf die Verwendung eines Teils des verfügbaren Einkommens.

Sparmotive sind vom Lebensstandard, vom Vertrauen in die Wirtschaft und von persönlichen Zielstellungen abhängig. Dabei werden folgende Sparformen unterschieden:
- Zwecksparen – Sparen zur Erfüllung von Wünschen;
- Vorsorgesparen – Sparen für den Notfall, etwas auf die „hohe Kante" legen;
- Vermögensbildung – langfristige Geldanlagen, die hohe Zinsen bringen.

Familie Muster muss entscheiden, welche Wünsche in welcher Reihenfolge erfüllt und wie diese finanziert werden sollen.

1 Erstelle für Familie Muster ein Haushaltsbuch. Wie viel Geld können sie monatlich sparen?

2 Warum sollten sie sparen?

3 Betrachte die Grafik auf der Seite rechts oben. In welchen Bereichen siehst du Sparmöglichkeiten und wo nicht?

Stefanie bezahlt die beim Versandhaus bestellte Jeans per Nachnahme.

Frau Weber überweist monatlich die Miete.

Ralf bezahlt seinen Vereinsbeitrag persönlich beim Kassenwart.

Herr Schmidt lässt die Telefongebühren von seinem Konto abbuchen.

Fallbeispiel: Einnahmen und Ausgaben von Familie Hartmann

Zahlungen leisten

Der Austausch von Waren und Dienstleistungen im heutigen Umfang, sei es im Inland oder weltweit, wäre ohne ein voll entwickeltes Geld- und Bankwesen nicht möglich. Mit der Zeit haben sich unterschiedliche Zahlungsarten herausgebildet. So unterscheiden wir die bare, die halbbare und die bargeldlose Zahlung.

Barzahlung: Monika kauft im Supermarkt Lebensmittel ein und bezahlt mit Scheinen und Münzen aus dem Portemonnaie. Für diesen Zahlungsvorgang wird kein Konto benötigt.

Halbbare Zahlung: 1. Fall: Peter hat sich über das Internet ein Buch bestellt. Er zahlt den Rechnungsbetrag bei einem Geldinstitut bar auf das Konto des Verkäufers ein. 2. Fall: Peter verkauft seinen MP3-Player über das Internet. Der Käufer schickt Peter einen Scheck, den Peter bei einem Geldinstitut einlöst. Das Geldinstitut bucht die Summe vom Konto des Käufers ab und zahlt sie an Peter aus. Bei der halbbaren Zahlung benötigt entweder der Zahlende oder der Empfänger ein Konto.

Bargeldlose Zahlung: Wenn sowohl Zahlender als auch Empfänger ein Konto besitzen, ist der Zahlungsvorgang am einfachsten: Der Zahlende beauftragt sein Geldinstitut, den Geldbetrag von seinem Konto auf ein anderes Konto zu übertragen. So kann man weltweit bezahlen.

Kreditkarten sind ein modernes Instrument des nationalen und internationalen bargeldlosen Zahlungsverkehrs. Eine weitere Möglichkeit der bargeldlosen Zahlung ist das Onlinebanking. Mithilfe des Internets kann man sehr schnell Überweisungen tätigen.

Unter Zahlungsverkehr versteht man alle Zahlungsvorgänge, die zwischen privaten Haushalten, Unternehmen, Staat und Banken stattfinden. Ein Schuldner (Zahlender) leistet an den Gläubiger (Zahlungsempfänger) eine Zahlung.

Funktionen des Geldes

Das Geld hat in der Wirtschaft wichtige Funktionen. Es ist zunächst *Tausch- und Zahlungsmittel.* Darüber hinaus dient es uns als *Recheneinheit oder Wertmaßstab*, weil mit Geld der Wert von Gütern eingeschätzt werden kann. Geld dient außerdem als *Wertaufbewahrungsmittel*, man kann es sparen. Und Geld dient als *Wertübertragungsmittel.* Mit seiner Hilfe kann man Werte an andere Personen übertragen, z. B. Schenkung oder Lohn.

Basiskonto		Kompaktkonto		Onlinekonto		Jugendkonto	
monatlicher Grundpreis	3,00 €	monatlicher Grundpreis	5,50 €	monatlicher Grundpreis	0,00 €	monatlicher Grundpreis	0,00 €
eine Bankcard		zwei Bankcards		zwei Bankcards		eine Bankcard	
Überweisungen: • mit Beleg • am SB-Terminal • online		Überweisungen: • mit Beleg • am SB-Terminal • online		Überweisungen: • mit Beleg • am SB-Terminal • online		Überweisungen: • mit Beleg • am SB-Terminal • online	
Auszahlungen am Automaten	0,00 €	Auszahlungen am Automaten	0,00 €	Auszahlungen am Automaten	0,00 €	Auszahlungen am Automaten	0,00 €
Buchungen	0,30 €	Buchungen	0,00 €	Buchungen	0,00 €	Buchungen	0,00 €
Sie zahlen nur das, was Sie auch wirklich nutzen. So können Sie die Kosten niedrig halten.		Im monatlichen Paketpreis sind alle Buchungen enthalten. Sie erhalten zwei Bankcards kostenlos.		Ihre Bankgeschäfte kosten Sie keinen Cent, wenn Sie sie bequem von zu Hause aus erledigen.		Wir unterstützen den Start ins Berufsleben. Das Jugendkonto ist für alle Kunden bis zum Alter von 25 Jahren kostenlos.	

Konten im Vergleich

Den Umgang mit Geld frühzeitig lernen

Maximilian soll zukünftig sein Taschengeld nicht mehr bar ausgezahlt bekommen. Die Eltern wollen es auf ein Konto überweisen. Maximilian soll so den Umgang mit Geld noch besser lernen. Um sich zu informieren, gehen Uwe und Ramona mit ihrem Sohn zur Bank. Dort verschaffen sich die drei einen Überblick über die angebotenen Konten.

Für Maximilian kommt ein Jugendgirokonto in Frage. Die Eltern können das Taschengeld regelmäßig überweisen. Maximilian kann am Automaten mit einer eigenen Bankcard Geld abheben und bekommt sogar Zinsen. Er kann sein Konto aber nicht überziehen. Wenn er mehr abheben möchte, als auf dem Konto gutgeschrieben ist, bricht der Automat den Vorgang ab. Auch in Geschäften kann Maximilian noch nicht mit seiner Bankcard bezahlen. Das ist gesetzlich so vorgeschrieben, um Kinder und Jugendliche vor Verschuldung zu schützen.

Den Besuch bei der Bank nutzen Maximilians Eltern, um auch ihre eigenen Bankgeschäfte zu überdenken. Vielleicht haben sie bisher zu viel Geld für ihr Girokonto ausgegeben.

1 Ordne die Fallbeispiele aus der Abb. S. 46 den Zahlungsarten bar, halbbar und bargeldlos zu.

2 Nenne weitere Beispiele für Barzahlungen und bargeldlose Zahlungen.

3 Warum solltest du bei Barzahlungen immer einen Beleg einfordern? Begründe.

4 Stelle die Vor- und Nachteile von Barzahlungen und bargeldlosen Zahlungen in einer Tabelle einander gegenüber.

5 Erkläre die Funktionen des Geldes mithilfe von Beispielen.

6 Welche Vorteile hat das Jugendkonto (vgl. Abb. oben) für Maximilian?

7 Warum gewähren Banken Jugendlichen gute Konditionen für ihr Girokonto?

8 Erkläre die Gründe für die Unterschiede bei den Girokonten in der Abb. oben. Welches empfiehlst du Maximilians Eltern? Begründe.

9 Stelle die Vor- und Nachteile von Bankgeschäften am Schalter und online in einer Tabelle einander gegenüber.

Kreditangebot

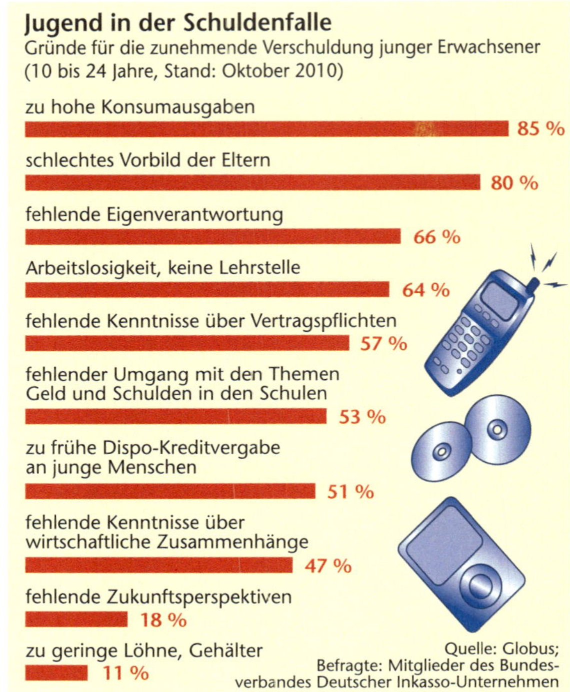

Jugend in der Schuldenfalle

Schulden vermeiden – (k)ein Problem?

Was ist besser? Für die große Urlaubsreise das Konto zu überziehen oder zu Hause bleiben? Die neue Küche über mehrere Monate in Raten bezahlen oder so lange sparen, bis sie bar bezahlt werden kann?
Auf diese Fragen gibt es unterschiedliche Antworten, die von der persönlichen Lebenssituation abhängen. Allerdings kostet ein Kredit nicht nur Zinsen, er ist auch immer ein mehr oder weniger großes Risiko.

> Verschuldung liegt vor, wenn Geldforderungen bestehen, die man sofort oder in Raten begleichen muss.

Schulden lohnen sich nur für Investitionen, die zukünftige Kosten sparen oder Einkünfte bringen. Im Privatleben gibt es davon nur wenige, z. B. Bafög für die Ausbildung oder ein Auto für die Arbeitsaufnahme oder die eigene Wohnung. Ratenzahlungen für verschiedene Konsumgüter machen das Produkt nur unnötig teuer. So bilden viele Menschen Dauerschulden, die sie nur schwer abzahlen können. Die Bank verdient, der Familie droht Überschuldung.

> Überschuldung liegt vor, wenn nach Abzug der festen Kosten zuzüglich Ernährung der Rest des verfügbaren monatlichen Einkommens für die Zahlungsverpflichtungen nicht ausreicht.

Ursachen von Überschuldung können übersteigerte Konsumansprüche sein, aber auch unvorhergesehene Ereignisse, wie Arbeitslosigkeit, Scheidung oder längere Krankheit oder die mangelnde Fähigkeit zum Umgang mit Geld und zur Haushaltsführung.

Die fünf häufigsten Schuldenfallen

1. Versandhauskäufe: Wer immer wieder bei Versandhäusern bestellt und diese Bestellungen nicht sofort, sondern mit Zahlpause oder in Raten von einem Kundenkonto bezahlt, kann schnell den Überblick verlieren.

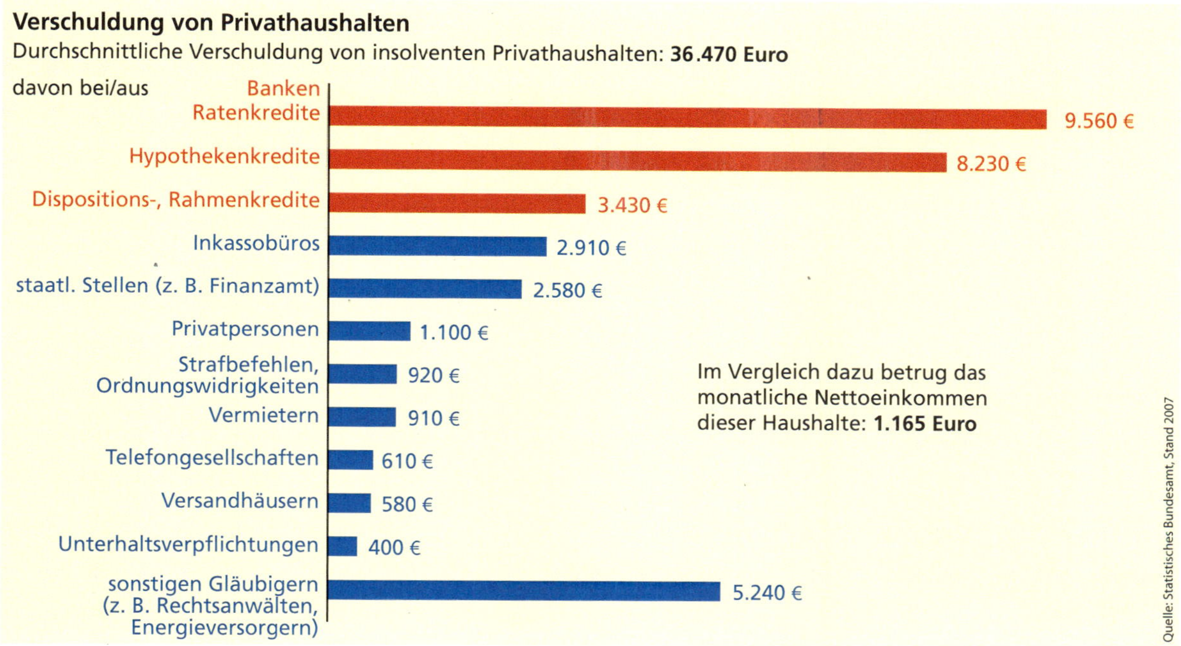

Haushalte in der Schuldenklemme

2. Handygebühren: Gerade zu Beginn der Nutzung eines Handys laufen oft hohe Summen auf. Dies liegt einerseits an der verspäteten Abrechnung der Handyanbieter und andererseits daran, dass die Kunden keinen Überblick über die verschickten SMS und MMS sowie anfallende Gebühren haben. Verlockende Zusatzangebote, wie Klingeltöne oder Musik werden bei vielen Anbietern teuer abgerechnet.

3. Dispositionskredit: Eine Kontoüberziehung ist nur ratsam für einen sehr kurzfristigen Zeitraum und eine einmalige Ausgabe. Den Lebensunterhalt mit dem Dispokredit zu finanzieren, das führt häufig in die finanzielle Katastrophe.

4. Kreditkarten: Bei Zahlungen mit Kreditkarten kann schnell die Übersicht über die eigenen finanziellen Möglichkeiten verloren gehen, da die Beträge erst nach einigen Tagen oder Wochen abgebucht werden.

5. Auto: Die Kosten für ein Auto werden häufig unterschätzt. Zu den laufenden Kosten für Benzin, Öl und Reparaturen kommen noch die Kreditraten. Beiträge zur Kfz-Versicherung, größere Reparaturen und die Kfz-Steuer müssen ebenfalls berücksichtigt werden.

Hilfsangebote für Schuldner

Den Verbrauchern helfen Schuldnerberatungsstellen. Man findet sie bei folgenden Institutionen:

- Verbraucherzentralen
- Wohlfahrtsverbänden
- städtischen Schuldnerberatungsstellen

Dort kann jeder kostenlos Beratung für eine Schuldenregulierung in Anspruch nehmen. Die Adressen findet man im Internet oder im örtlichen Telefonbuch. Vorsicht ist vor privaten Schuldnerberatern geboten. Sie lassen sich die Beratung meist teuer bezahlen.

1 Ladet einen Mitarbeiter einer Schuldnerberatung in die Klasse ein. Befragt ihn zum Thema „Jugendliche Schuldner".

2 Ermittle in deiner Umgebung die Adresse einer Schuldnerberatung.

3 Versandhäuser werben mit dem Slogan: „Kaufe jetzt, zahle später" oder „Zahlpause von 6 Monaten" u. Ä. Diskutiert Vor- und Nachteile solcher Angebote.

4 Untersuche das Kreditangebot „Autokauf". Was kostet der Kredit über 7.500€?

Kühlschrank

Mikrowelle

Computer

Wasserkocher

Mixer

Waschmaschine

Geschirrspüler

Wäschetrockner

Waffeleisen

Sandwichtoaster

Geräteausstattung in deutschen Haushalten

Sachgüter: Welche Ausstattung braucht ein moderner Haushalt?

Der Sachgüteranteil ist im privaten Haushalt des 21. Jahrhunderts erheblich gestiegen. Einen großen Bereich nehmen hierbei die elektronischen und kommunikationstechnischen Geräte ein. Ihre arbeitserleichternden Funktionen sind längst zur Selbstverständlichkeit geworden. Wie selbstverständlich, merken wir erst bei einem technischen Defekt oder bei Stromausfall.

Zu den Sachgütern zählen alle Verbrauchs- und Gebrauchsgüter.

Wenn wir alle elektrischen Geräte aus unserem Haushalt auf einem Blatt Papier notieren, stellen wir fest, dass es eine ganze Menge sind. Aber brauchen wir sie wirklich alle? Erleichtern uns alle die Arbeit und erhöhen unsere Lebensqualität? Sind nicht auch Geräte dabei, die mehr Arbeit verursachen als sie einsparen? Ist es nicht vielmehr so, dass ein erhöhter Wartungs- und Pflegeaufwand entsteht oder die Wünsche der Haushaltsmitglieder, beispielsweise nach täglich frischer Wäsche, nach selbst gebackenem Brot aus dem Automaten oder frisch gepresstem Orangensaft steigen?

Ist es sinnvoll, eine elektrische Getreidemühle zu besitzen, wenn kein Familienmitglied die Zeit hat, das Getreide frisch zu mahlen? Brauchen wir unbedingt den elektrischen Dosenöffner, die elektrische Brotschneidemaschine, die Stereoanlage mit Stand-by-Betrieb, elektronisch gesteuerte Bügeleisen und Küchenwaagen?

Der Kauf eines neuen Haushaltsgerätes muss gut durchdacht sein. Keiner sollte sich daran orientieren, welche Geräte Freunde und Bekannte besitzen.

Die Werbung versucht, uns einzureden, dass wir jede technische Neuheit unbedingt benötigen. Wir sollten uns fragen, ob uns diese Geräte wirklich die Arbeit erleichtern bzw. unsere Lebensqualität erhöhen und ob es sich lohnt, solche Geräte anzuschaffen.

Jeder Haushalt muss aufgrund seiner Bedingungen entscheiden, welche Technik wirklich gebraucht wird.

Vorüberlegungen für den Kaufentscheid

M Einkauf eines Gebrauchsgutes

Frau Weber kehrt in den Beruf zurück. Die Familienmitglieder unterstützen sie bei der täglichen Hausarbeit. Nun stellt die Familie fest, dass die gemeinsame Freizeit dadurch stark abnimmt. Sie beschließt daher, eine Geschirrspülmaschine und einen Trockner zu kaufen.

> Gebrauchsgüter werden im Gegensatz zu Verbrauchsgütern nicht täglich gekauft und sind in der Regel eine teure Anschaffung. Aus diesem Grund muss dem Kauf eine sorgfältige Planung vorausgehen.

Der Weg vom Kaufwunsch bis hin zum Kauf lässt sich in drei Phasen beschreiben: Kaufwunsch, Information, Entscheidung.

1. Phase: Kaufwunsch/Planung

Wesentliche Fragen sind:

- Wozu kann das Gerät benutzt werden?
- Benötigen wir es wirklich?
- Steht Geld zur Verfügung?
- Ist die Stellfläche für das Gerät vorhanden?

Sind die Anforderungen, die an das Gerät gestellt werden, und die Finanzierung geklärt, müssen Informationen für die Beurteilung und Entscheidung eingeholt werden.

2. Phase: Information

Informationen sollten gezielt eingeholt werden:

- im Fachhandel,
- bei der Verbraucherberatung,
- bei der Stiftung Warentest,
- in Katalogen und Prospekten,
- bei Freunden und Bekannten,
- im Internet.

Um Erkundungsergebnisse übersichtlich darzustellen, legt man am besten eine Tabelle an.

3. Phase: Entscheidung/Beurteilung

- Kosten-Nutzen-Analyse und Vergleich zwischen Angebot und Kaufwunsch
- Entscheidung

Für die Beurteilung können folgende Kriterien herangezogen werden:

- Technische Kriterien (Material, Pflege, Platz, Installation, Leistung, Bedienkomfort)
- Ökonomische Kriterien (Anschaffungs- und Folgekosten, Lieferbedingungen, Lebensdauer, Nutzungshäufigkeit, Kundendienst)
- Ökologische Kriterien (Herstellungsprozess, Verbrauchswerte, Recycelfähigkeit, Entsorgung, Rücknahme)

1 Nenne Vor- und Nachteile der Technisierung und Vernetzung der privaten Haushalte.

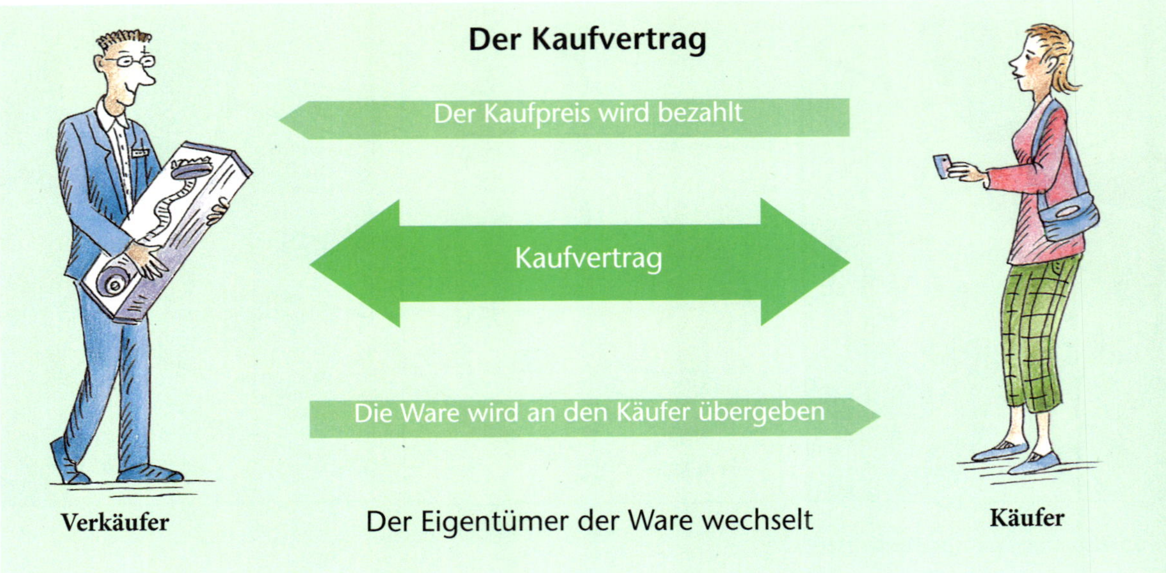

Was steht im Kaufvertrag?

– Wie wird die Ware bezeichnet?	*Beispiel:*	Fahrrad
– Wie groß ist die Menge (Stück oder Gewicht)?		1
– Wie hoch ist der Preis?		530 Euro
– Wie wird bezahlt (Zahlungsbedingungen)?		Anzahlen in bar, weiter auf Raten
– Wo wurde der Kaufvertrag geschlossen?		Karlsruhe
– Welche Preisnachlässe werden gewährt?		keine

Der Kaufvertrag

Der Kaufvertrag

Rechtliche Grundlagen

Damit es nicht zu Problemen zwischen Käufer und Verkäufer kommt, gibt es gesetzliche Bestimmungen, die den Vorgang des Kaufens genau regeln. Immer, wenn wir etwas kaufen, wird auch ein Kaufvertrag abgeschlossen. Grundlegend beruht ein Kaufvertrag auf

- dem Willen des Verkäufers, etwas zu verkaufen und
- dem Willen des Käufers, etwas zu kaufen.

Ein Kaufvertrag kommt dann zustande, wenn der Wille des Verkäufers, etwas zu verkaufen, mit dem Willen des Käufers, etwas zu kaufen, übereinstimmt.

Stellst du zum Beispiel im Supermarkt eine Getränkeflasche auf das Band an der Kasse, bekundest du den Willen, diese Flasche zu kaufen. Nimmt die Kassiererin dafür das Geld von dir, hat sie mit dir stillschweigend einen gültigen Kaufvertrag abgeschlossen.

Kaufverträge können in mündlicher und schriftlicher Form oder durch stillschweigende Zustimmung abgeschlossen werden. Sie haben alle die gleiche Gültigkeit.

Mit dem Kaufvertrag verpflichtet sich der Käufer, die von ihm geprüfte Ware abzunehmen und zu bezahlen. Der Verkäufer muss die Ware ohne Mängel und termingerecht übergeben.

§ 110 „Taschengeldparagraph"

Ein von dem Minderjährigen ohne Zustimmung des gesetzlichen Vertreters geschlossener Vertrag gilt als von Anfang an wirksam, wenn der Minderjährige die vertragsgemäße Leistung mit Mitteln bewirkt, die ihm zu diesem Zwecke oder zu freier Verfügung von dem Vertreter oder mit dessen Zustimmung von einem Dritten überlassen worden sind.

Der Taschengeldparagraph (BGB)

Kathrin (8 Jahre) kauft beim Bäcker Brötchen.	Jan (15 Jahre) kauft sich ein teures Mountainbike.	Carina (13 Jahre) möchte sich die schicken Markenjeans kaufen.	Max (17 Jahre) kauft sich eine Digitalkamera.

Wer darf kaufen?

Wer darf Kaufverträge abschließen?

Anjas kleine Schwester ist sechs Jahre alt und in diesem Jahr in die Schule gekommen. Von den Geldgeschenken zur Einschulungsfeier hat sie sich ein Videospiel gekauft. Abends überrascht sie damit ihre Eltern. Anja entdeckt Verarbeitungsfehler und der Vater meint, es in einem anderen Geschäft preiswerter gesehen zu haben. Anja soll es am anderen Tag wieder zurückbringen. Die Verkäuferin hätte das Videospiel der jüngeren Schwester gar nicht verkaufen dürfen, da sie noch nicht geschäftsfähig sei.
Da Anja schon 14 Jahre alt ist, darf sie ein Videospiel kaufen. Denn sie ist beschränkt geschäftsfähig.
Es gibt im Bürgerlichen Gesetzbuch (BGB) drei Stufen der Geschäftsfähigkeit.
Als beschränkt Geschäftsfähige könnt ihr zum Beispiel in einer Bank ohne die Zustimmung eurer Eltern kein Konto eröffnen, sondern nur Geschäfte im Rahmen des Taschengeldparagraphen abschließen.

Geschäftsunfähig sind Kinder bis zum siebten Lebensjahr.
Minderjährige bis zur Vollendung des 18. Lebensjahres sind beschränkt geschäftsfähig.
Voll geschäftsfähig sind alle ab 18 Jahren.

1. Schreibe je ein Beispiel für einen mündlichen, einen schriftlichen und einen stillschweigenden Kaufvertrag auf.
2. Erkläre den Taschengeldparagraphen mit deinen Worten. Was darfst du kaufen? Nenne Beispiele.
3. Lies die Fallbeispiele „Wer darf kaufen?". Begründe.

Internetauktionen werden immer beliebter

Das Internet bietet viele Einkaufsmöglichkeiten

Einkaufen im Internet

Kinder und Jugendliche sind „beschränkt geschäftsfähig". Das regelt der Taschengeldparagraph. Er gilt auch für Bestellungen im Internet. Zu Internetauktionen dürfen sich nur Personen anmelden, die voll geschäftsfähig sind. Minderjährige sind ausgeschlossen.
Wenn du also im Internet etwas ersteigern möchtest, musst du das einem gesetzlichen Vertreter überlassen. Sonst ist das Geschäft unwirksam.

Wie kommt ein Vertrag zustande?

Allgemein formuliert kommt der Kaufvertrag zustande, wenn sich Käufer und Verkäufer über Art, Menge und Beschaffenheit des Produkts, den Preis sowie Zahlungs- und Lieferbedingungen einig sind. Der Vertrag kann mündlich, fernmündlich, schriftlich, durch eine Geste, z. B. Nicken mit dem Kopf, oder durch bloßes Stillschweigen geschlossen werden.

Bei Internetbestellungen wird der Kaufvertrag per Mausklick abgeschlossen.

Rechte und Pflichten des Käufers

Der Käufer verpflichtet sich mit dem Kaufvertrag, das Produkt abzunehmen und zu bezahlen. Sobald du sämtliche Felder für die Bestellung ausgefüllt hast und auf „bestellen" oder „senden" geklickt hast, ist die Bestellung rechtsverbindlich. Du signalisierst dem Verkäufer, dass du das Produkt haben möchtest.
Auch bei Internetbestellungen bzw. -verträgen ist die Bezahlung mit Rechnung nach Erhalt des Produkts am sichersten. Eine Einzugsermächtigung ist ebenfalls ziemlich sicher. Du teilst dem Verkäufer deine Bankverbindung mit und unterschreibst, dass er den Preis von deinem Konto einziehen darf. Wenn er das unrechtmäßig tut, kannst du dein Geld innerhalb von sechs Wochen über deine Bank zurückfordern.
Vor Bezahlung mit Kreditkarten im Internet wird gewarnt. Auf keinen Fall dürfen die PIN-Nummern von Karten mitgeteilt werden. Wer danach fragt beabsichtigt fast immer zu betrügen. Bei Kartenzahlung wird vor Erhalt des Produktes gezahlt. Es besteht also ein hohes Risiko. Zudem ist es schwierig, bei Nichtgefallen des Produktes das Geld zurückzufordern.

Ein im Internet bestelltes Produkt …

… sieht in Wirklichkeit oft anders aus.

Internetbestellungen – gewusst wie

- Prüfe, ob der Verkäufer Name und Adresse angibt, damit du dich bei Beschwerden an ihn wenden kannst.
- Lese die Allgemeinen Geschäftsbedingungen.
- Vergleiche Preise und Lieferzeiten.
- Drucke die Bestellungen aus, damit du beweisen kannst, was du genau bestellt hast.
- Packe das Paket in Anwesenheit eines Zeugen aus. Falls etwas kaputt ist, kannst du das dem Verkäufer besser beweisen.
- Wenn das Paket beschädigt oder das Produkt fehlerhaft ist, gib es gleich dem Postboten mit. Du hast das Recht, die Annahme zu verweigern.
- Ist etwas mit der Lieferung nicht in Ordnung, rufe gleich den Verkäufer an, um die Lieferung zu reklamieren.
- Auch wenn das Produkt in Ordnung ist, kannst du es innerhalb von 14 Tagen ohne Angabe von Gründen an den Verkäufer zurückschicken. Das sollte per Einschreiben geschehen.

Ein Widerruf des Kaufvertrages gilt allerdings nicht für

- verderbliche Produkte,
- versiegelte Produkte, die geöffnet wurden, z. B. DVDs,
- Medikamente,
- speziell angefertigte Produkte, wie z. B. das Hochzeitskleid.

Diese Regeln gelten allgemein für den Versandhandel, also auch für das Kaufen über Kataloge, Telefon, Fernsehen.
Auch das sollte man wissen:

Verkäufer können die Geschäfte mit notorischen Zurückschickern verweigern.

1 Benny (13 J.) hat sich bei ebay mit einem falschen Geburtsdatum angemeldet. Er hat Computerspiele im Wert von 200 Euro ersteigert. Lese in den Allgemeinen Geschäftsbedingungen bei ebay nach, ob der Kaufvertrag gültig ist.

2 Maria (19 J.) hat neue, versiegelte DVDs im Wert von 100 Euro bestellt. Nachdem sie alle ausprobiert hat, schickt sie diese zurück. Wie ist die Rechtslage?

3 Frau Schick (40 J.) hat per Mausklick ein Kleid bestellt. Kurz nach der Lieferung gefällt es ihr nicht mehr. Sie möchte den Kaufvertrag rückgängig machen. Geht das? Begründe.

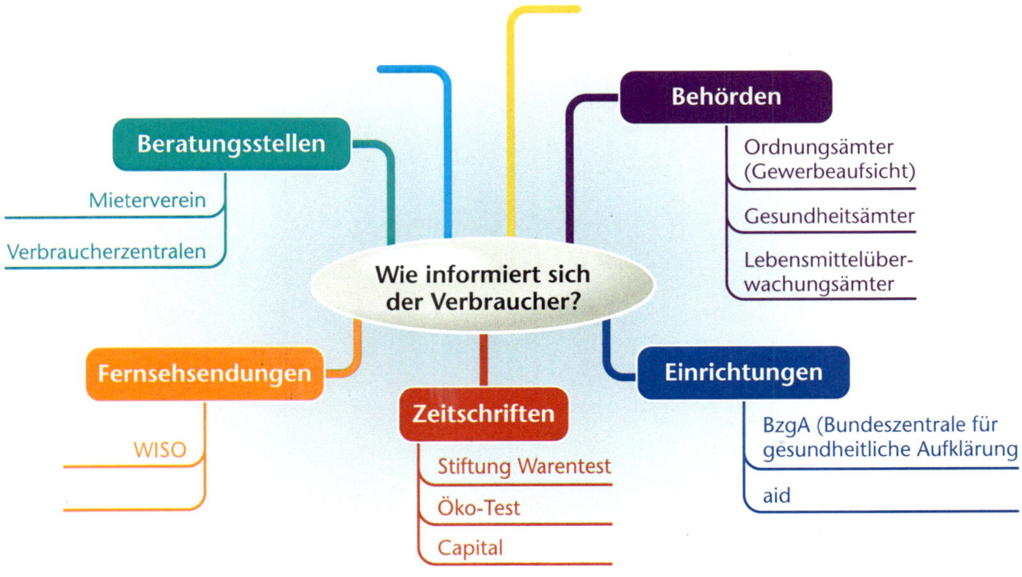

Verbraucher können sich vielfältig informieren

Rechtsberatung:	Reklamationsrecht bei Fehlkäufen oder bei schlechtem Kundendienst.
Produktberatung:	Welche Zusatzstoffe sind in Lebensmitteln enthalten? Welche Wärmedämmstoffe sind für eine Hausrenovierung zu empfehlen?
Produktinformation:	Woran erkennen wir ökologische Produkte? Wie können wir beim Kochen Energie sparen?
Produktkontrolle:	Sind die Kühltruhen in den Supermärkten richtig gefüllt und ohne Eisschicht? Werden keine Lebensmittel mit abgelaufenem Verbrauchsdatum angeboten?

Angebote der Verbraucherberatung

Möglichkeiten der Verbraucherinformation

Das Angebot an Produkten ist heute größer denn je. Das ist einerseits natürlich schön, andererseits verliert man aber auch leicht den Überblick und die Entscheidung fällt schwer. Deshalb suchen immer mehr Verbraucher nach konkreten und verlässlichen Informationen, bevor sie bestimmte Produkte kaufen. Diese finden sie z. B. in der Zeitschrift test der Stiftung Warentest. Es gibt aber noch viele andere Informationsquellen zu Produkten und Dienstleistungen.

Tipps von Freunden und Bekannten können bei der Auswahl helfen. Jedoch kommt es darauf an, dass den Bekannten dieselben Kriterien wie dir, z. B. Lebensdauer oder Preis, wichtig sind.

Beratungen im Fachhandel sind nie wirklich neutral, denn das Hauptinteresse der Verkäufer ist der Verkauf ihrer eigenen Produkte.
Ratgebersendungen in Rundfunk und Fernsehen wie Wiso oder der ARD-Ratgeber berichten neutral über aktuelle Ereignisse, sie testen Produkte und Dienstleitungen und warnen vor Betrug.
Zeitungsberichte in der Tagespresse konzentrieren sich auf aktuelle Ereignisse mit Nachrichtenwert.
In *Stadtbüchereien und Bibliotheken* gibt es oft einen Bereich, in dem Zeitschriften und Broschüren zur Verbraucherberatung bereitgestellt werden. Diese können vor Ort gelesen, ausgeliehen oder kopiert werden.
Verbraucherzeitschriften sind die Spezialisten auf diesem Gebiet und veröffentlichen monatlich Tests verschiedener Produkte und Dienstleistungen.

Hersteller werben gerne mit Test-Urteilen, doch diese können auch veraltet sein.

Die bekanntesten Zeitschriften sind
- *test* der Stiftung Warentest und
- *Öko-Test*.

Die Testkriterien beider Zeitschriften sind allerdings unterschiedlich.

Vor allem bei der Anschaffung teurer und langlebiger Produkte ist eine gründliche Information bei neutralen Stellen ratsam.

Verbraucherzentralen

Die Verbraucherzentralen der Länder haben in vielen Großstädten Beratungsbüros. Außerdem geben Sie Informationsbroschüren heraus und organisieren Ausstellungen zu aktuellen Themen, beispielsweise dem Thema Alkohol in Lebensmitteln.

Die Arbeitsbereiche der Verbraucherzentralen sind:
- rechtliche und finanzielle Fragen,
- Ernährung und Gesundheit,
- Bauen, Wohnen und Energiesparen,
- Versicherungsberatung.

Verbraucherzentralen werden vom Land gefördert. Sie haben kein Verkaufsinteresse und beraten neutral.

1 Suche im *test*-Heft und in der Zeitschrift *Öko-Test* einen Shampoo-Test und untersuche:
a) Nach welchen Kriterien bewerten die beiden Zeitschriften?
b) Sind Öko-Produkte immer die besten?
c) Sind die teuersten Produkte immer besser?

M **2** Erkunde eine Verbraucherzentrale und informiere dich über das Beratungsangebot und die Beratungskosten.

M **3** Füllt in Gruppenarbeit eine Mindmap zu einem Produkt eurer Wahl aus: Sucht für dieses Produkt Tests in Zeitschriften und vergleicht diese. Entscheidet euch für ein Produkt, stellt das Ergebnis und eure Mindmap der Klasse vor und begründet eure Entscheidung.

Mängelhaftung des Verkäufers ⟷ Gewährleistungsansprüche des Käufers

Wenn die Ware fehlerhaft ist, kann der Käufer zuerst nur *Nacherfüllung* verlangen.

Beispiel 1: Eine Waschmaschine heizt nicht auf. Der Käufer setzt schriftlich eine Frist zur Nacherfüllung. Der Verkäufer sorgt für die *Reparatur* der Heizung.

Beispiel 2: Ein billiger Haarfön bläst nur kalte Luft. Der Fön wird wahrscheinlich nicht repariert, sondern vom Verkäufer gleich umgetauscht (*Ersatzlieferung*).

Je höherwertiger der gekaufte Gegenstand ist, desto eher wird zuerst repariert. Schlägt die Nacherfüllung mit Fristsetzung nach dem zweiten Reparaturversuch fehl, so kann der Käufer vom Kaufvertrag zurücktreten.

Der Kaufpreis kann gemindert werden (Minderung), wenn der Fehler an der Ware vom Käufer selbst mit einfachen Mitteln behoben werden kann.

Gewährleistungsansprüche

Einkauf und Verbraucherschutz

Mit dem Kaufvertrag gehen Verkäufer und Käufer bestimmte Verpflichtungen ein. Deshalb muss der Verkäufer die Ware dem Käufer so schnell wie möglich, ohne Mängel und zu dem ausgehandelten Preis überlassen.
Käufer werden vor allem durch das Recht auf Reklamation und angemessenen Ersatz entstandener Schäden geschützt. Das bedeutet, dass Fehler oder Schäden bei Gütern und Dienstleistungen kostenfrei beseitigt werden müssen.
Wenn eine Ware fehlerhaft ist, hat der Käufer das Recht zur Reklamation. Dabei gibt es verschiedene Möglichkeiten:

- Ist die fehlerhafte Ware nicht zu verwenden, macht der Käufer den Kaufvertrag rückgängig, indem er die Ware zurückgibt und dafür sein Geld wiederbekommt.
- Bei kleinen Fehlern, die keine negativen Auswirkungen beim Gebrauch der Ware oder Dienstleistung haben, kann ein niedrigerer Preis vereinbart werden.
- Möchte der Käufer unbedingt fehlerfreie Ware, kann er sie umtauschen lassen, wenn die gleiche Ware vorrätig ist.

Reklamieren kann man nur mit Kassenbon.

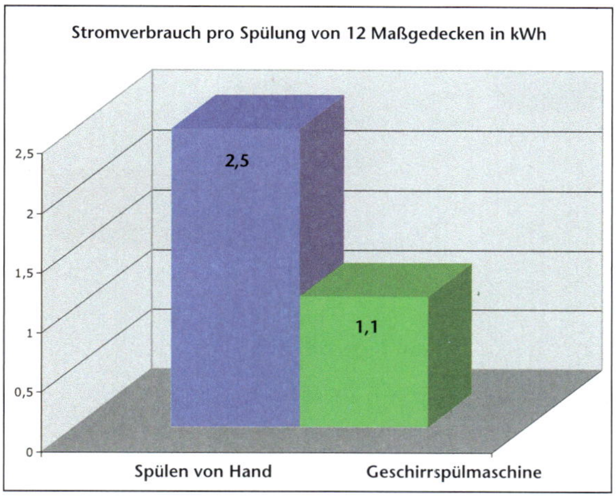

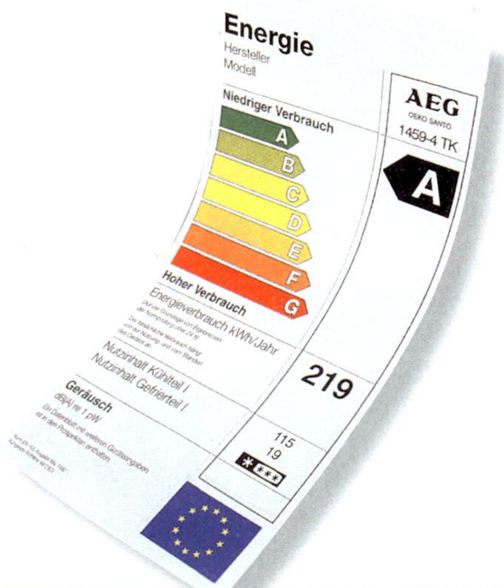

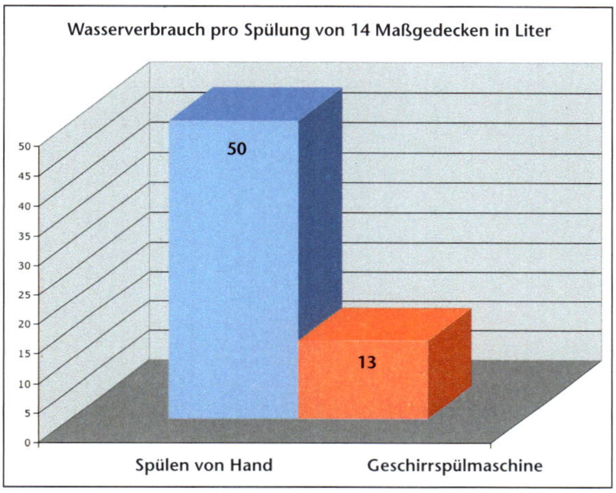

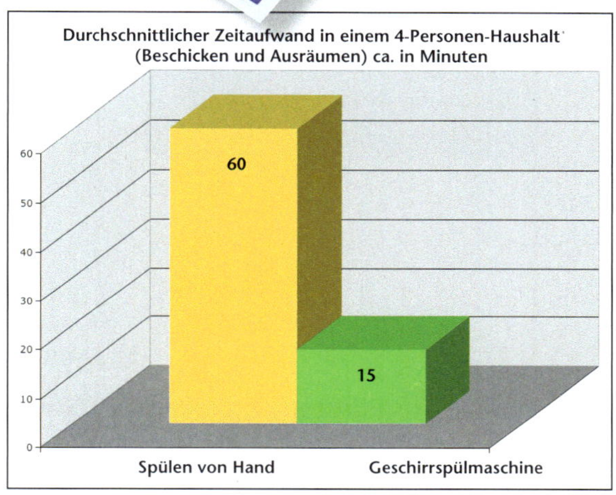

Ⓜ Projektskizze: Familie Weber kauft eine Spülmaschine

Anja hat im Unterricht beim Thema „Einkauf von Gebrauchsgütern“ schon gelernt, worauf zu achten ist. Deshalb weiß sie, dass der Energieverbrauch beim Spülen mit der Geschirrspülmaschine niedriger ist als beim Spülen von Hand. Damit ist die Entscheidung klar: Familie Weber kauft eine Geschirrspülmaschine, da sie in ihrem Fall nicht nur Zeit, sondern auch Energie spart.

Anja unterstützt ihre Mutter bei der Beschaffung und Auswertung der Informationen über die verschiedenen Geräte. Mutter und Tochter beschließen, zunächst auf die einfache Handhabung, den Preis und insbesondere die Energieeffizienz zu achten.

Der Verkäufer weist sie auf weitere wichtige Gesichtspunkte hin:

- Lautstärke der Maschine während des Spülvorgangs
- Aquastopp verhindert Wasserschäden
- Verstellbare Geschirrkörbe

1 Stelle fest, welche Gewährleistungsansprüche bestehen:
- Der Maler hat Anjas Zimmer falsch gestrichen.
- Anjas Mutter reklamiert zum zweiten Mal denselben Mangel des DVD-Spielers.

2 Vergleiche Prospekte von Geschirrspülmaschinen nach Ausstattung, Preis und Energieeffzienz.

3 Informiere dich über das Prinzip der Beweislastumkehr im Internet.

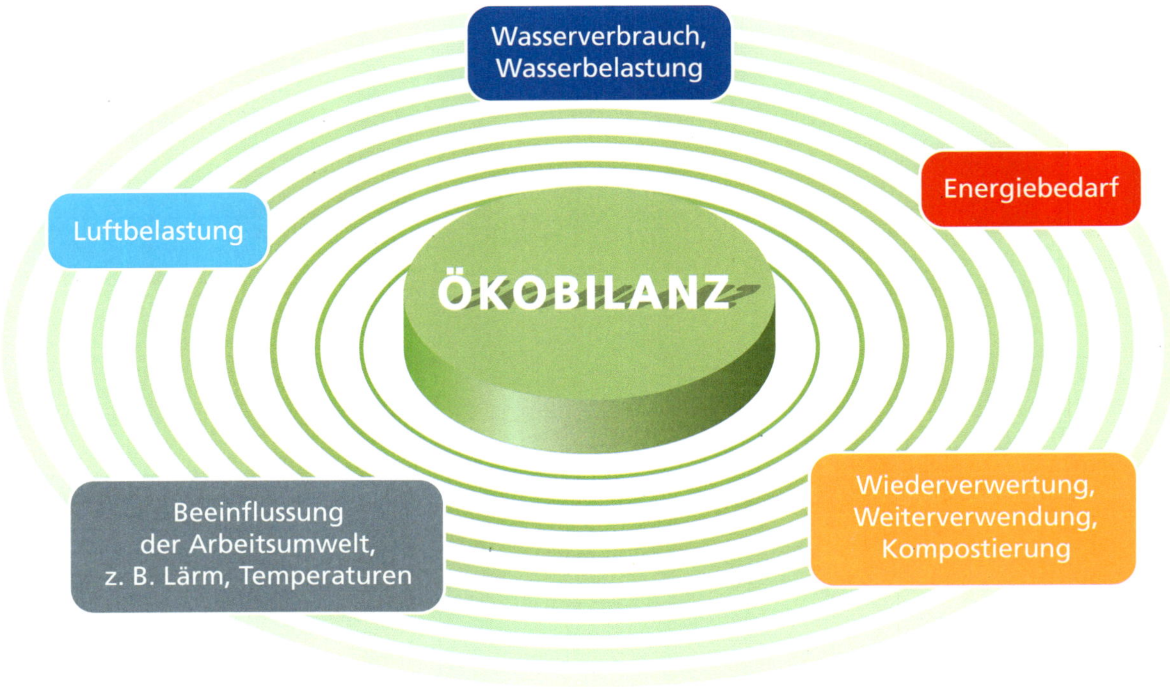

Fragen an ein Produkt

- Besteht es aus Rohstoffen, die ohne größere Umweltzerstörung gewonnen wurden?
- Ist es umweltschonend hergestellt worden?
- Ist es vielfach verwendbar?
- In welchem Zustand wirft man es fort? Was wird dann daraus?
- Ist es langlebig?
- Lässt es den Benutzer von Service oder zentralen Versorgungen abhängig werden?
- Ist es frei wählbar oder zwingt es zu weiteren Käufen?

Gebrauchswerterhaltung und Entsorgung von Gebrauchsgütern

Die Lebensdauer von hochwertigen Gebrauchsgütern wie elektrischen und elektronischen Geräten oder Möbeln sollte man durch regelmäßige Wartung und sorgfältige Pflege verlängern.
Bei den Gebrauchsgütern des täglichen Bedarfs (Textilien, Geschirr usw.) ist eine sorgfältige Pflege zur Gebrauchswerterhaltung selbstverständlich. Bei Großgeräten ist es für den Laien oft schwierig, entsprechende Pflege- und Wartungsmaßnahmen selbst durchzuführen.

Die meisten Firmen bieten einen Kundendienst oder regelmäßige Wartungsverträge an.
In vielen Fällen sind es jedoch nur kleine Mängel, die bei regelmäßiger Pflege vermieden werden können:

- Kühlgeräte regelmäßig abtauen
- Staubsaugerbeutel rechtzeitig entleeren
- Flusensiebe an Waschmaschine und Trockner sauber halten

Wenn Herstellungskosten und laufende Kosten, Lebensdauer und Entsorgung eines Produktes unter ökologischen Gesichtspunkten betrachtet werden, spricht man von einer Ökobilanz.

Sperrmüllabholung
... in Rheinland-Pfalz

In Rheinland-Pfalz gehört der Service der preiswerten Sperrmüllabholung und -entsorgung bereits seit Jahren zu den Dienstleistungen, die von unseren Kunden überdurchschnittlich oft in Anspruch genommen werden. Besonders bei Entrümpelungen, Wohnungsauflösungen und Umzügen fallen häufig größere Mengen an Sperrmüll an. Egal, ob Sie in einem Büro in Mainz alte Schränke, in Ihrer Wohnung in Koblenz alte Betten oder in Ihrem Garten in Trier alte Teppiche und Sofas zu entsorgen haben, wir kümmern uns gerne um die Entsorgung dieser „Abfälle". ...

Wir können Ihnen gerne einen Container für die Unterbringung Ihres Sperrmülls zur Verfügung stellen, aber natürlich können wir Ihren Sperrmüll auch jederzeit problemlos mithilfe eines Selbstladers bei Ihnen vor Ort abholen. Diese Variante der Entsorgung ist besonders dann sinnvoll, wenn die Abholung und Entsorgung Ihres Sperrmülls schnell vonstatten gehen soll.

Wir sind ein zertifizierter Entsorgungsfachbetrieb, und somit ist es für uns auch selbstverständlich, dass Sie nach der Entsorgung Ihres Sperrmülls alle wichtigen und üblichen Entsorgungsnachweise und -papiere von uns erhalten. Wie viel Sie für unseren Rundum-Service der Sperrmüllabholung und -entsorgung letztlich bezahlen müssen, hängt dabei im Wesentlichen von der Menge des zu entsorgenden Sperrmülls sowie von der gewählten Entsorgungsvariante (Abholung per Selbstlader oder Container-Abholung) ab. ...
(Entsorgung Punkt DE GmbH / Entsorgung.de, Fredersdorfer Straße 10, 10243 Berlin)

Wohin mit den alten Geräten?

In vielen Gemeinden werden Abholdienste für Altgeräte angeboten. Dafür gibt es entsprechende Berechtigungskarten oder es werden Gebühren erhoben.
Der Hersteller ist gesetzlich verpflichtet, Altgeräte, die vor dem 13.08.2011 gekauft wurden, zu entsorgen. (Stand: 01.10.2011) Er muss es umweltfreundlich entsorgen bzw. recyclen. Dieses Kundendienstangebot kostet die Händler und Hersteller natürlich Geld. Dies schlägt sich in der Preiskalkulation der Geräte nieder.

Recycling ist ein wesentlicher Bestandteil moderner Abfallentsorgung.

Hier wird dafür gesorgt, dass teure und wertvolle Rohstoffe einer Wiederverwertung zugeführt werden und dadurch der Verbrauch von Rohstoffen reduziert wird.
Beim normalen Hausmüll wird dies in der Regel durch den „Grünen Punkt" gewährleistet.

1 Finde weitere Pflegetipps für Elektrogeräte.

2 Informiere dich bei dem Entsorgungsunternehmen deiner Gemeinde, wie du unbrauchbare Großgeräte umweltfreundlich entsorgen kannst.

3 Frage auch im Fachhandel nach Rückgabemöglichkeiten von Elektrogeräten.

4 Wie beurteilst du die Aussage von Simon im Hinblick auf die Ökobilanz: „Mein altes Handy ist zwar noch o.k., aber die neuen Modelle haben viel mehr Funktionen!"

5 Kaufe für Familie Weber den Wäschetrockner. Orientiere dich dabei an der Projektskizze zum Kauf der Geschirrspülmaschine.

M Wir führen eine Pro-und-Kontra-Diskussion

Thema: Es ist immer gut, etwas Geld zurückzulegen.
Es bilden sich drei Gruppen. Zwei Gruppen sammeln Argumente, um das Für (Pro) und Wider (Kontra) zu begründen. Eine dritte Gruppe bildet die Jury und ist neutral.

1. Vorbereitung

Die beiden Gruppen sammeln Material. Die wichtigsten Argumente werden aufgeschrieben. Die Jury-Gruppe notiert Kriterien, nach denen die Gruppen bewertet werden sollen, und spricht diese mit den Gruppen ab.

2. Durchführung

Die Tische werden so gestellt, dass sich die beiden Gruppen ansehen können. Es sollten alle Gruppenteilnehmer zu Wort kommen. Die Redezeit für die Gruppen wird festgelegt. Aus der Gruppe der Jury eröffnet und beendet ein Gesprächsleiter die Diskussion.

Pro
1. Für größere Anschaffungen muss gespart werden.
2. Eine Rücklage ist gut für unvorhergesehene Ausgaben.
3. Du fühlst dich sicherer, wenn du etwas auf der hohen Kante hast.
4. …

Kontra
1. Ich habe so viele Wünsche, die ich mir jetzt erfüllen möchte.
2. Warum soll ich sparen, wenn ich das Geld habe?
3. Ich lebe nur einmal und jetzt.
4. …

Jury
1. Wie überzeugend waren die Argumente?
2. Wie waren der Ausdruck und die Sprache?
3. Konnte die gegnerische Gruppe zuhören?
4. Wie hat die Gruppe zusammengearbeitet?

3. Auswertung

Die Jury wertet die Diskussion nach ihren Kriterien aus. Sie gibt Hinweise, wie einzelne Situationen besser gestaltet werden können.

3 Gesundes Essen – (k)ein Problem

Lebensmittelqualität beurteilen

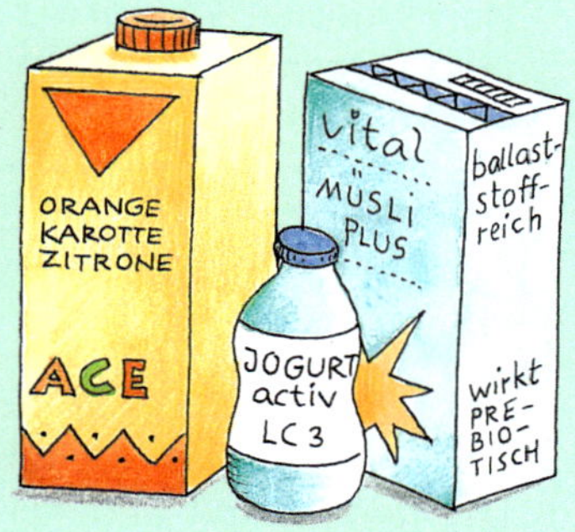

Aktuelle Trends in der Lebensmittelherstellung

Folgen von Fehlernährung

Vegetarische Speisekarte

Nahrungszubereitung in der Küche

Hilfsmöglichkeit bei Ess-Störungen

Vollwertig, gesund und bedarfsgerecht essen

Frau Hübner, 40 Jahre
Sie arbeitet halbtags als Büroangestellte, am Nachmittag erledigt sie Hausarbeit.

Herr Hübner, 43 Jahre
Er ist Fliesenleger, kommt meist erst am Abend heim.

Sandra Hübner, 15 Jahre
Sie ist Schülerin und arbeitet gerne am Computer.

Kevin Hübner, 18 Jahre
Er ist Lehrling in einem Gartencenter. Dreimal in der Woche trainiert er Fußball.

Oma Hübner, 70 Jahre
Sie wohnt in der Einliegerwohnung im Haus der Hübners. Sie ist gehbehindert und auf Hilfe angewiesen.

Nährstoffbedarf verschiedener Personengruppen

Bei Familie Hübner und auch in deiner Familie hat jeder verschiedene Aufgaben und Tätigkeitsbereiche – und somit auch unterschiedlichen Energie- und Nährstoffbedarf. Den Nährstoffbedarf des Einzelnen exakt zu ermitteln ist jedoch schwer, denn dieser hängt von verschiedenen Faktoren wie z.B. Alter, Geschlecht, Leistung und Stoffwechsel ab. Bei der Erstellung von Tagesspeiseplänen müssen deshalb individuelle Anforderungen berücksichtigt werden.

Die Deutsche Gesellschaft für Ernährung hat in Zusammenarbeit mit Österreich (A) und der Schweiz (CH) erst kürzlich neue „DACH"-Referenzwerte für die Zufuhr an Nährstoffen herausgegeben. Wissenschaftliche Forschungsmethoden werden Jahr für Jahr präziser, wodurch immer genauere Erkenntnisse erzielt werden können. Ein Ergebnis der aktuellen Studie war, dass im Vergleich zu früher die neuen Referenzwerte für Kalzium für Jugendliche im Alter zwischen 10 und 15 Jahren von 1000 Milligramm auf 1200 Milligramm heraufgesetzt wurden.

Die Empfehlungen, die z.B. für Kinder und Jugendliche oder Senioren gegeben werden, stellen Durchschnittswerte dar und sind gleichermaßen für alle Personen dieser Altersgruppe gültig. Bei der Festlegung der Durchschnittswerte wurde auch berücksichtigt, dass die tägliche Zufuhr nicht gleichmäßig erfolgt.

Wir verzehren täglich verschiedene Lebensmittel aus jeder Lebensmittelgruppe, um unseren Nährstoffbedarf ausreichend zu decken.

Alle Lebensmittel, ob tierischer oder pflanzlicher Herkunft, enthalten Nährstoffe in unterschiedlicher Menge und Kombination. In den nächsten Kapiteln kannst du dich über grundsätzliche Ernährungsregeln, die für eine bedarfsdeckende, vollwertige Ernährung beachtet werden müssen, informieren.

Jugendliche 15–18 Jahre (weiblich)	
Energie	10 500 kJ
Eiweiß	46 g
Fett	81 g
Kohlenhydrate	373 g
Ballaststoffe	30 g
Magnesium	350 mg
Calcium	1200 mg
Eisen	15 mg
Vitamin A	900 µg
Vitamin B1	1,0 mg
Vitamin C	100 mg

(Quelle: Universität Hohenheim; www.uni-hohenheim.de)

Frauen über 65 Jahre	
Energie	7500 kJ
Eiweiß	44 g
Fett	58 g
Kohlenhydrate	255 g
Ballaststoffe	30 g
Magnesium	300 mg
Calcium	1000 mg
Eisen	10 mg
Vitamin A	800 µg
Vitamin B1	1,0 mg
Vitamin C	100 mg

(Quelle: Universität Hohenheim; www.uni-hohenheim.de)

Unterschiedliche Alters- und Personengruppen – unterschiedliche Referenzwerte für Nährstoffe!

Die Ernährung von Kindern und Jugendlichen

Die für Kinder und Jugendliche empfohlene Ernährung gleicht im Wesentlichen der gesunden Erwachsenenkost.

Der kindliche Organismus befindet sich in der Aufbau- und Wachstumsphase. Hier gelten eigene Regeln:

- Der *Energiebedarf* ist stark von der körperlichen Aktivität abhängig. Die *Kohlenhydratzufuhr* sollte durch Vollkornprodukte gedeckt werden. Süßes sollte mit den Tagesmahlzeiten, z. B. als Nachtisch, verzehrt werden. Auch die Zufuhr von *Fett* muss berücksichtigt werden.
- Die Nahrung sollte reichlich hochwertiges *Eiweiß* enthalten, da für das Wachstum und den Neuaufbau von Zellen zusätzlich Eiweiß benötigt wird. Der Eiweißbedarf beträgt ca. 1,5–2 g pro kg Körpergewicht. Pflanzliche und tierische Nahrungsmittel mit hoher biologischer Wertigkeit sind zu bevorzugen: Getreideprodukte, Gemüse, Milch, fettarmes Fleisch.
- Die Kost muss reichlich *Vitamine* und *Mineralstoffe* enthalten. Vitamin C schützt vor Krankheiten, Kalzium dient dem Aufbau von Knochen und Zähnen. Obst und Gemüse liefern *sekundäre Pflanzenstoffe* und *Ballaststoffe*. („5 am Tag" lautet die Empfehlung von Wissenschaftlern.)
- Kinder sollten ausreichend trinken. Der *Flüssigkeitsbedarf* liegt bei 2,5 l am Tag. Zuckerhaltige Getränke sind als Durstlöscher ungeeignet.

1 Vergleiche mithilfe der Tabelle die Referenzwerte einer Jugendlichen mit denen einer Seniorin. Finde Begründungen für die Abweichungen.

2 Erstelle und bewerte eine vollwertige Mittagsmahlzeit und ein vollwertiges Abendessen für Familie Hübner. Berücksichtige dabei individuelle Gegebenheiten.

3 Finde heraus, welche und wie viel von diesen Lebensmitteln du essen müsstest, um den Eisenbedarf von 15 mg zu decken.

Die Ernährung älterer Menschen

Beim Älterwerden verändert sich der Organismus. Dies muss bei der Ernährung älterer Menschen berücksichtigt werden.

Wichtige Konsequenzen für den Ernährungsplan

Die erforderliche Nahrungsmenge sollte auf *mehrere Mahlzeiten* verteilt werden.

Der Energiebedarf sinkt, da der Grundumsatz mit zunehmendem Alter auch absinkt. Das Stoffwechselgeschehen verlangsamt sich, die körperliche Betätigung verringert sich ebenso.

Der *Eiweißbedarf* ist jedoch unverändert. Deshalb ist es besonders wichtig, dass biologisch hochwertiges Eiweiß zugeführt wird. Durch ausreichende Eiweißzufuhr kann die Leistungsfähigkeit länger erhalten bleiben.

Die *Vitamin- und Mineralstoffzufuhr* muss gesichert sein. Vitamin- und mineralstoffreiche Lebensmittel sollten reichlich aufgenommen werden, um Mangelerscheinungen vorzubeugen.

Fette mit ungesättigten Fettsäuren können der Arterienverkalkung entgegenwirken.

Das Durstgefühl lässt im Alter häufig nach, es muss daher auf eine ausreichende *Flüssigkeitszufuhr* geachtet werden.

Seniorenkost muss *ballaststoffreich* sein, da gerade ältere Menschen an Darmträgheit und die dadurch bedingte Verstopfung leiden. Empfohlen wird die Zufuhr von 30 g Ballaststoffen pro Tag.

Die Ernährung von Sportlern

Der *Energiebedarf* ist abhängig von der Sportart. Besondere Bedeutung in der Ernährung von Sportlern haben die *Kohlenhydrate*, da aus ihnen Glykogen gebildet werden kann, aus welchem die Muskeln Energie gewinnen. Es ist deshalb sinnvoll, die empfohlene Kohlenhydratzufuhr von 50 % auf ca. 55–60 % zu steigern. Dabei sollten Kohlenhydrate aus Getreideprodukten bevorzugt werden.

Bei Sportlern reicht meist eine normale *Eiweißzufuhr* von ca. 1 g pro kg Körpergewicht aus. Nur für Hochleistungssportler werden in Trainings- und in Wettkampfzeiten 1,5 bis 2 g Eiweiß pro kg Körpergewicht empfohlen. Eine übertriebene Eiweißzufuhr sollte vermieden werden. Eine zu *fettreiche* Nahrung beeinträchtigt die Leistungsfähigkeit und kann zu unerwünschten Gewichtsproblemen führen. Bei den *Mineralstoffen* muss eine reichliche Versorgung mit Magnesium, Eisen und Natriumchlorid (Kochsalz) gewährleistet sein, da diese durch starkes Schwitzen verloren gehen. Bei Wettkämpfen ist es günstig, wenn die letzte kohlenhydratreiche Mahlzeit mindestens drei Stunden vorher eingenommen wird, da die Verdauungstätigkeit sich meist hemmend auf die Leistungsfähigkeit auswirkt. Während des Wettkampfes oder Trainings ist die Zufuhr von 100 bis 200 ml nicht zu kalter *Flüssigkeit* sinnvoll. Besonders gut geeignet sind Fruchtsäfte, die mit einem magnesiumreichen Mineralwasser im Verhältnis 1:3 bis 1:5 verdünnt sind.

Berechnung der individuellen Energie- und Nährstoffwerte mit dem Ernährungsorganizer

Recherche im Internet

Informationen zum Nährstoffbedarf suchen, finden und bewerten

Durch Computer und DVD ergeben sich viele neue Möglichkeiten der Informationsbeschaffung und -auswertung.

Software

Eine Ernährungssoftware, z. B. Ernährungsberater und -planer, hilft dir, Informationen über den Nährstoffbedarf abzurufen und nach ganz persönlichen Bedürfnissen zu recherchieren. Es gibt Ernährungssoftware, die auf das Handy übertragbar ist. Die Software-Angebote stehen auf CD-ROM, Diskette oder im Internet zum Download (frei oder kostenpflichtig) bereit.

Interaktive Lernprogramme

Interaktive Lernprogramme bieten ebenfalls Informationsmöglichkeiten zum Nährstoffbedarf und helfen bei der Erstellung von Menüplanungen. Dies kann alleine, zu zweit oder in der Gruppe erfolgen. Anhand von Fragen, Zuordnungsaufgaben, Bildern und Texten kannst du dir Wissenswertes aneignen. Diese Lernprogramme gibt es auch im Taschenrechnerformat, wie z. B. den Ernährungsorganizer „mealus“. Er informiert den Nutzer über seinen Ernährungszustand und gibt Hinweise für vollwertige Ernährung. Ebenso lässt er sich für individuelle Ernährungsberatung sinnvoll einsetzen. Möglich sind auch Berechnungen der individuellen Energie- und Nährstoffreferenzwerte. Außerdem können persönliche Menüpläne angelegt, gespeichert und ausgewertet werden.

Internet

Im Internet kannst du gezielte Informationen über den Nährstoffbedarf finden. Zuverlässige Quellen sind Homepages der Verbraucherzentralen, Universitäten oder anderer Institutionen. Nach dem Eingeben des Begriffs „Nährstoffbedarf“ kann man über verschiedene Links das Wichtigste herausfiltern, ausdrucken und nutzen. Einige Homepages bieten die Möglichkeit, den persönlichen Nährstoff- und Energiebedarf zu berechnen.

Diese Internetadressen helfen dir weiter:
http://www.dge.de
http://www.aid.de

1 Erstelle mithilfe des Internets Tabellen mit Referenzwerten von Nährstoffen für Kleinkinder.

2 Erstelle einen Tagesspeiseplan für einen übergewichtigen Jugendlichen.

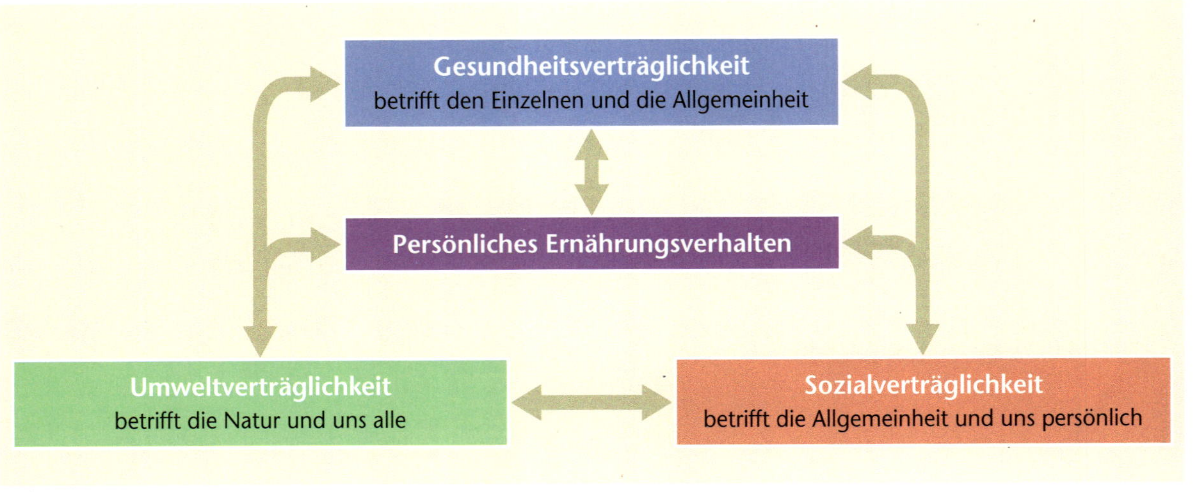

Wechselwirkungen zwischen Lebensmittelproduktion, Lebensmittelqualität und Ernährungsverhalten

Lebensmittelqualität – was ist das?

Unter Lebensmittelqualität versteht man die Summe sämtlicher Eigenschaften eines Lebensmittels. Der eine schwört auf den guten Geschmack und das schöne Aussehen (egal, was drin ist), für den anderen ist wichtig, wo das Lebensmittel herkommt, der dritte möchte nur naturbelassene Produkte und für den vierten soll es möglichst billig sein. Bei der Bewertung stehen je nach Interesse des Betrachters unterschiedliche Gesichtspunkte im Vordergrund.

Umweltverträglichkeit

Jedes Lebensmittel kann nur so gut sein wie die Umwelt, aus der es stammt. Es sollte so erzeugt, verarbeitet, verpackt und transportiert werden, dass der Verbrauch an Rohstoffen und Energie gering bleibt.

- Bevorzuge Erzeugnisse aus kontrolliert ökologischem Anbau.
- Bevorzuge Obst und Gemüse aus regionalem Anbau nach Jahreszeit.
- Bevorzuge unverpackte oder umweltschonend verpackte Lebensmittel.
- Kaufe Waren, die mit umweltverträglichen Technologien produziert wurden und wenig Energieaufwand in Industrie und Verkehr erfordern.

Sozialverträglichkeit

Die Arbeitsverhältnisse und die Entlohnung der Menschen, die in der Erzeugung, im Handel und in der Verarbeitung der Lebensmittel tätig sind, sollten auf der ganzen Welt menschenwürdig sein. Religiöse und kulturelle Aspekte sind zu beachten.

- Kaufe Waren bei kleinen bäuerlichen Betrieben.

Gesundheitsverträglichkeit

Das Ziel ist die optimale Versorgung des Körpers mit allen lebensnotwendigen Inhaltsstoffen und möglichst wenig Schad- und Zusatzstoffen, damit die Gefährdung der Gesundheit gering bleibt. Die Nahrung soll gut schmecken, sättigen und ein Genuss sein.

- Bevorzuge pflanzliche Lebensmittel (Frischkost).

Persönliches Ernährungsverhalten
Jeder Einzelne verantwortet selbst mit der Wahl des Produktes auch die Produktionsweise mit allen Vor- und Nachteilen für die natürliche und soziale Umwelt.

Auch beim Einkauf solltest du das Umfeld berücksichtigen, aus dem die Lebensmittel kommen.

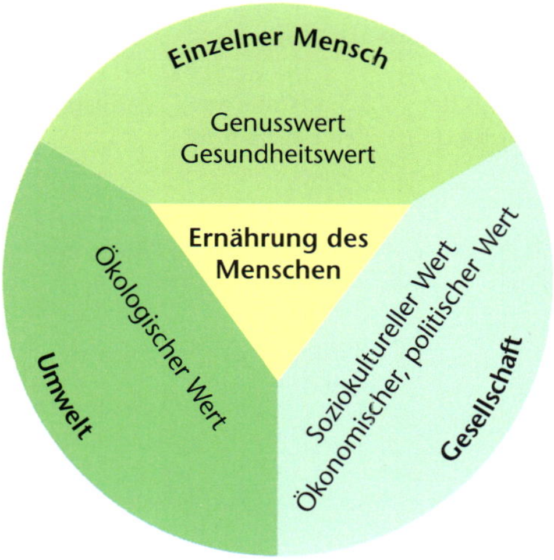

Kategorien der Lebensmittelqualität

Artgerechte Tierhaltung

Qualitätsmerkmale von Lebensmitteln

Beim Einkauf sind Marke und Preis allein keine Garantie für gute Lebensmittelqualität. Bei einer kritischen Bewertung spielen mehrere Qualitätsmerkmale eine wichtige Rolle.

Gesundheitswert
Dazu zählen z. B. Gehalt und Dichte an essentiellen Nährstoffen sowie gesundheitsfördernden Inhaltsstoffen (Ballaststoffe, sekundäre Pflanzenstoffe), Energiegehalt, Sättigungswert, Verdaulichkeit, Gehalt an wertmindernden Rückständen und Schadstoffen.

Für viele Verbraucher ist der Gesundheitswert (ernährungsphysiologische Qualität) von besonderer Bedeutung.

Ziele hierbei sind, die optimale geistige und körperliche Leistungsfähigkeit zu sichern sowie die Bildung von körpereigenen Abwehrkräften zu unterstützen.

Genusswert
Dazu gehören z. B. Aussehen, Farbe, Form, Geruch, Geschmack, Konsistenz, Temperatur, Reife- und Frischezustand. Bei den sensorischen Werten stehen persönliche Vorlieben im Vordergrund.

Ökologischer Wert
Dazu gehören z. B.: artgerechte Tierhaltung, ökologischer Anbau, geringer Verarbeitungsgrad. Leitgedanke im ökologischen Landbau ist das Wirtschaften im Einklang mit der Natur. Die ökologische Landwirtschaft zeichnet sich durch eine erheblich eingeschränkte Anwendung von Dünge-, Pflanzenschutz- und Tierarzneimitteln sowie durch eine artgerechte Tierhaltung aus.

Ökonomischer und soziokultureller Wert
Dazu zählen z. B. Preis, Haltbarkeit, Zeit- und Energieaufwand bei der Zubereitung und Lagerung sowie sozialverträgliche Bedingungen bei der Produktion, Verarbeitung und Vermarktung. Jeder Einzelne ist gefordert, einen Beitrag zu mehr weltweiter sozialer Gerechtigkeit zu leisten. Tropische Früchte und Genussmittel (Kaffee, schwarzer Tee, Kakao u. a.) sollten aus dem so genannten Fairen Handel bezogen werden, z. B. über Dritte-Welt-Läden oder Naturkostläden. Erzeugern in Entwicklungsländern werden faire Preise bezahlt.

M 1 Recherchiere im Internet die Inhalte und Ziele der Vollwert-Ernährung. Diskutiert über die Qualitätsansprüche dieser Kostform.

Ursachen für Qualitätsminderung von Lebensmitteln					
Toxische Mikroorganismen	**Unerwünschte Stoffe aus der Verarbeitung**	**Natürliche Giftstoffe**	**Schadstoffe aus der Pflanzenproduktion**	**Schadstoffe aus der Tierhaltung**	**Industriegifte**
Schimmelpilze Salmonellen Botulinus Eitererreger	Acrolein Acrylamid Nitrit/Nitrosamine Benz(a)pyren	Solanin Oxalsäure Phasin Pilztoxine	Pflanzenschutzmittel Anorganische Düngemittel	Masthilfsmittel Tierarzneimittel Antibiotika Beruhigungs-mittel	Blei Kadmium Quecksilber Dioxin Radioaktive Substanzen

Qualitätsminderung der Nahrung durch Gift- und Schadstoffe

Toxische Mikroorganismen, unerwünschte Stoffe aus der Verarbeitung und Lagerung, natürliche Giftstoffe sowie Schadstoffe aus der landwirtschaftlichen und industriellen Produktion können die Qualität unserer Lebensmittel erheblich beeinträchtigen, sodass nach dem Verzehr Krankheiten und lebensgefährliche Vergiftungen entstehen können.

Toxische Mikroorganismen

Schimmelpilze führen zum Verderb von Lebens- und Futtermitteln. Daran können auch Arten beteiligt sein, die giftige Stoffwechselprodukte bilden. Diese so genannten Mykotoxine sind bereits in geringer Menge schädlich für den Menschen, einige sind Krebs erregend.
Salmonellen sind Bakterien und können in einigen wenigen Lebensmitteln, wie z.B. Eiern, vorkommen. Sechs bis zwölf Stunden nach dem Verzehr der infizierten Lebensmittel treten die ersten Vergiftungserscheinungen auf: Erbrechen, Durchfall, Übelkeit, Kopfschmerzen und Fieber.
Botulinustoxine können sich auf infizierten Lebensmitteln rasch vermehren.
Wenn sich Boden und Deckel einer Konserve mit eiweißreichen Lebensmitteln wie Bohnen oder Erbsen wölben (= Bombage), der Deckel nicht auf dem Einmachglas hält oder beim Öffnen Gas herauszischt: Inhalt unbedingt wegwerfen.
Die gebildeten Nervengifte verursachen Botulismus, eine oft tödlich verlaufende Erkrankung.

Stoffe, die bei der Verarbeitung entstehen

Bei der Verarbeitung von Lebensmitteln können unerwünschte Stoffe entstehen.
Acrolein entsteht beim Überhitzen von Fett. Es reizt die Schleimhäute und kann so bleibende Schädigungen, vor allem der Atmungsorgane, verursachen.
Nitrit entsteht im Lebensmittel oder im menschlichen Organismus durch Einwirkung von Bakterien aus Nitrat. Bei Säuglingen kann Nitrit den Sauerstofftransport im Blut behindern. Außerdem können aus Nitrit Krebs erregende Nitrosamine gebildet werden.
Benz(a)pyren ist eine stark Krebs erregende Substanz aus der Gruppe der polyzyklischen aromatischen Kohlenwasserstoffe (PAK). In größeren Mengen entsteht Benz(a)pyren beim Grillen über offenem, rauchendem Feuer, aber auch über Holzkohleglut, wenn Fett in die Glut tropft.

Natürliche Giftstoffe

Oxalsäure und ihre Salze, die Oxalate, sind natürlicher Bestandteil zahlreicher Pflanzen, z.B. Spinat, Mangold, Rhabarber, Rote Bete. Sie bilden mit Kalzium aus der Nahrung unlösliche Salze, die die Kalziumresorption beeinträchtigen.

Industrielle Schadstoffe können auf unsere Nahrung gelangen

Phasin ist ein giftiger Inhaltsstoff, der in rohen Gartenbohnen enthalten ist. Phasin wird durch längeres Kochen inaktiv. Aus diesem Grund werden Bohnen immer gegart verzehrt.

Schadstoffe aus der landwirtschaftlichen Produktion

In der *Pflanzenproduktion* werden bei Bedarf Pflanzenschutzmittel (Pestizide) eingesetzt. Untersuchungen der letzen Jahre haben gezeigt, dass bei Obst- und Gemüsesorten außerhalb der Saison höhere Rückstände von Pflanzenschutzmitteln auftreten (z. B. frühe ausländische Erdbeeren, Kopfsalat bei Anbau im Treibhaus). Anorganische Düngemittel haben eine steigende Bedeutung für die Landwirtschaft. Gelangt durch Stickstoffdüngung überdurchschnittlich viel Nitrat in den Boden, nehmen die Pflanzen auch zu viel davon auf und reichern es in ihrem Zellgewebe an. Durch Einwirkung von Bakterien entsteht aus Nitrat Nitrit, das im menschlichen Körper zu Nitrosaminen umgewandelt wird. Diese sind stark Krebs erregend.
In der *Produktion tierischer Lebensmittel* werden bei Bedarf Tierarzneimittel und Futtermittelzusatzstoffe eingesetzt. Besonders häufig angewendet werden Antibiotika zur Vermeidung von Infektionen, Beruhigungsmittel und Beta-Blocker, die die Herzfrequenz bei Tieren vermindern. Aufgrund der Rückstände in den Lebensmitteln verlieren diese Arzneimittel ihre Wirkung beim Menschen.

Verunreinigung unserer Lebensmittel durch Industriegifte

Hierzu zählen *Schwermetalle* (Blei und Kadmium), Quecksilber, schwer abbaubare Organchlor-Verbindungen (Dioxin) und radioaktive Substanzen.
Kadmium z. B. entsteht bei der Verbrennung von Erdöl, Müll und Kohle. Es wird auch durch *Abwässer auf unsere Pflanzen übertragen.*
Dioxin entsteht als unerwünschtes Nebenprodukt von Verbrennungsprozessen (z. B. Müllverbrennung).
Radioaktive Substanzen gelangen durch den Einfluss des Menschen in Umwelt und Nahrung (z. B. Kernwaffenversuche). Sie können das Knochenmark schädigen und Krebserkrankungen auslösen.
Radioaktive Bestrahlung dient auch zur Haltbarmachung von Lebensmitteln wie z. B. Gewürzen, Zwiebeln, Schalentieren. Keime und Bakterien werden dabei abgetötet.

Bewusstes Verhalten kann die Aufnahme von Schadstoffen reduzieren.

1 Recherchiere über weitere Schadstoffe: Solanin, Blei, Pilztoxine und radioaktiv bestrahlte Lebensmittel (z. B. aid-Heft zum Thema „Unerwünschte Stoffe in Lebensmitteln").

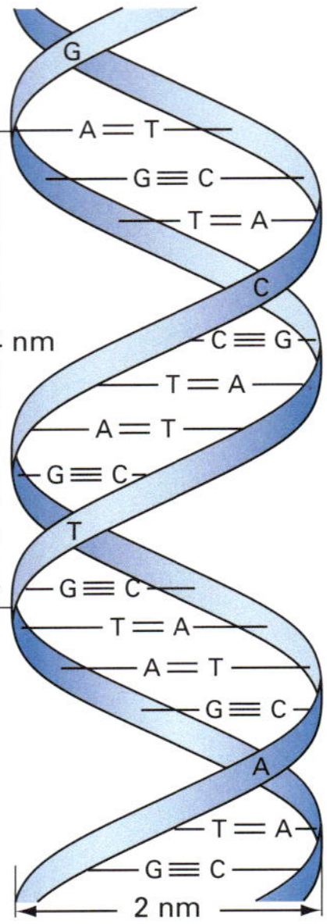

Doppelstrang der DNS – die Doppelhelix

Ein Blick ins Genlabor

Gentechnik in Lebensmitteln

Das erste gentechnisch veränderte Produkt, das auf den Markt kam, war in den 1990er Jahren die Flavr-Savr-Tomate in den USA. Sie wurde aufgrund eines gentechnischen Eingriffs nicht mehr matschig. Allerdings konnte der Geschmack nicht auch monatelang erhalten bleiben, und so wurde die Tomate zu einem wirtschaftlichen Flop und verschwand schnell wieder vom Markt.

Vom Gen zum Lebensmittel

Die Gene sind der Plan, nach dem immer wieder neues Leben entsteht. Sie bestimmen z. B., wie Lebewesen aussehen.

Die Zellen, aus denen Menschen, Tiere und Pflanzen bestehen, haben alle einen sehr ähnlichen Aufbau: Im Zellkern jeder Zelle ist das Erbmaterial in einer fadenförmigen Struktur gespeichert.

Die chemische Substanz, aus der unsere Gene bestehen, ist die Desoxyribonukleinsäure, kurz DNS genannt.

Der menschliche genetische Code ist auf einem gedrehten Doppelstrang mit einer bestimmten Reihenfolge von Bausteinen gespeichert, der Doppelhelix. Die Stufen im Inneren dieser molekularen Wendeltreppe bestehen aus Basenpaaren, welche die Buchstaben des genetischen Codes bilden. Die DNS einer Zelle kann mit aufwändigen Methoden aus dem Zellkern gewonnen werden.

Man kann bestimmte Erbinformationen einer Pflanze isolieren und dann in den Zellkern einer anderen Pflanze einschleusen. So ist eine Pflanze mit neuen Eigenschaften entstanden, z. B. ein Reis, welcher mehr Pro-Vitamin A enthält als herkömmlicher Reis. Die neuen Organismen können dann in großer Zahl kopiert werden.

Vor der Erfindung der Gentechnik wurde durch Züchtungen versucht, die Eigenschaften von Pflanzen und auch von Tieren zu verändern. Es hat allerdings oft 15 bis 20 Jahre gedauert, bis brauchbare Ergebnisse vorlagen. Durch die Gentechnik sind wir heute in der Lage, die Eigenschaften von Pflanzen schneller und genauer zu verändern: z. B. Gurken oder Zucchini ohne Bitterstoffe und Schweine, die mehr Rippen haben und damit mehr Kotelettstücke liefern.

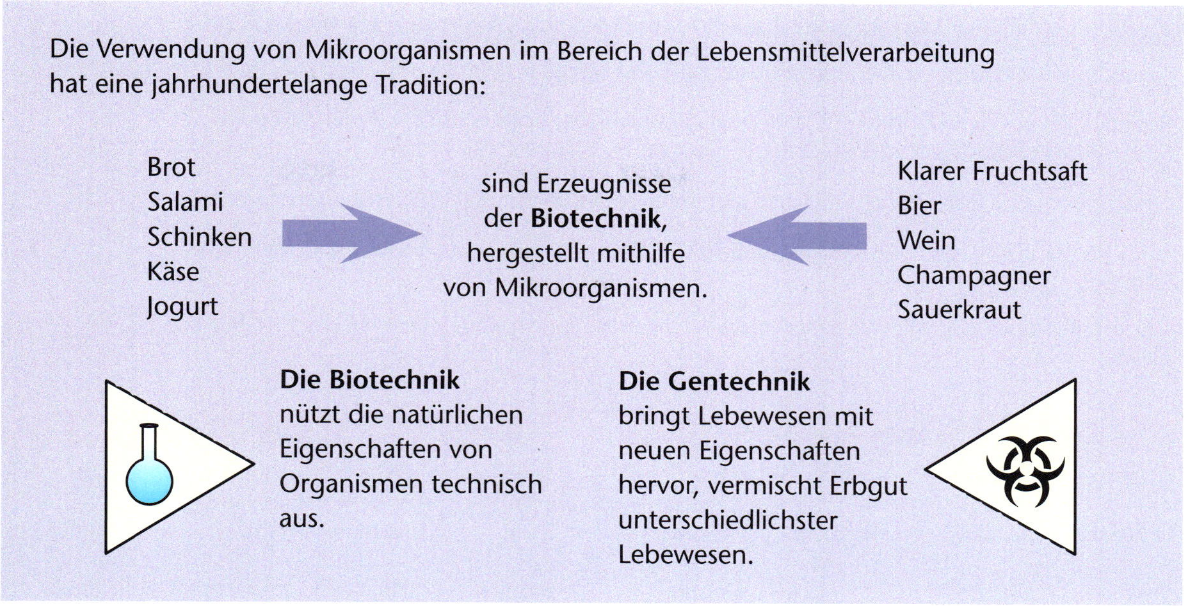

Die Gentechnik greift auf verschiedenen Ebenen in die Lebensmittelverarbeitung ein

Essen wir in Deutschland Gen-Food?

Die deutschen Verbraucher betrifft die Gentechnik bei Lebensmitteln zurzeit vor allem in Form von Futtermitteln für Tiere und in der Produktion von Enzymen.

Die meisten Bauern, die konventionelle Landwirtschaft betreiben, verwenden heute gentechnisch veränderte Futtermittel. Die Experten streiten sich noch darum, ob Spuren des genmanipulierten Futters in den Endprodukten, wie z. B. Milch oder Fleisch, enthalten sein können und welche Folgen dies für den Verbraucher hätte.

Die Käseproduktion ist ohne Gentechnik nicht denkbar. Früher benötigte man Kälberlab, ein Enzym aus dem Magen von Kälbern, zur Käseproduktion. Für die heute erforderlichen Käsemengen stehen nicht genügend Kälbermägen zur Verfügung, weshalb bereits zu ungefähr 80% Lab verwendet wird, das gentechnisch hergestellt ist.

Für Brot, Backmischungen, bei Pressungen von Fruchtsäften und auch bei der Gewinnung von Zucker aus Kartoffeln oder Maisstärke werden gentechnisch hergestellte Enzyme regelmäßig verwendet.

Der Verbraucher kauft also schon seit über fünfzehn Jahren Lebensmittel, die mithilfe der Gentechnik hergestellt werden. Allerdings ist beispielsweise im Endprodukt Käse keine Gentechnik mehr enthalten. Das gentechnisch hergestellte Enzym ist das reine Labenzym, das völlig unbedenklich ist. Im Gegenteil: ohne Gentechnik könnten wir nicht so viel und so preisgünstig Käse kaufen.

Da die durch gentechnisch veränderte Bakterien produzierten Enzyme im Endprodukt nicht mehr nachzuweisen sind, müssen sie auch nicht auf dem Lebensmitteletikett genannt werden.

Herbizid- oder insektenresistenter Genmais, Soja, Raps und Baumwolle werden zurzeit im großen Stil in den USA, in Kanada, Brasilien, Argentinien, Südafrika und China angebaut.

In der EU darf Genmais seit 2004 angebaut werden.

Gentechnisch veränderte Lebensmittel in Deutschland kommen gegenwärtig vor allem aus den USA oder Asien, z. B. Sojasoßen aus gentechnisch veränderten Sojabohnen. Bereits 55 Prozent der Weltsojaernte ist gentechnisch verändert. EU-weit zugelassen sind verschiedene Sorten Mais und eine Zuckerrübe. Beantragt wurden eine Reissorte und viele andere Lebens- und Futtermittel (Stand 14.09.2011).

Kennzeichnung gentechnisch veränderter Organismen (GVO) seit April 2004	
Gentechnisch verändertes Lebensmittel z. B. Tomate oder Fische	ja
Produkte, die aus gentechnisch veränderten Lebensmitteln hergestellt wurden, z. B. der Zusatzstoff Sojalezithin in Schokolade oder Sojasoße aus Gensoja	ja
Gentechnisch veränderte Futtermittel oder Futtermittel mit gentechnisch veränderten Zusatzstoffen	ja
Lebensmittel, die mit GVO-Enzymen hergestellt wurden, z. B. Käse, Brot und Backwaren, Wein, Bier, klare Säfte	nein
Lebensmittel von Tieren, die mit gentechnisch verändertem Futter gefüttert wurden, z. B. Eier, Milch, Fleisch	nein

(Quelle: www.transgen.de)

Mais			
Grieß Cornflakes Polenta	Mehl Tortilla Knabbergebäck Fertigbackwaren	Keimöl Margarine	Stärke Maltose Glucosesirup Traubenzucker Zuckeraustauschstoffe

Soja			
Grieß Mehl Stabilisatoren Emulgatoren	Öl Lecithin Vitamin E	Protein Tofu Emulgator in Fertigsuppen und -soßen Zusatz in Wurst- und Backwaren	Püree Sojamilch und Sojasoße

Aus Mais oder Soja gewonnene Rohstoffe stecken in vielen Lebensmitteln, Zutatenliste beachten!

Produzenten von Bio-Lebensmitteln lehnen Gentechnik ab, auch in Futtermitteln.

Kritik an der grünen Gentechnik

Bisher kann wissenschaftlich weder nachgewiesen werden, ob GVO der menschlichen Gesundheit schaden, noch ob GVO völlig unbedenklich sind. Kritiker führen vor allem die nicht kalkulierbaren Folgen, die Abhängigkeit der Landwirte von Saatgutproduzenten sowie gesundheitliche Risiken an.

Allergierisiko durch Gen-Food?

Manche Kritiker befürchten, dass gentechnisch veränderte Produkte Allergien auslösen können. Fast alle Lebensmittelallergene sind Proteine (Eiweiße). Bei einer gentechnischen Veränderung können nun durchaus neue Proteine entstehen, die möglicherweise Allergien beim Menschen auslösen können.

Krankheitsrisiko durch Gen-Food

In Genpflanzen werden als Markergene Antibiotikaresistenz-Gene eingebaut. Mithilfe dieser Markergene kann erfolgreich verändertes Erbgut erkannt werden. Möglicherweise hat dies zur Folge, dass Antibiotika, die als Mittel gegen Krankheiten eingenommen werden, nicht mehr wirken, da die Resistenz auf die Krankheitserreger übertragen wurde.

Marktberrschende Position von Saatgutproduzenten

Befürworter der Gentechniken führen gerne ins Feld, dass sie mit Getreidesorten, die wenig Wasser benötigen, oder mit Reis, der besonders viel Vitamin A enthält, das Welthungerproblem lösen könnten. Kritiker argumentieren dagegen,

Bisher sind solche Nahrungsmittel noch Zukunftsvision

Freilandversuch: Anbau von Genmais

dass besser das Land gerechter verteilt und Produkte aus diesen Ländern gerechter bezahlt werden sollten. Wenige Konzerne könnten die Preise für Saatgut und die dazu passenden Spritzmittel diktieren, sodass die Abhängigkeit der Länder der „Dritten Welt" von denen der „Ersten Welt" nur weiter zunehmen würde.

Die Folgen sind nicht kalkulierbar

Immer wieder erscheinen Berichte, dass sich genetische Veränderungen langfristig anders auswirken als ursprünglich erwartet. Mit transgenem Soja gemästete Kühe beispielsweise produzierten plötzlich mehr Milchfett. Niemand weiß, warum das so ist.

Beim Freilandanbau können die neuen Gene durch Überkreuzungen mit Wildpflanzen an diese weitergegeben werden und sich ausbreiten. Die Gentechnik bringt uns große Vorteile, birgt aber auch Risiken in sich. Zweifellos gibt es Bereiche, in denen Gentechnik dringend benötigt wird, die Vorteile sind nicht zu leugnen.

Mit dem Versprechen, das Hungerproblem zu lösen, versuchen Gentechnik-Konzerne die Öffentlichkeit von der Notwendigkeit der Gentechnik zu überzeugen.

Die Mehrheit der deutschen Verbraucher ist sich einig, dass sie kein Gen-Food konsumieren will.

„Pharm crops" und koffeinfreie Kaffeebohnen

Bananen, die Impfstoffe enthalten, oder Kaffee, der bereits koffeinfrei am Busch wächst, sind noch Zukunftsvisionen. Bisher ist es noch nicht gelungen, solche komplizierten genetischen Veränderungen in Pflanzen vorzunehmen, aber es wird daran geforscht.

1 Informiert euch in Partnerarbeit im Internet über ein Thema der Gentechnik und haltet ein Kurzreferat darüber.

M 2 Ein Vertreter von Greenpeace und der Leiter eines Gentechnik-Unternehmens führen ein Streitgespräch. Sammelt Argumente für beide Seiten und führt ein Rollenspiel durch.

M 3 Gestaltet eine Mindmap zum Thema Gentechnik auf einem Plakat und präsentiert sie vor der Klasse.

4 „Die Gentechnik bekämpft nicht den Hunger der Welt, sondern ist Teil des Problems." Diskutiert.

Gesundheitsfördernde Wirkstoffe (Auswahl)	Produktbeispiel funktionelles Lebensmittel	Wirkung (tatsächlich oder erhofft)	Herkömmliches Lebensmittel mit gleicher oder ähnlicher Wirkung
Probiotische lebende Bakterienkulturen	Actimel-Jogurt LC1-Jogurt	Günstiger Einfluss auf die Darmflora Schutz vor Dickdarmkrebs Immunstärkung	Jogurt Buttermilch und andere Sauermilchprodukte Sauerkraut
Präbiotika (spezielle Ballaststoffe) z. B. Inulin oder Oligofructose	ProCult-Müsli Vitalis-Müsli	Günstiger Einfluss auf die Darmflora Cholesterinsenkung Schutz vor Osteoporose und Dickdarmkrebs	Gemüse Getreide Zwiebeln
Provitamin A, Vitamin C + E	ACE-Drink Guten Morgen Drink von Döhler	Schutz vor Krebs und Herz-Kreislauf-Erkrankungen Immunstärkung	Obst Gemüse

So können funktionelle Lebensmittel durch herkömmliche Lebensmittel ersetzt werden

Funktionelle Lebensmittel

Funktionelle Lebensmittel, auch Functional Food, Health Food oder Designer Food genannt, sind Lebensmittel, denen Stoffe künstlich zugesetzt wurden. Diese Stoffe, z. B. Vitamine, sollen einen zusätzlichen positiven Nutzen für unsere Gesundheit haben. Inzwischen sind über 2000 Produkte auf dem Markt, und der Absatz steigt stetig, da Wellness, Gesundheit und Jugendlichkeit im Trend sind.

Arten funktioneller Lebensmittel, die zurzeit angeboten werden

- Probiotische Lebensmittel
- Präbiotische Lebensmittel
- Mit Vitaminen und Mineralstoffen angereicherte Lebensmittel
- Lebensmittel, die mit sekundären Pflanzenstoffen angereichert sind
- Lebensmittel mit zugefügten Kräuterauszügen, z. B. Aloe Vera.

Pro und kontra Functional Food

Untersuchungen zeigen, dass *probiotische Milchprodukte* tatsächlich das Immunsystem stimulieren, sofern dieselbe Art Bakterienkulturen täglich verzehrt wird.

Präbiotika in Lebensmitteln führen zu einer Vermehrung der positiven Darmbakterien, wenn sie regelmäßig und in ausreichender Menge gegessen werden. Ob sie jedoch das Darmkrebsrisiko verringern, ist nicht gesichert.

Wenn wir uns ausgewogen, mit viel Obst und Gemüse ernähren, nehmen wir genügend Vitamine und Mineralstoffe auf. Bei einem zusätzlichen hohen Konsum von *ACE-Getränken* kann es dann zu einer Überdosierung kommen.

Zu viel Vitamin A kann zu Leberschäden und in der Schwangerschaft zu Missbildungen beim Kind führen. Ein Zuviel des Provitamins A (Beta-Karotin), das im Körper zu Vitamin A umgewandelt wird, kann das Lungenkrebsrisiko bei Rauchern erhöhen. „Viel hilft viel“ stimmt also nicht immer.

Die Auswahl an funktionellen Lebensmitteln ist groß

Wählt die Mutter das Richtige für ihre Kinder?

Viele Ernährungswissenschaftler sind sich einig, dass künstlich zugesetzte Vitamine, Mineralstoffe und sekundäre Pflanzenstoffe nie so wirksam sind wie ein natürliches Nahrungsmittel, das reich an diesen Stoffen ist. In unseren Nahrungsmitteln kommen die gesundheitsfördernden Stoffe nie isoliert, sondern immer in Kombination mit vielen anderen zum Teil noch unerforschten Stoffen vor, die sich in ihrer Wirkungsweise gegenseitig positiv beeinflussen. Dieser Effekt fehlt bei der Zusammensetzung von Functional Food.

Darüber hinaus hat der regelmäßige Verzehr von Lebensmitteln mit den genannten Wirkstoffen die gleiche Wirkung.

Bisher ist noch nicht eindeutig geregelt, wie viel von welchen Wirkstoffen bei funktionellen Lebensmitteln zugesetzt wird und wie für sie geworben werden darf. Entsprechende Gesetze werden erst entwickelt.

Insgesamt fehlen noch ausreichend wissenschaftlich fundierte Untersuchungen über die Wirksamkeit der meisten funktionellen Lebensmittel.

Wer sich ausgewogen ernährt, Sport treibt und den Umgang mit Stress lernt, hat kein schlechtes Gewissen, das er mit teuren funktionellen Lebensmitteln beruhigen muss.

M **1** Unternehmt eine Exkursion in den Supermarkt. Entwerft vorher einen Erkundungsbogen. Untersucht die Zutatenlisten und die Art der Werbung für funktionelle Lebensmittel.

2 Vergleicht die Preise von konventionellen Milchprodukten mit vergleichbaren funktionellen Lebensmitteln.

M **3** Führt ein Interview auf der Straße zu funktionellen Lebensmitteln durch. Entwickelt vorab einen Fragebogen.

M **4** Spielt ein Pro-Kontra-Gespräch vor der Klasse. Eine Ernährungsberaterin und ein Hersteller von funktionellen Lebensmitteln diskutieren.

Mögliche Ursachen

- Falsche Essgewohnheiten (zu süß, zu fett, zu große Portionen)
- Mangelnde Bewegung
- Falsche Verteilung der Mahlzeiten
- Krankhafte Veranlagung, Ess-Sucht,
- Einnahme von Medikamenten

Mögliche Folgen

- Belastung der Gelenke, Wirbelsäule, Knie und Füße
- Stoffwechselstörungen, Diabetes, Gicht
- Belastung von Herz und Kreislauf
- Erkrankungen der Bronchien
- Seelische Folgen, Ablehnung des Körpers

Kostformen nach Fehlernährung

Reduktionskost bei Übergewicht

Es gibt unendlich viele so genannte Abmagerungsdiäten oder Schlankheitskuren, die oft sensationelle Gewichtsabnahmen versprechen, dem Körper aber mehr schaden als nützen. Radikalkuren können gefährlich sein, da sie immer einen Mangel an lebensnotwendigen Nährstoffen bedeuten. Häufig kommt es nach solchen Kuren zum Jo-Jo-Effekt, d. h. die abgehungerten Pfunde sind schnell wieder drauf, wenn normal gegessen wird.

Ziel der Reduktionskost ist es, das Normalgewicht zu erreichen und zu halten und dabei dem Organismus alle lebensnotwendigen Nährstoffe zu liefern.

Ernährungs- und Verhaltensregeln bei Übergewicht

- Veränderung der Ernährungsgewohnheiten und des Essverhaltens: Die tägliche Energiezufuhr muss unter dem tatsächlichen Energiebedarf liegen; d. h. sie muss genau auf die Person und die körperliche Tätigkeit abgestimmt werden. Die Gesamtenergiezufuhr sollte um ein Fünftel pro Tag gesenkt werden.
- Lebensmittel mit komplexen Kohlenhydraten bevorzugen, da sie ein länger anhaltendes Sättigungsgefühl bewirken: z. B. Vollkornprodukte, Gemüse, Obst, Kartoffeln. Süßigkeiten und energiereiche Getränke meiden.
- Die Zufuhr von Fetten einschränken: Fettarme Lebensmittel bevorzugen, versteckte Fette beachten und fettarme Gararten anwenden.
- Der Bedarf an Mineralstoffen, Vitaminen, Ballaststoffen und sekundären Pflanzenstoffen sollte durch reichlich Frischkost gedeckt werden.
- Biologisch hochwertige Eiweißlieferanten bevorzugen: fettarme Milch und Milchprodukte, magere Fleisch- und Wurstwaren, fettarmen Fisch.
- Energiearme Getränke sollten den Flüssigkeitsbedarf ausreichend decken: z. B. ungesüßte Getränke. Alkohol ist ungeeignet, da er sehr viel Energie enthält (1 g enthält 30 kJ).
- Außerdem gehören Geduld und Selbstdisziplin dazu sowie ein individuelles Bewegungsprogramm, das das Abnehmen unterstützt.

Diabetes mellitus – die „Zuckerkrankheit"

Bei Diabetes mellitus handelt es sich um eine chronische Stoffwechselkrankheit, die auf einen absoluten oder relativen Insulinmangel zurückzuführen ist.

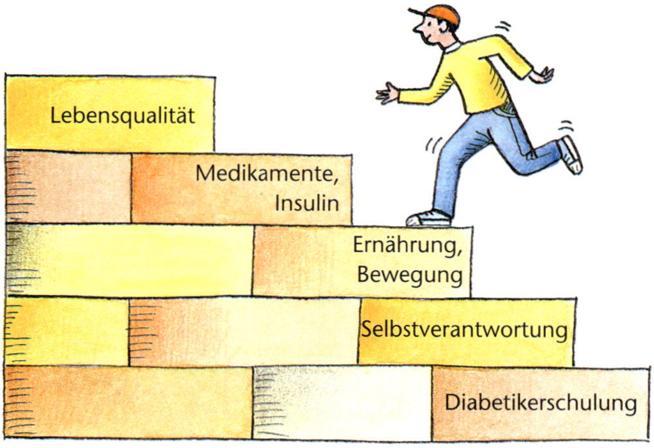

Wichtige Therapiebausteine

Lebensmittelgruppe	Resorptionsgeschwindigkeit
Zuckerhaltige Getränke, „isolierter" Zucker, Süßigkeiten	schießen ins Blut
Weißmehlprodukte und Obst	strömen ins Blut
Vollkorngetreideprodukte und Kartoffeln	fließen ins Blut
Kohlenhydrate aus Milch	tropfen ins Blut
Kohlenhydrate aus Gemüse und Hülsenfrüchten	sickern ins Blut

Kohlenhydrate gelangen unterschiedlich schnell ins Blut

Lang anhaltende hohe Blutzuckerwerte sind das Hauptkennzeichen der Erkrankung.
Insulin ist ein Hormon, das in der Bauchspeicheldrüse gebildet wird. Fehlt dieses Hormon, kann der Zucker nicht mehr in die Zellen „eingeschleust" und in Energie umgewandelt werden. Man unterscheidet zwischen Typ-1- und Typ-2-Diabetes.
Typ-1-Diabetes gehört zu den so genannten Autoimmunerkrankungen, das bedeutet, dass sich der eigene Körper gegen sich selbst richtet: Körpereigene Abwehrstoffe zerstören die Insulin bildenden Zellen in der Bauchspeicheldrüse.
Typ-2-Diabetes tritt viel häufiger und meist erst in der zweiten Lebenshälfte, aber auch immer mehr bei übergewichtigen Jugendlichen auf. Hierbei ist die Insulinproduktion eingeschränkt. Diabetiker müssen nach der Diagnose „Diabetes mellitus" optimal behandelt werden, denn sonst drohen schwere organische Schäden: Augen-, Nieren-, Nervenschädigungen, Herz- und Kreislauferkrankungen, Herzinfarkt, Schlaganfall.

Ernährungs- und Verhaltensregeln bei Diabetes

Die moderne Diabetes-Ernährung unterscheidet sich kaum von der Ernährung des Gesunden: Sie entspricht den Regeln der vollwertigen Ernährung.

- Die Nahrungsmenge sollte auf sechs bis sieben Mahlzeiten verteilt sein.
- Die *Energiezufuhr* sollte so hoch sein, dass ein normales Körpergewicht erreicht bzw. gehalten wird.
- *Kohlenhydrate* sind die einzigen Nährstoffe, die Einfluss auf den Anstieg des Blutzuckerspiegels haben. Die Kohlenhydratzufuhr sollte wie beim gesunden Menschen etwa 55% der Gesamtzufuhr betragen, dabei sollten kohlenhydrathaltige Lebensmittel bevorzugt werden, die den Blutzuckerspiegel langsam ansteigen lassen (siehe Abbildung oben rechts).
- Kohlenhydratreiche Lebensmittel müssen in Broteinheiten (BE) oder Kohlenhydrateinheiten (KE) berechnet werden. (1BE/KE = 12 g Kohlenhydrate).
- Zum Süßen von *Getränken* und Gerichten können energiearme Süßstoffe verwendet werden.
- *Fettzufuhr* reduzieren.
- *Eiweißbedarf* durch hochwertiges Eiweiß decken.
- *Sekundäre Pflanzenstoffe* sowie die Vitamine A, C und E beugen diabetischen Folgeschäden vor. Gemüse und Obst sollten auf dem täglichen Speiseplan stehen.

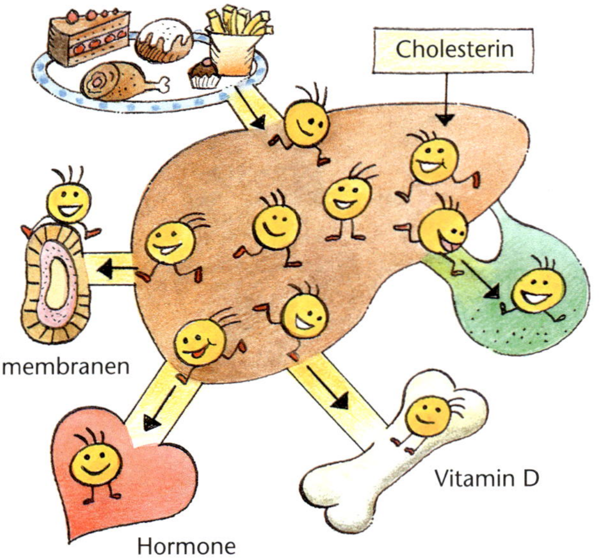

Cholesterin erfüllt wichtige Aufgaben

Cholesteringehalt im Blut
(mg/100 ml)

normal	=	unter 220 mg/100 ml
erhöht	=	220–260 mg/100 ml
zu hoch	=	über 260 mg/100 ml

Erhöhter Cholesterinspiegel – eine Fettstoffwechselstörung

Fette und Cholesterin sind für unseren Körper essenziell. Cholesterin wird durch die Nahrung aufgenommen, aber auch vom Körper selbst in der Leber produziert.

Es besitzt für den Organismus sehr wichtige Funktionen (siehe Abbildung oben). Ein erhöhter Cholesterinspiegel ist nicht nur ernährungsbedingt, sondern kann auch durch Stress oder Erbanlagen entstehen.

Man unterscheidet zwei Arten von Cholesterin:

Das *HDL-Cholesterin* (High Density Lipoprotein) wird als „gutes" Cholesterin bezeichnet, da es in der Lage ist, überschüssiges Cholesterin im Blut abzuführen.

Das „schlechte" *LDL-Cholesterin* (Low Density Lipoprotein) kann dagegen in Zellen und Gefäßwände eindringen und sich dort ablagern.

Ständig erhöhte LDL-Cholesterinwerte im Blut bedeuten eine Störung des Fettstoffwechsels, die man als Hypercholesterinämie bezeichnet.

Eine mögliche Folge eines erhöhten LDL-Cholesterins sind verengte Arterien (Arteriosklerose), die das Risiko für Herz-Kreislauf-Erkrankungen, Herzinfarkt oder Schlaganfall erhöhen können.

Ernährungs- und Verhaltensregeln bei erhöhtem Cholesterinspiegel

- Einschränkung cholesterinhaltiger Lebensmittel, z. B. Innereien, fettes Fleisch, fettreiche Wurstwaren, Eier sowie Schalentiere.
- Wahl fettarmer Zubereitungsmethoden.
- Beachtung von Lebensmitteln mit versteckten Fetten.
- Bevorzugung von Fetten mit einfach und mehrfach ungesättigten Fettsäuren.
- Reichlicher Verzehr von pflanzlichen, ballaststoffreichen Lebensmitteln.
- Verringerung des Zucker- und Alkoholkonsums sowie Verzicht auf das Rauchen.
- Senkung der täglichen Gesamtenergiezufuhr bei bestehendem Übergewicht.

Mehr Bewegung, z. B. Laufen, Rad fahren, Schwimmen, trägt zur Senkung des Cholesterinspiegels bei.

Ein niedrigerer Cholesterinspiegel kann erreicht und eingehalten werden durch:
- cholesterinbewusste Ernährung,
- mehr Bewegung und Sport,
- medikamentöse Behandlung,
- stressfreie Lebensweise.

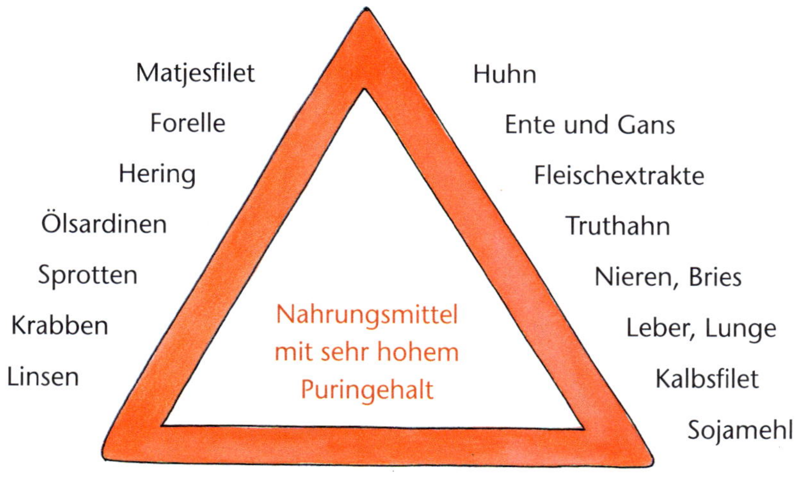

Auf diese Lebensmittel sollte bei einer Diät bei Gicht verzichtet werden

Stoffwechselkrankheit Gicht

Der medizinische Fachbegriff für Gicht lautet Hyperurikämie, d.h. es handelt sich um eine erhöhte Konzentration („hyper") der Harnsäure („urik") im Blut („ämie"). Meist ist Gicht eine angeborene Stoffwechselstörung (primäre Gicht). Sie kann aber auch infolge einer Blut- oder Nierenkrankheit entstehen (sekundäre Gicht). Viele Lebensmittel enthalten Purine, das sind Zellsubstanzen, bei deren Verarbeitung als Abfallprodukt Harnsäure entsteht. Diese wird beim gesunden Menschen im Blut gelöst und über die Nieren mit dem Urin ausgeschieden. Kommt es zu einer krankhaften Erhöhung der Harnsäurekonzentration, können sich scharfe Harnsäurekristalle bilden. Diese lagern sich in den Gelenken (z.B. Zehen) und Knorpeln (Ohr) oder in der Niere ab und können zu schmerzhaften Entzündungen, Gichtanfällen, führen. Diese können Stunden und sogar Tage andauern und meist nur durch Medikamente gelindert werden.

Ernährungs- und Verhaltensregeln bei Gicht

Auch hier gilt generell: Der tägliche Speiseplan soll ausgewogen und vielseitig sein.
Fleisch und Wurstwaren sollen wenig verzehrt werden.

> Auf Lebensmittel mit hohem Puringehalt sollte verzichtet werden.

Alkohol sollte nur in Maßen konsumiert werden, da er die Harnsäureausscheidung durch die Nieren hemmt. Gichtkranke sollten reichlich trinken – 1,5 bis 2 Liter am Tag, z.B. Mineralwasser, Fruchtsäfte, Tee, Kaffee sind erlaubt. Falls Übergewicht besteht, sollte der Betroffene das Normalgewicht anstreben. Bewegung und viel frische Luft sind gut und regen den Stoffwechsel an.

1 Erstellt in Partnerarbeit einen Tagesspeiseplan für einen Jugendlichen mit Typ-1-/Typ-2-Diabetes.

2 „Osteoporose als Folge von Fehlernährung." Erarbeite ein Referat über gesundheitliche Folgen dieser Erkrankung und stelle dazu wichtige Ernährungs- und Verhaltensregeln auf.

3 Bewerte verschiedene Diäten zur Reduktionskost.

4 Erstellt Ernährungsempfehlungen und Verhaltensregeln für gestresste Menschen.

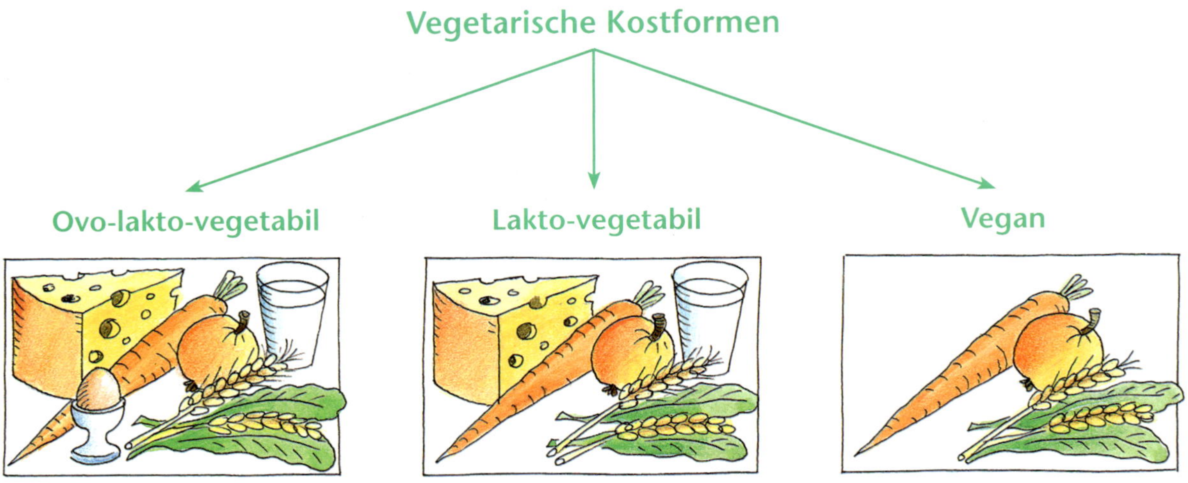

Verzehrt werden
- Pflanzliche Lebensmittel
- Milch und Milchprodukte
- Ei und Eiprodukte

Verzehrt werden
- Pflanzliche Lebensmittel
- Milch und Milchprodukte•
  Ei und Eiprodukte

Verzehrt werden
- Pflanzliche Lebensmittel

Formen des Vegetarismus (Ovo = Ei, Lakto = Milch)

Vegetarische Kostformen

Die Definition nach den Leitsätzen der Internationalen Vegetarischen Union lautet:
Vegetarier ist jeder, der keine Nahrungsmittel zu sich nimmt, die von getöteten Tieren stammen. Das schließt Fische, Weich- und Schalentiere sowie tierische Fette wie Speck, Rinder- und Schweinefett mit ein.
Der griechische Philosoph Pythagoras (6. Jh. v. Chr.) sagte: „So lange der Mensch Tiere schlachtet, werden die Menschen auch einander töten. Wer Mord und Schmerz sät, kann nicht erwarten, Liebe und Freude zu ernten!" Er lebte nur von pflanzlichen Lebensmitteln.

Entscheidungskriterien für eine vegetarische Kostform

Gesundheitliche Aspekte
Viele Zivilisationskrankheiten (Herz-Kreislauf-Erkrankungen, Übergewicht, Gicht, Diabetes) sind Folgen einer fehlerhaften Ernährung. Betroffene Menschen ändern ihr Ernährungsverhalten.

Ökologische und politische Aspekte
Auf Fleisch wird häufig deshalb verzichtet, weil der hohe Fleischkonsum im Zusammenhang mit dem Welthungerproblem gesehen wird. Für die Fleischerzeugung wird ein hoher Bedarf an pflanzlichen Futtermitteln benötigt. Weitere Überlegungen beinhalten auch eine Kritik an der Welthandels- und Welternährungspolitik, die unter erheblichem Energieeinsatz Lebensmittel um die halbe Welt transportieren lässt.

Ethische und religiöse Aspekte
Einige Menschen lehnen das Töten von Tieren zu Nahrungszwecken ab. Einige Weltreligionen kennen Fleischtabus, z. B. Islam und Judentum.

> Die vegetarische Kostform soll den Menschen zu einer gesunden und natürlichen Lebensweise und Lebenseinstellung zurückführen.

Man unterscheidet drei vegetarische Kostformen:
- Ovo-lakto-vegetabile Kost
- Lakto-vegetabile Kost
- Vegetabile oder veganische Kostform

Tageskostplan für eine lakto-vegetabile Ernährung	
Frühstück	Frischkornbrei (aus 3 El. frisch gemahlenem Getreide mit einem geriebenem Apfel oder anderem Obst der Saison, 1 Joghurt natur und 2 Walnüssen), Früchtetee
Pause	1 Karotte, 1 Vollkornbrot mit Butter und Käse, Kräutertee
Mittagessen	Frischkostsalat, Kartoffelgericht mit gedünsteten Bohnen, Quarkcreme mit frischem Obst, Mineralwasser
Zwischendurch	Nüsse, Früchte der Saison, Getreidekaffee
Abendessen	Rettichsalat mit Radieschen, Vollkornbrot mit Butter und Käse, Obst, Mineralwasser

Bewertung der vegetarischen Kostformen

Bei der ovo-lakto-vegetabilen und lakto-vegetabilen Kost ist es möglich, sich bei richtiger Lebensmittelauswahl vollwertig zu ernähren. Beide vegetarischen Kostformen enthalten ausreichend Nährstoffe.

Der Verzehr von Obst, Gemüse und Vollkornprodukten sorgt für eine höhere Zufuhr von Kohlenhydraten in Form von Stärke, Ballaststoffen, Vitaminen, Mineralstoffen und sekundären Pflanzenstoffen. Eisenmangel kann durch den Verzehr von Vitamin-C-haltigen Lebensmitteln (z. B. Kartoffeln, Blumenkohl, Paprika, Äpfeln, Erdbeeren, Johannisbeeren) verhindert werden, da Vitamin C die Eisenausnutzung verbessert. Vollkornprodukte, Hülsenfrüchte, Nüsse, Kräuter, Sojabohnen, Sesam, Mungobohnen enthalten pflanzliches Eisen. Eine ausreichende Jodversorgung sollte mit jodiertem Speisesalz gesichert werden.

Die Kost ist purinarm und enthält weniger tierische Fette und Cholesterin. Das beugt bestimmten ernährungsbedingten Krankheiten vor (z. B. Herz-Kreislauf-Erkrankungen, Fettstoffwechselstörungen und Gicht). Vegetarier erkranken seltener als der Bevölkerungsdurchschnitt an Lungenkrebs und Krebs des Magen- und Darmtraktes.

Bei der veganen Kost kann es zu einer Unterversorgung an Eiweiß, Eisen, Kalzium und Vitamin B12 kommen. Zur Verhinderung eines Eiweißmangels bei strenger veganischer Kost empfehlen Ernährungswissenschaftler den reichlichen Genuss von Getreide, Nüssen, Kartoffeln, Weizenkeimen und Hefeflocken. Getreideeiweiß soll möglichst durch Eiweiß aus Hülsenfrüchten ergänzt werden, um die Vollwertigkeit zu erhöhen. Gegen die Gefahr einer Unterversorgung mit dem Vitamin B12, das für die Blutbildung notwendig ist, empfehlen Veganisten, viel Rohkost aufzunehmen.

Die vegane Kost ist auf keinen Fall für Schwangere, Stillende, Säuglinge und Kleinkinder empfehlenswert.

Wachstumsstörungen und Fehlentwicklungen des Gehirns sind mögliche Folgeerscheinungen.

1 Plane ein Festmenü nach den Grundsätzen der ovo-lakto-vegetabilen Kost.

2 Informiere dich über mögliche Mangelerscheinungen bei veganer Kost.

3 Recherchiere über religiöse Fleischtabus.

4 Bewerte den oben aufgezeigten Tageskostplan.

Nahrungszubereitung – kein Problem

Werden uns Aufgaben gestellt, so wollen wir sie so gut wie möglich lösen. Das trifft auch auf die Nahrungszubereitung zu. Hier werden theoretische und praktische Leistungen gefordert.
Für jeden von uns ist es wichtig, den Wert der geleisteten Arbeit richtig einzuschätzen. Wir wollen wissen, was andere von unserer Arbeit halten. Damit wir uns selbst nicht überschätzen, sollten wir unserer eigenen Arbeit kritisch gegenüberstehen.
Im Bereich Ernährung gibt es viele Aufgaben, bei denen wir Selbsteinschätzung üben können. Eigenreflexion schützt vor zu hohen Erwartungen an die Fremdbeurteilung.
Die gesamte Arbeit wird in Arbeitsabschnitte unterteilt. Folgende Bewertungskriterien sollen eine Hilfe für die Selbstbewertung sein:

Entspricht meine Planung der Aufgabenstellung?
Zum Beispiel:

- Ist die gewählte Mahlzeit vollwertig?
- Sind die Lebensmittel der Jahreszeit entsprechend gewählt?
- Entspricht die Mahlzeit dem Gesundheitszustand der vorgegebenen Personengruppe?
- Eignet sich die Mahlzeit für diese Berufsgruppe (leichte Arbeit, schwere Arbeit)?

Ist die Einkaufsliste vollständig (was brauche ich – wie viel kaufe ich)?
Zum Beispiel:

- Welche Qualität bevorzuge ich?
  - Gesundheitswert
  - ökologischer Wert
  - ökonomischer Wert
  - physiologischer Wert
- Auf welche Produktionsweise der Lebensmittel lege ich Wert? Kaufe ich z. B. Lebensmittel aus
  - integriertem Anbau,
  - konventionellem Anbau,
  - biologischem Anbau?
- Welche lebensmittelrechtlichen Aspekte muss ich beim Kauf beachten? Zum Beispiel
  - Kennzeichnungsverordnung
  - Lagerfähigkeit der Ware

Wurde die Mahlzeit sachgerecht zubereitet?
Zum Beispiel:

- Wurden die Hygieneregeln beachtet (persönliche Hygiene, Lebensmittelhygiene, Hygiene am Arbeitsplatz)?
- Wurden die Grundtechniken wie Schneiden, Schälen usw. richtig gezeigt?

- Wurden die Gararten wie Braten, Dünsten, Backen usw. richtig durchgeführt?
- Wurden die Küchengeräte wie Bratpfanne, Pfannenwender usw. richtig verwendet?
- Wurden die Regeln zum Abschmecken eingehalten?
- Wurden die Anrichteregeln beachtet? (warme Gerichte in vorgewärmte Schüssel geben, Anrichtegeschirr darf nicht zu voll sein)
- Ist das Vorlegebesteck richtig gewählt?

Wie wird die Arbeit bewertet?

- Selbstreflexion – Fremdreflexion:
  - Was habe ich richtig gemacht?
  - Was war falsch?
- Gründe suchen bei nicht gelungener Teilarbeit: z. B. die Garart Braten habe ich falsch ausgeführt.

Mithilfe des Schulbuchs *Mensch und Umwelt*, Band 1, kannst du dein Ergebnis überprüfen.

1 Stelle dir selbst eine Aufgabe aus dem Bereich Ernährung und plane die Teilaufgaben.
- Einkaufsliste am PC erstellen
- Lebensmittelpreise in Einkaufsliste eintragen
- Kosten der Mahlzeit berechnen
- Überprüfe deine Arbeitsweise auf mögliche Fehler und mache Verbesserungsvorschläge

M 2 Stelle eine Präsentation für deine Aufgabe zusammen. Berücksichtige dabei folgende Aspekte: Struktur und Aufbau, Anschaulichkeit, Umfang, Zeitvorgabe, eingesetzte Medien, Adressat

3 Stelle Kriterien auf, nach denen du deine Gesamtleistung bewerten kannst.

Gararten

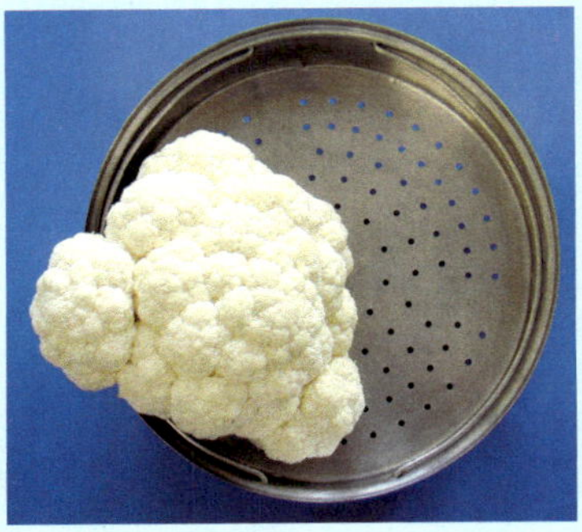		
Garart Dämpfen	**Garart Grillen mit dem Gartengrill**	**Garart Schmoren**
Garen im Wasserdampf	Garen durch Strahlungshitze	Garen in heißem Fett und Wasser
Temperatur: 100 °C	*Temperatur:* 200 – 250 °C	*Temperatur:* 170 °C beim Anbraten 100 °C nach Wasserzugabe
Arbeitsgang: Lebensmittel in Dämpfeinsatz über siedendes Wasser geben	*Arbeitsgang:* Lebensmittel erst auf den Grillrost legen, wenn die Holzkohle glüht; Grillzeiten genau einhalten; Lebensmittel erst nach dem Grillen würzen	*Arbeitsgang:* Lebensmittel in wasserfreiem Fett anbraten, bis sie sich bräunen, ablöschen, in geschlossenem Topf weitergaren
Geeignet für: Kartoffeln, Gemüse	*Geeignet für:* Kurzbratstücke, Fisch, Geflügel	*Geeignet für:* Gulasch, Schmorbraten, gefüllte Gemüse
Tipps: Dämpfen ist schonender als Kochen, es werden weniger Nährstoffe aus den Lebensmitteln herausgelöst	*Tipps:* Als fettarme Zubereitung geeignet; Bildung von Röststoffen auch ohne Fettzugabe	*Tipps:* Die Garzeit nach dem Ablöschen kann abgekürzt werden durch Druckgaren

Garen in der Bratfolie	**Garen in der Mikrowelle**	**Garen im Römertopf**
Garen in heißer Luft	Garen durch Mikrowellen, die die Wassermoleküle im Inneren des Garguts erhitzen. Die Speisen garen von innen nach außen	Garen in heißer Luft
Temperatur: 200 °C	*Temperatur:* 100 °C	*Temperatur:* 200 °C
Arbeitsgang: Gut verschlossene Bratfolie auf Gitterrost legen, in den vorgeheizten Backofen einschieben, untere Schiene	*Arbeitsgang:* Lebensmittel zugedeckt in die Mikrowelle einstellen; mikrowellengeeignetes Geschirr verwenden	*Arbeitsgang:* Lebensmittel in den gewässerten Römertopf legen, den Topf verschließen; in den vorgeheizten Backofen einschieben, untere Schiene
Geeignet für: Fleisch, Fisch, Hähnchen	*Geeignet für:* Kleine Portionen von Lebensmitteln; Aufwärmen von Resten; Auftauen von Tiefkühlkost	*Geeignet für:* Fleisch, Fisch, Hähnchen
Tipps: Beim Garen in der Bratfolie verhindert die feuchte Luft um das Gargut ein Austrocknen; es wird ohne Fett gegart	*Tipps:* Lebensmittel werden nur erwärmt und nicht gebräunt; geringe Nährstoffverluste	*Tipps:* Beim Garen im Römertopf verhindert die feuchte Luft um das Gargut ein Austrocknen; es wird ohne Fett gegart; eine Bräunung erreicht man durch Öffnen des Römertopfes kurz vor Ende der Garzeit

M

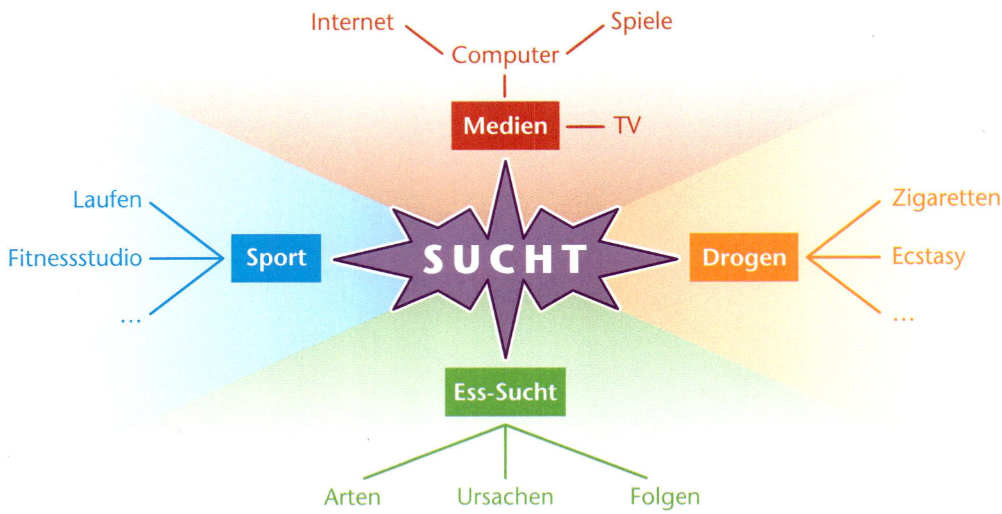

Versuchung bis in die Sucht

Wenn das Essen zur Sucht wird

Gewöhnlich verbinden wir den Begriff Sucht mit Drogen, Alkohol, Medikamenten oder Glücksspiel. Grundsätzlich kann ein Mensch nach allem süchtig werden, was ihm dazu verhilft, sich gut zu fühlen. Das kann die Arbeit, Einkaufen, Fernsehen, Sport oder auch das Essen sein.
Geht es bei Drogen und Alkohol anfangs darum, spontan etwas Neues auszuprobieren, schleicht sich die Sucht nach Essen langsam und fast unbemerkt ein. Heutzutage leiden immer mehr Menschen an Ess-Störungen, darunter auch sehr viele Jugendliche. Woher kommt das?

Wenn Schönsein zur Qual wird

Das in den westlichen Industrienationen vorherrschende Schönheitsideal verleitet viele Jugendliche zu einer nicht altersgemäßen Lebens- und Ernährungsweise. Mode, Film, Werbung, Fernsehen und Internet gaukeln jungen Menschen vor: „Nur wer schlank und attraktiv ist, ist erfolgreich und glücklich, wird begehrt und gemocht.“
Den Wunsch nach der Traumfigur haben viele Jugendliche. Aber nicht jedes Mädchen und nicht jeder Junge, der sein Gewicht kontrolliert und abnehmen will, ist magersüchtig, und nicht jeder, der sich manchmal über die Maßen vollstopft, leidet an Ess-Sucht. Aber für einige kann das der Beginn einer Ess-Störung sein.

Eine Ess-Störung liegt vor, wenn die Nahrungsaufnahme eine übermäßige Bedeutung im Leben einnimmt und nicht mehr als selbstverständlich angesehen wird.

Das Essen wird zum Suchtmittel. Alles dreht sich um die Gewichtsreduzierung bzw. -kontrolle, um einem Schönheitsideal zu entsprechen. Ess-Störungen sind psychosomatische Krankheiten mit Suchtcharakter. Kontrollverlust, Wiederholungszwang und soziale Isolation bestimmen meist den Alltag der Betroffenen. Diese Erkrankung kann zudem zu schweren körperlichen Schäden führen.

Ursachen für Ess-Störungen

Störungen im Essverhalten sind schon seit Jahrhunderten bekannt. In ganz Europa sind Ess-Störungen heute weit verbreitet. Als eine Ursache gilt die Verknüpfung von Schlankheitsideal und Selbstwertgefühl. Besonders gefährdet sind Personen mit gestörten Beziehungen zur Familie oder traumatisierenden Erlebnissen.

Ess-Brechsucht (Bulimia nervosa)	Magersucht (Anorexia nervosa)	Ess-Sucht (Adipositas)
Bulimieerkrankte zeigen sich nach außen immer perfekt, sind leistungsorientiert und ehrgeizig. Merkmale sind: • Essattacken • Selbst herbeigeführtes Erbrechen • Einnahme von Abführmitteln • Übertriebenes körperliches Training • Isolation • Stimmungstiefs • Reizbarkeit und Wutausbrüche.	Die auffälligen Merkmale einer Magersucht sind: • Extreme Gewichtsabnahme • Gestörte Körperwahrnehmung (fühlen sich immer zu dick) • Panische Angst vor Gewichtszunahme • Essen wird als Qual ansehen • Fehlende Einsicht, dass man krank ist • Verweigerung der Nahrungsaufnahme	Übergewicht alleine ist keine Ess-Sucht. Es müssen weitere Merkmale hinzukommen: • Essen als Befriedung von emotionalen Bedürfnissen • Essanfälle • Essen ohne Hunger • Die Kontrolle verlieren beim Essen • Aus Scham heimlich essen • Schnelles und unkontrolliertes Essen

Arten von Ess-Störungen

Arten von Ess-Störungen

Die klassischen Formen von Ess-Störungen sind Ess-Brech-Sucht, Magersucht und Ess-Sucht. Diese Formen treten auch als Mischformen auf. Von Ess-Störungen sind in erster Linie Frauen zwischen 12 und 25 Jahren betroffen; selten erkranken Jungen. Der Körper kann durch magersüchtiges oder bulimisches Verhalten schwer geschädigt werden.

Gefährliche Faktoren sind:
- zu wenig und zu einseitige Nahrung,
- häufiges Erbrechen, das zu Verlusten von Wasser und Mineralstoffen führt sowie zu Schäden durch die starke Magensäure,
- der Missbrauch von Abführmitteln und/oder exzessive Bewegung/Sport.

Behandlung von Ess-Störungen

Für die Behandlung von Ess-Störungen gibt es verschiedene psychotherapeutische Verfahren. Oftmals ist es aber sehr schwierig, Essgestörte zu dem Entschluss zu bringen, sich behandeln zu lassen. Eine möglichst frühzeitige Behandlung wäre jedoch wünschenswert!

Ess-Störungen müssen von Fachleuten behandelt werden.

M 1 Erweitere die Mindmap auf der linken Seite. Recherchiere dafür im Internet.

2 Fertigt Referate zu den einzelnen Sucht-Themen an.

3 Sucht nach Lösungsmöglichkeiten, wie man aus einer Sucht wieder herausfinden kann. Diskutiert.

Joana,
14 Jahre (1,70 m/48 kg),
lebt in der ständigen Angst, zuzunehmen. Sie hat in kürzester Zeit extrem an Gewicht verloren und fühlt sich immer noch zu dick.

Eva,
16 Jahre (1,64 m/50 kg),
ist ehrgeizig und erfolgreich in der Schule. Sie zählt jede verspeiste Kalorie, um ihr Wunschgewicht zu erlangen. Essattacken gleicht sie durch die heimliche Einnahme von Abführmitteln wieder aus.

Maria,
15 Jahre (1,53 m/80 kg),
wird wegen ihres Übergewichts oft in der Schule gehänselt. Dies bedrückt sie so sehr, dass sie zu Hause in Essattacken verfällt. Dabei verliert sie die Kontrolle und isst, obwohl sie keinen Hunger verspürt.

Bemerken
Beobachte dein Umfeld wie Mitschüler, Freunde, Bekannte.
Nimm Veränderungen in Verhalten, Aussehen, Gewohnheiten wahr.
Verschließe nicht die Augen vor den Problemen anderer.

Zuhören
Höre dem Gegenüber genau zu, vielleicht braucht er Hilfe.
Nimm offene Gespräche ernst.
Erweise dem Gesprächspartner Vertrauen. Diskretion ist wesentlich.

Besprechen
Biete ein helfendes Gespräch an.
Schaffe ein vertrautes Gesprächsklima.
Nenne das Problem beim Namen und sucht gemeinsam nach einer geeigneten Beratungsstelle.

Gefährdeten Personen helfen

Ess-Störungen verstehen und bewältigen

Die Bundeszentrale für gesundheitliche Aufklärung (BZgA) stellt eine Telefonberatung zur Verfügung. Hier informieren Fachleute zu den verschiedenen Formen von Ess-Störungen. Die Mitarbeiter und Mitarbeiterinnen der Telefonberatung stehen Betroffenen, Angehörigen oder Interessierten für eine individuelle Beratung zur Verfügung. Die Telefonberatung bietet auch Unterstützung bei der Suche nach einer geeigneten Maßnahme zur Vorbeugung oder Behandlung einer Ess-Störung an.

Betroffene sollten möglichst frühzeitig für eine Behandlung motiviert werden.

1 Ordne den Fällen von Joana, Maria und Eva die Art der Ess-Störung zu und begründe.

2 Würdest du sagen, dass du oder deine Freunde auch süchtig nach etwas sind? Begründe deine Meinung!

3 Was ist mit diesem Satz gemeint: „Du bist, was du isst!“. Wie denkst du über diesen Satz?

4 Berechne deinen BMI. Überprüfe anhand der Tabelle, in welchem Bereich du liegst.

5 Bestellt Informationsmaterial bei der Bundeszentrale für gesundheitliche Aufklärung.

Normalgewicht – Übergewicht – Untergewicht?

Verschiedene Methoden zur Bestimmung des Körpergewichts

Gewichtstabelle für Kinder und Jugendliche

Körpergröße in cm	Körpergewicht in kg von bis
150	34–47
156	38–52
160	41–55
166	46–61
170	49–65
172	51–67
174	52–69
176	54–72
178	56–74
180	58–76
182	60–78
184	62–81
186	64–81

Gewichtsberechnung für Erwachsene nach Broca

	Beispiel:
Körpergröße in cm –100	170 cm –100 cm
= Normalgewicht	= 70 kg
Normalgewicht –10 bis 15%	70 kg –10 kg
= Idealgewicht	= 60 kg
Normalgewicht +10% und mehr	70 kg + 10 kg
= Übergewicht	= 80 kg

Gewichtsbestimmung nach dem Körpermassenindex = Body-Mass-Index (BMI)

$$\text{BMI} = \frac{\text{Körpergewicht in Kilogramm}}{(\text{Körpergröße in Metern})^2}$$

Beispiel: $\frac{60\ \text{kg}}{1{,}65\ \text{m} \times 1{,}65\ \text{m}} = 22{,}05$

BMI	Bewertung
bis 17,5 und weniger	Anorexia nervosa
unter 18,5	Untergewicht
18,5 bis 24,9	Normalgewicht
ab 25	Übergewicht allgemein
25 bis 29,9	leichtes bis mittleres Übergewicht (Präadipositas)
30 bis 34,9	schweres Übergewicht (Adipositas Grad I)
35 bis 39,9	massiv gefährdendes Übergewicht (Adipositas Grad II)
ab 40	Adipositas Grad III

Klassifikation von Über-, Unter- und Normalgewicht nach WHO (World Health Organisation)

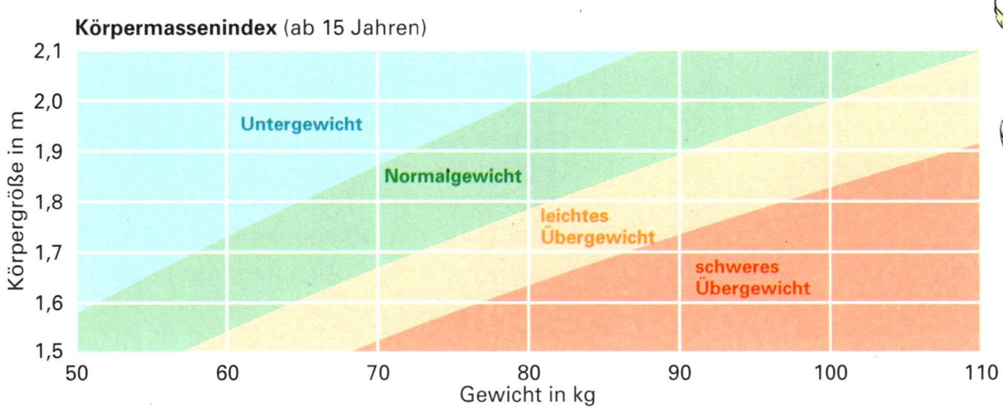

Zutatenliste
Wasser, Zucker, Kohlensäure
Alkohol:
5–5,6 Vol. % (z. B. Wodka, Rum, Tequila)
evtl. Fruchtsaft:
5–15 % (z. B. Zitronen-, Orangen-, Mangosaft)
Zusatzstoffe:
Farbstoffe, Aromen, Konservierungsstoffe, Stabilisatoren

Die Jugendschutzbestimmungen (JuSchG, §9) für die Abgabe alkoholischer Getränke lauten:

(1) In Gaststätten, Verkaufsstellen oder sonst in der Öffentlichkeit dürfen

1. Branntwein, branntweinhaltige Getränke oder Lebensmittel, die Branntwein nicht nur in geringfügiger Menge enthalten, an Kinder und Jugendliche,
2. andere alkoholische Getränke an Kinder und Jugendliche unter 16 Jahren weder abgegeben, noch darf ihnen der Verzehr gestattet werden.

(2) Absatz 1 Nr. 2 gilt nicht, wenn Jugendliche von einer personensorgeberechtigten Person begleitet werden.

(3) In der Öffentlichkeit dürfen alkoholische Getränke nicht in Automaten angeboten werden.

Alkohol – eine gefährliche Droge

Alkopops – eine süße Versuchung

Sie sind süß, farbig und frech gestaltet, um gezielt ein jugendliches Publikum anzusprechen. Alkopops sind Limonaden oder andere Süßgetränke, die mit Alkohol vermischt sind. Der Alkoholgehalt beträgt durchschnittlich fünf bis sechs Volumenprozent und enthält damit pro Flasche mehr Hochprozentiges als zwei Schnapsgläser.
Zucker und Aromastoffe überdecken den bitteren Geschmack des Alkohols. So werden Jugendliche, denen Wein oder Bier nicht schmeckt, zum Trinken verführt. Junge Menschen, deren körperliche Entwicklung noch nicht abgeschlossen ist, reagieren jedoch sehr empfindlich auf Alkohol. Das Risiko körperlicher Schäden ist entsprechend größer als bei Erwachsenen.
Laut einer Studie der Bundeszentrale für gesundheitliche Aufklärung von 2010 trinken

- 12,9 % der männlichen und 9,1 % der weiblichen 16- bis 17-Jährigen,
- 4,7 % der männlichen und 2,5 % der weiblichen 12 - bis 15-Jährigen

mindestens einmal pro Monat Alkopops. Das beliebteste alkoholische Getränk ist laut Studie derzeit Bier, gefolgt von Biermischgetränken.
Am 2. August 2004 wurde eine spezielle Verbrauchssteuer auf Alkopops eingeführt. Damit will die Bundesregierung die Mixgetränke für junge Käufer weniger attraktiv machen. Gleichzeitig wurde das Jugendschutzgesetz geändert: Wer Alkopops ohne deutlichen Hinweis auf die Altersgrenze von 18 Jahren anbietet, muss eine Geldbuße zahlen.

Alkopops sind für Jugendliche unter 18 Jahren gesetzlich verboten.

Gesetz zum Schutz Jugendlicher

Das Jugendschutzgesetz regelt in Deutschland die Abgabe von Alkohol an Kinder und Jugendliche. Kinder sind Personen, die noch nicht 14 Jahre alt sind, Jugendliche sind Personen, die 14, aber noch nicht 18 Jahre alt sind.

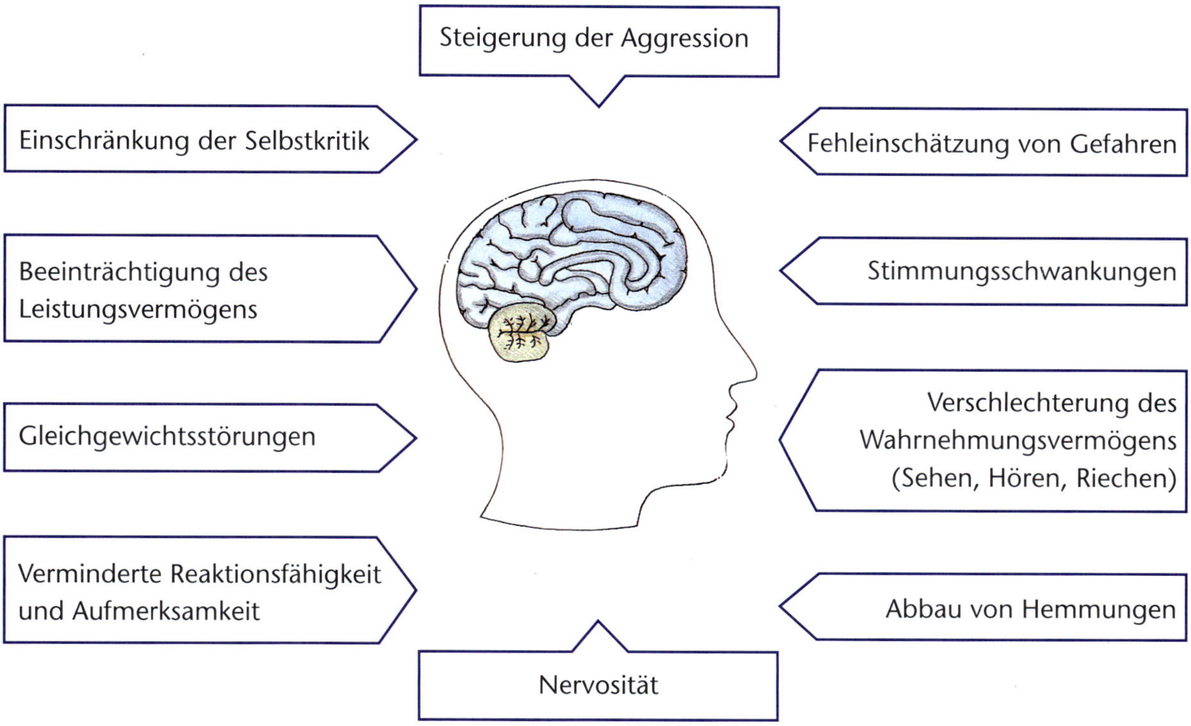

Wirkung des Alkohols auf das Gehirn

Sofort nach dem ersten Schluck gelangt der Alkohol in den Blutkreislauf über Mund, Magen und Dünndarm. Das Gehirn reagiert dabei am empfindlichsten.

Für das Gehirn ist Alkohol ein Betäubungsmittel.

Gefahren von Alkoholkonsum

Alkoholmissbrauch kann bei Jugendlichen zu körperlichen, sozialen und seelischen Schäden führen. Alkohol ist ein Rauschmittel, für den Körper ist er giftig. Der Missbrauch führt zu körperlichen Schäden wie Gefäßschädigungen und Organschäden in Leber und Gehirn. In der Schwangerschaft geht das Gift auf den Embryo über und kann zu Hörschäden, Herzfehlern und Fehlbildungen führen. Bereits kleine Mengen Alkohol wirken sich auf Größenwachstum und Intelligenz des Kindes negativ aus. Das Trinken größerer Mengen, das so genannte Rauschtrinken, birgt die Gefahr einer Alkoholvergiftung und beschleunigt die Entwicklung einer Alkoholabhängigkeit.

Regelmäßiger Alkoholgenuss führt zur Sucht.

1 Erkläre, warum besonders Jugendliche Alkopops konsumieren.

2 Beziehe Stellung zum Jugendschutzgesetz.

3 Erkläre das Verbot von Alkohol im Straßenverkehr.

4 Findet in der Gruppe Gründe für Alkoholmissbrauch bei Jugendlichen.

M 5 Gestaltet ein Plakat „Alkoholkonsum – Gründe, Wirkung, Gefahren“.

M

Interview für eine Schülerzeitung

Reporter: Hallo Rosina. Die Leser unserer Schülerzeitung interessiert, warum Menschen rauchen.

Rosina: Alle meine Freunde rauchen, und es schmeckt mir einfach.

Reporter: Wie viel rauchst du am Tag?

Rosina: Nicht viel. Höchstens eine halbe Schachtel. Wenn ich abends weggehe, wird es mehr.

Reporter: Bist du süchtig?

Rosina: Nein, ich könnte jederzeit aufhören.

Reporter: Kennst du die Gefahren des Rauchens?

Rosina: Ja schon. Aber das wird doch alles von den Medien übertrieben dargestellt. Ich fühl mich jedenfalls kerngesund.

Reporter: Roland, rauchst du auch?

Roland: Ich rauche nicht, weil es mir nicht schmeckt.

Reporter: Rauchen deine Freunde?

Roland: Einige ja, aber die müssen selbst wissen, was sie tun. Hauptsache meine Freundin ist Nichtraucherin. Den Geruch von kaltem Rauch könnte ich an ihr nicht ertragen.

Reporter: Siehst du Vorteile des Nichtrauchens?

Roland: Ja klar, ich halte beim Sport länger durch als die anderen.

Effekte von Nikotinkonsum

- Erhöhte Konzentrationsfähigkeit
- Zunahme der Stresstoleranz
- Abnahme der Aggressivität
- Verringerung des Hungergefühls
- Muskelentspannung

Dem Nichtraucher gehört die Zukunft

Was das Rauchen betrifft, liegen deutsche Jugendliche in Europa an der Spitze. Das ist eines der Ergebnisse einer internationalen Studie der Weltgesundheitsorganisation (WHO). Insgesamt jedoch zeichnet sich ein positiver Trend zum Nichtrauchen ab. Die Zahlen der Raucher gingen in den letzten zwei Jahrzehnten langsam und kontinuierlich zurück.

Nichtrauchen liegt im Trend.

Gründe für das Rauchen

Gründe für den Einstieg sind bei Jugendlichen neben vorübergehenden Probierphasen meist Unsicherheit, mangelndes Selbstwertgefühl, Stresssituationen und Frustrationen, die sich zumindest nach außen hin mit einer Zigarette „cool" abwehren lassen. Ebenso spielen das Rauchverhalten im Freundeskreis und bei Mädchen die Unterdrückung des Hungergefühls (um schlank zu bleiben) eine große Rolle. Auch das Vorbild- und Rauchverhalten der Eltern hat insbesondere auf die Einstellung von Kindern und Jugendlichen noch einen sehr großen Einfluss.

Gewöhnung und Suchtentstehung

Der Körper gewöhnt sich sehr rasch an die vom Nikotin ausgelösten Effekte. Nach und nach muss die Dosis gesteigert werden, um die positive Wirkung des Nikotins erneut zu erzielen. Wird die Menge unterschritten, empfindet der Raucher Entzugserscheinungen wie Nervosität, Gereiztheit, Aggressivität, Depressionen, Schlafstörungen usw.

Inhaltsstoffe des Zigarettenrauchs

Nikotin ist der Hauptwirkstoff des Zigarettenrauchs. Es ist eines der stärksten Gifte. Bei Kleinkindern wirkt bereits das in einer verschluckten Zigarette enthaltene Nikotin tödlich.

Nikotin macht abhängig. Es belastet den Körper: Beschleunigt den Herzschlag, verengt die Blutgefäße, usw.

Teer (Kondensat) ist ein zähflüssiges braunes Kohlenwasserstoffgemisch, das als Rückstand bei Verbrennungsprozessen entsteht.

Teer enthält krebserregende Kohlenwasserstoffe. Es verklebt die Härchen in den Atemwegen und in der Lunge.

Kohlenmonoxid (CO) ist ein sehr giftiges Gas, das beim Verbrennen von Tabak entsteht. Es kann durch keinen Filter zurückgehalten werden.

Im Körper verhindert das Kohlenmonoxid, dass genug Sauerstoff zu den Organen transportiert wird.

Der Rauch einer Zigarette enthält vielfältige, oft giftige Stoffe

Raucher sterben früher.

Rauchen fügt Ihnen und den Menschen in Ihrer Umgebung erheblichen Schaden zu.

Rauchen kann tödlich sein.

Auf Zigarettenschachteln stehen Hinweise

Gesundheitliche Folgeschäden des Rauchens

Rauchen verursacht oder beschleunigt folgende Krankheiten:

- Herzinfarkt
- Schlaganfall
- Raucherbein (Durchblutungsstörungen)
- Chronische Atemwegserkrankungen
- Asthma und Entzündungen der Atemwege
- Erhöhung des Risikos für Demenz (Alzheimer Krankheit)
- Sehschadenrisiko ist dreimal höher
- Osteoporose (Knochenschwund)
- Magen- und Darmgeschwüre
- Störung des Immunsystems

In Deutschland sterben täglich zwischen 300 und 400 Frauen und Männer an den Folgen des Tabakkonsums. (Bundeszentrale für gesundheitliche Aufklärung, „Ja, ich werde rauchfrei“, Bestellnummer 31350000, Seite 5)

Nichtraucher sind gesünder und leben länger.

1 Diskutiere anhand des Interviews Gründe für Rauchen und Nichtrauchen.

2 Nimm Stellung zur Aussage „Dem Nichtraucher gehört die Zukunft".

3 Erkläre den Teufelskreis der „Zigarettensucht".

4 Befrage einen Arzt nach gesundheitlichen Folgen des Rauchens und berichte.

5 Recherchiere den Begriff „Passivrauchen" im Internet. Suche auch Informationen zu den Folgen des Passivrauchens.

Eine erfolgreiche Suche im Internet ist komplizierter als man denkt

Die besten Internetquellen zu finden ist nicht einfach und bedarf einiger Übung

M Recherchieren im Internet

Das Internet bietet zu fast jedem Thema eine Fülle von Informationen. Umso schwieriger ist es, richtige, interessante und zuverlässige Informationen zu finden.

Das Suchen mit einer Suchmaschine

Mit einer Suchmaschine kannst du nach einem eingegebenen Suchbegriff suchen. Es gibt Suchmaschinen für bestimmte Themenbereiche, z. B. Kochrezepte, oder allgemeine Suchmaschinen, die das ganze world wide web absuchen, z. B. Google.

- Gib deinen Suchbegriff möglichst genau und richtig geschrieben ein.
- Drücke auf die Enter-Taste oder mit der Maus auf das Feld „Suchen".
- Als Antwort werden alle Internetadressen aufgelistet, auf denen der Suchbegriff gefunden wurde.

> Die Reihenfolge, in der die Treffer erscheinen, sagt nichts über deren Qualität aus.

Tipps für eine effiziente Suche

Eine Suche kann durch bestimmte Wörter und Zeichen eingeschränkt werden. Allerdings benutzen die verschiedenen Suchmaschinen diese Zeichen zum Teil unterschiedlich. Du findest auf den Webseiten der Suchmaschinen bei den Unterpunkten „Hilfe bei der Suche" bzw. „Erweiterte Suche" Hilfe. Hier einige allgemein gültige Beispiele:

- Ein Minuszeichen (-) vor einem Wort (ohne Leerzeichen) schließt Seiten, in denen dieses Wort vorkommt, aus der Suche aus.
- Ein Pluszeichen (+) vor dem Suchwort (ohne Leerzeichen) macht dieses Suchwort zum Haupt-Suchwort, das mit genau dieser Schreibweise gesucht wird.
- Wenn du nach der genauen Überschrift oder Wortfolge suchst, muss diese in Anführungszeichen eingegeben werden, z. B. „Psychische Ursachen für Magersucht". Dann werden Einträge mit genau diesem Titel gesucht.
- Du kannst auch mit Platzhaltern (*) arbeiten. Wenn du z.B. „Mager*" eingibst, erscheinen sämtliche Einträge, die mit „Mager …" beginnen, z. B. Magersucht, Magermilch etc.
- Wenn zu wenige oder keine Adressen angezeigt werden, ist dein Suchbegriff vielleicht zu speziell. Versuche es mit Überbegriffen, z. B. „Essstörungen" statt „Magersucht".

Arbeite mit Synonymen, z. B. „Anorexia Nervosa" statt „Magersucht".

- Wenn du zu viele Treffer erzielst, ist deine Suchanfrage vielleicht zu allgemein formuliert. Formuliere genauer, was du suchst, z. B. statt „Essstörungen" „Ursachen von Magersucht".

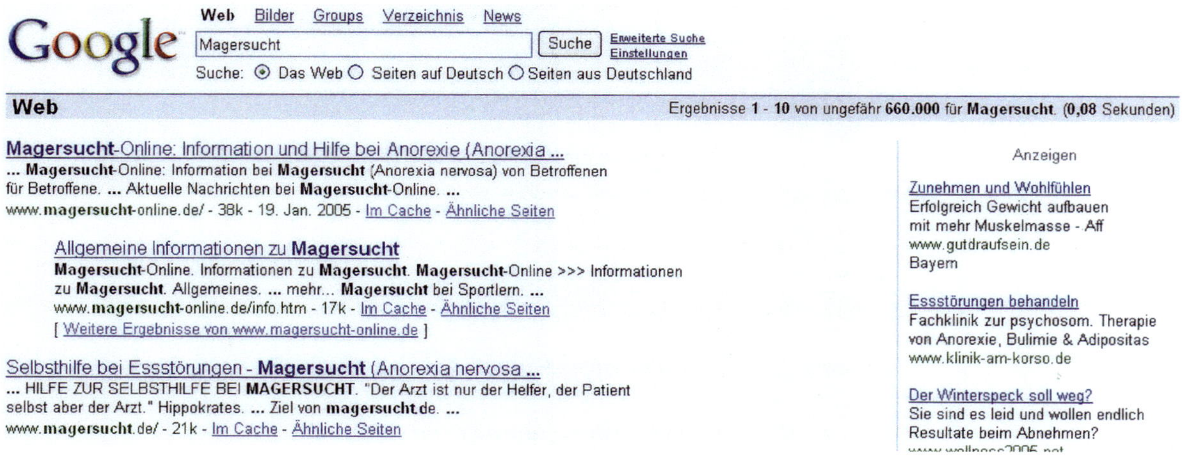

Google ist die zurzeit am meisten benutzte Suchmaschine

Welche Seiten eignen sich als Quelle?

Du kennst das bestimmt: Deine Suche war erfolgreich und du hast mehrere tausend Einträge zu deinem Suchwort gefunden. Jetzt musst du auswählen, welche Seiten du lesen willst.

Da jeder Mensch seine Meinung zu einem Thema im Internet veröffentlichen kann, ist nicht jede Seite inhaltlich richtig, vollständig oder aktuell.

Diese Kriterien helfen dir bei der Auswahl der Internetseiten:

- *Wer ist der Autor der Seite?* Ist es eine Privatperson, die ihre persönliche Meinung ins Netz stellt, ist es ein Fachmann oder eine öffentliche Einrichtung? Gibt es eine Adresse für Rückfragen?
- *Ist die Seite aktuell?* Bei den meisten offiziellen Seiten von Firmen und öffentlichen Einrichtungen oder bei Aufsätzen, für die eine Person lange geforscht hat, ist ein Erstellungsdatum vorhanden.
- Will der Autor mich überzeugen oder betrachtet er das Thema von allen Seiten möglichst neutral?
- Wird deutlich, welche Textstellen der Autor aus einer anderen Quelle übernommen hat (Zitate in Anführungszeichen) und welche er selbst geschrieben hat?
- Nennt der Verfasser verschiedene Quellen (Bücher, Untersuchungen, andere Internetseiten), von denen er die Informationen bezieht?

Grundsätzlich müssen immer mehrere Internetseiten zu einem Thema miteinander verglichen werden.

Nur so kannst du einigermaßen sicher sein, dass der Inhalt allgemein gültig ist.

1 Suche eine Internetseite, die du anhand der nebenstehenden Kriterien als eine ungeeignete Quelle für das Thema „Ursachen von Magersucht" einstufst. Stelle sie der Klasse vor und begründe deine Wahl.

2 Sucht in Partnerarbeit in zwei Suchmaschinen zum Thema „Ursachen von Magersucht". Sucht mit
- Überbegriffen,
- Synonymen,
- Platzhaltern,
- Anführungszeichen,
- genau formuliertem Thema,
- nicht vollständigem Suchtext,
- falsch geschriebenem Suchtext,
- veränderter Groß- und Kleinschreibung.

Welche Suche ist am erfolgreichsten?

M Projektskizze – Arbeiten in Teams

Ein Fest organisieren und gestalten

Gemeinsame Vorüberlegungen

Welchen Anlass gibt es zum Feiern?
Welches Motto hat unser Fest?
Wen wollen wir einladen?
Wie viel Zeit steht zur Verfügung?
Wie viel Geld können wir ausgeben?
Wo können wir das Fest feiern?
Wann soll es stattfinden?

↓

Planung in Teams

Unterhaltung/Programm
- Begrüßung
- Spiele
- Musik
- Darbietungen
- Verabschiedung

Dekoration
- Raumdekoration
- Anordnung der Tische
- Tischschmuck
- Einladungen
- …

Bewirtung
- Rezeptauswahl
- Auswahl von Gerichten
- Lebensmittelbedarf
- …

↓

Gemeinsame Beurteilung der Vorschläge und Entscheidung

↓

Weitere Planung in Teams

Zeitplan
- Liste der Arbeiten
- Arbeitszeiten abschätzen
- Festlegen, wann die
- Arbeiten ausgeführt werden
- …

Arbeitsplan
- Aufteilung der Arbeiten
- auf die Schülerinnen und
- Schüler der Klasse

Finanzplan
- Einkaufsliste
- Abschätzen der Kosten

↓

Durchführung des Festes in Teamarbeit

↓

Gemeinsamer Rückblick

- War der Zeit- und Arbeitsplan durchführbar?
- Hat das eingeplante Geld gereicht?
- Was war besonders gut an unserem Fest?
- Was können wir bei unserem nächsten Fest verbessern?

4 Textilien, Mode, Trends

Fashion-Model am Stand von Freesoul auf der Messe Bread & Butter in Berlin, 2010

Mode ist überall

Aufgaben der Kleidung

Sich zu kleiden ist ein Grundbedürfnis des Menschen. Kleidung erfüllt unterschiedliche Funktionen:

Schutz des Körpers

- vor Verletzungen bei der Arbeit, in der Freizeit, beim Sport,
- gegen Umwelteinflüsse wie Kälte, Regen, Wind.

Schmücken des Körpers

- durch modische Kleidung, passende Accessoires und Schmuck.

Zugehörigkeit zu bestimmten Gruppen

- Uniformen kennzeichnen bestimmte Berufsgruppen, z. B. Armee, Post, Feuerwehr.
- Kleidung gibt Auskunft über soziale und wirtschaftliche Verhältnisse.
- Ungewöhnliche Bekleidung soll die Zugehörigkeit zu bestimmten Jugendgruppen signalisieren (Punk, Hip-Hop, …)

Sich in Kleidung wohl fühlen ist eine wichtige Voraussetzung für unsere *Gesundheit*. Kleidung darf die Haut nicht reizen, sie muss Bewegungsfreiheit und Sicherheit geben und für Klimaausgleich sorgen.
Kleidung ist auch ein Teil unseres *Selbstbewusstseins*, denn sie steht in Wechselwirkung mit unserem Körpergefühl. Sie ist ein Signal an die soziale Umwelt dessen, der sie trägt.

Kleidung als Zeichensprache

Viele Menschen, ob jung oder alt, ob weiblich oder männlich, haben das Verlangen ihren Kleidungsstil öfter zu wechseln. Durch die Kleidung möchte man auf der einen Seite Individualität zeigen, sich von anderen unterscheiden und abgrenzen. Auf der anderen Seite äußert sich durch die Kleidung die Zugehörigkeit zu einer bestimmten Gruppe.
Der Punk mit bunten Haaren und mit zerrissener Kleidung widerspricht durch sein Äußeres bewusst bürgerlichen Vorstellungen und demonstriert damit sichtbar die Zugehörigkeit zu einer Gruppe und ihren Überzeugungen.
Die Gestaltung des Körpers durch Kleidung bietet dem Menschen also die Möglichkeit, seine Weltanschauung und seine Stellung in der Welt sichtbar zu machen.

Sich anpassen – sich unterscheiden
Die beiden Grundfunktionen, die den Wandel der Mode bewirken, sind Anpassung und Unterscheidung. Die unterschiedlichsten gesellschaftlichen und persönlichen Verhältnisse können zum Auslöser einer neuen Modeströmung werden. Aber immer muss das Verhalten eines Individuums von der Gruppe anerkannt und übernommen werden, damit es Mode wird!

Mode – was ist das?

Das Wort „Mode" kommt aus dem Lateinischen (*modus*) und bedeutet „Regel, Art und Weise, Maß". Heute versteht man unter Mode zweierlei:

- Das Wort Mode kennzeichnet als umfassender Begriff aktuelle Lebensarten und Ausdrucksformen, die nicht ausschließlich auf einen einzigen Bereich wie die Kleidung zu beziehen sind. Es wird von Mode gesprochen bei der Wohnungseinrichtung, bei Sport, Autos, und es gibt auch Modewörter.
- Im engeren Sinne bedeutet Mode zeitgemäße Bekleidung. Man spricht von Modehäusern, Modezeitschriften und Modeschöpfern.

Mode ist Ausdruck des Zeitgeschehens und wandelt sich. Kleidung ist nicht gleich Mode.

Durch die Mode wird der persönliche Stil eines Menschen hervorgehoben und seine Stellung in der Gesellschaft gezeigt. Kleidung ist der Mode unterworfen, und damit auch ihrem Wechsel.

Mode – Spiegel der Gesellschaft

Die Materialien Samt und Seide waren bis ins 18. Jahrhundert ein Privileg des Adels und der Reichen. Kleiderordnungen sorgten dafür, dass sich Menschen entsprechend ihrer Herkunft und sozialen Stellung kleideten. Heute können sich die Menschen in den westlichen Industriestaaten so kleiden, wie es ihnen gefällt. Soziale Unterschiede sind jedoch nach wie vor feststellbar.
Auch die Kleiderordnung zu bestimmten Anlässen hat sich gelockert. Allerdings sollte man sich zu einem Vorstellungsgespräch nach wie vor korrekt kleiden.
Mode ist zudem ein entscheidender Wirtschaftsfaktor. Regelmäßig berichten die Medien über aktuelle Ereignisse in der Modebranche. Modemacher und Models stehen im Licht der Öffentlichkeit, sie präsentieren die aktuellen Trends.

1 Betrachte die Zeichnung oben. Verwandle die Bildfolge in einen Comic: ergänze Denk- und Sprechblasen, finde eine Überschrift.

M 2 Schuluniform – ja oder nein? Führt eine Pro-und-Kontra-Diskussion durch. Trefft eine gemeinsame Entscheidung. Präsentiert euer Ergebnis und diskutiert es im Schülerrat.

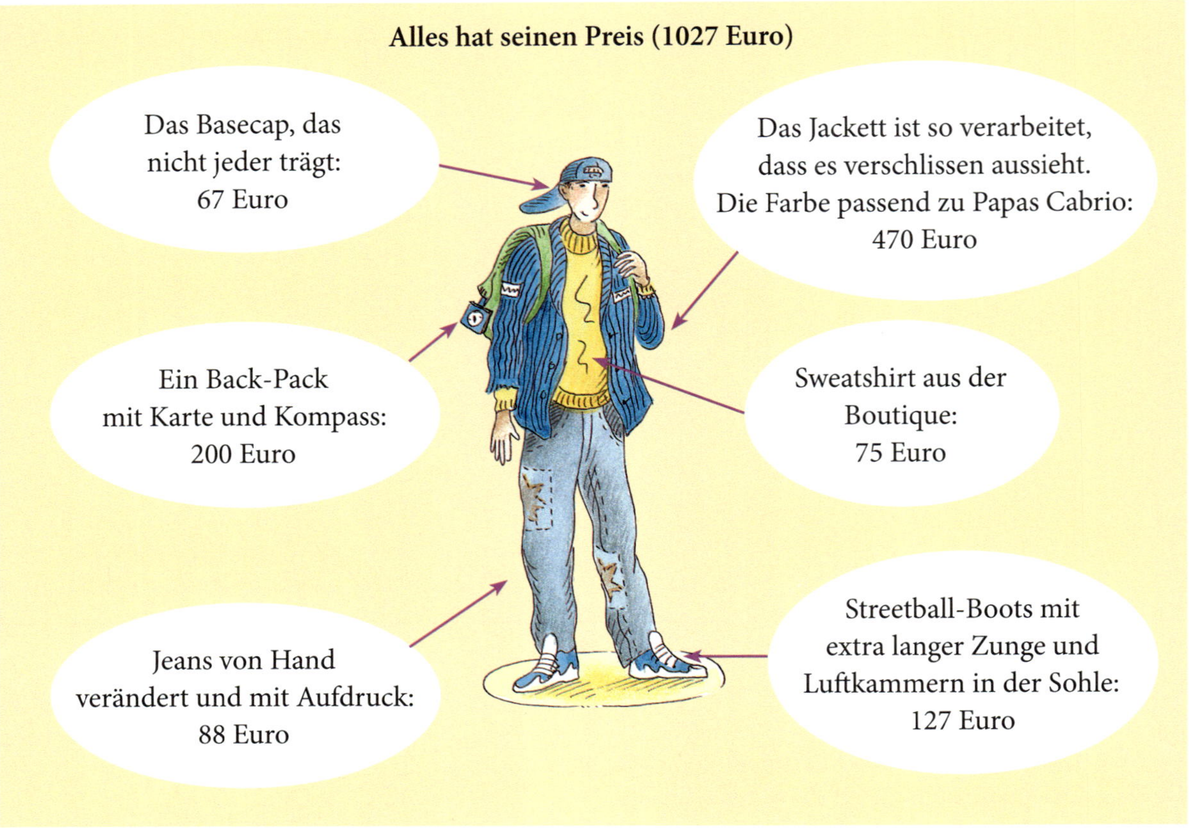

Hauptsache die richtige Marke!

Kleidung und Verbraucherverhalten

Zwar wird, was man anzieht, ganz wesentlich durch die jeweilige Lebenssituation bestimmt (Geschlecht, Alter, Erziehung, Schulbildung, Beruf, Einkommen und gesellschaftliche Stellung), unser Kaufverhalten wird aber auch durch Werbung beeinflusst. Kinder und Jugendliche sind für schillernde Werbung besonders empfänglich und deshalb als Zielgruppe besonders interessant. Untersuchungen über das Kaufverhalten von Jugendlichen bescheinigen dieser Gruppe zudem ein ausgeprägtes Markenbewusstsein.
Kleidung ist ein Grundbedürfnis, doch Markenkleidung ist Luxus. Dennoch sind viele Verbraucher davon überzeugt, dass nur Markensachen cool und von guter Qualität sind.
Wer kennt ihn nicht, diesen Ausspruch: „Ich hab' nichts anzuziehen." Der Kleiderschrank ist voll, aber alles ist irgendwie out. Kein Wunder, zeigt uns die Werbung doch täglich, was in Mode ist. Gerade junge Menschen wollen ihr Modebewusstsein zum Ausdruck bringen und stehen unter Gruppenzwang.
Markennamen aus der Zeit der Jugend bleiben meist bis ins Erwachsenenalter in Erinnerung. Jugendliche sind deshalb heute ein wichtiger Wirtschaftsfaktor und werden als attraktive Zielgruppe besonders stark umworben. Dabei gewinnt der Kampf der Produzenten um ihre Gunst an Aggressivität. Oftmals können die Jugendlichen mit diesem Einfluss nur schlecht umgehen.
Die Folge ist ein Übermaß an Wünschen, die sie sich erfüllen wollen. Dies ist einer der Gründe, warum die Verschuldung junger Menschen stark zunimmt. Finanzierungen werden angeboten, auch Versandhäuser locken mit Ratenzahlungen. Das Geld zur Rückzahlung ist jedoch nicht immer vorhanden, der Schuldenberg ist vorprogrammiert.

Henrike
ist 16 Jahre alt und geht in die 10. Klasse. Sie beginnt ihre Ausbildung zur Bankkauffrau im Herbst 2008. Sie weiß, dass es in dieser Branche eine Kleiderordnung gibt, und macht sich Gedanken.

- Kann ich meine vorhandenen Kleidungsstücke noch tragen?
- Was muss ich neu kaufen? Was kann ich mit vorhandenen Kleidungsstücken kombinieren?
- Ich möchte modisch und jugendlich chic angezogen sein.
- Welche Gebrauchseigenschaften (Tragekomfort, Haltbarkeit, …) sollen die neuen Kleidungsstücke besitzen?
- Die Kleidung sollte gut kombinierbar sein, dann benötige ich nicht so viele Kleidungsstücke.
- Wo kaufe ich gut und günstig ein?
- Wie viel Geld steht mir zur Verfügung?
- Kann ich die Kleidung im Beruf und in der Freizeit tragen?

Schulden werden am häufigsten gemacht für:

- Auto, Mofa, Roller
- Möbel, Einrichtungsgegenstände
- Handy, Telefonrechnungen
- Kleidung, Schuhe
- Reisen, Urlaub, Freizeit

Vor jedem Einkauf sollten der Zweck und die Dringlichkeit des Kaufs überlegt werden.

Je mehr Kleidung wir kaufen, desto mehr muss produziert werden, was wiederum die Umwelt belastet. Auch aus diesem Grund sollten wir versuchen, mit weniger Kleidungsstücken auszukommen.

1 Stelle für Henrike 20 Kleidungsstücke zusammen, die sie im Beruf und im Alltag tragen kann. Du kannst dich in Modegeschäften oder auch in Katalogen informieren. Begründe deine Auswahl.

(M) **2** Befrage zwei Personen deiner Wahl zu ihrem Bekleidungs- und Kaufverhalten. Erarbeite zuvor einen Fragenkatalog. Erkundige dich außerdem, warum sie sich so und nicht anders verhalten. Stelle die Unterschiede zwischen beiden Befragten heraus.

3 Nimm Stellung zu folgenden Aussagen:
- Kaufe jetzt, zahle später.
- Born to shop.
- „Ich will alles, und ich will es jetzt.“

4 Überlege, was du in den letzten vier Wochen gekauft hast. Was war nötig? Vergleiche die Preise mit der Übersicht „Alles hat seinen Preis“ auf Seite 120.

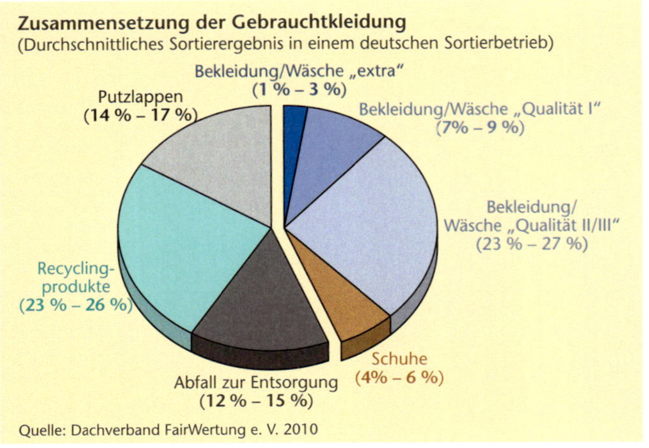

Was mit den Altkleidern nach der Sammlung passiert

Wo alte Kleider landen

Kleidung ist heute erschwinglich geworden. Jeder Deutsche erwirbt ca. 15 kg im Jahr. Die durchschnittliche Nutzungsdauer von Bekleidung liegt bei 3,5 Jahren. Die Hälfte wandert nach dem Tragen in die Altkleidersammlung, der Rest in den Müll und damit entweder auf Deponien oder in Müllverbrennungsanlagen. Manche Textilien verrotten nur langsam oder gar nicht. Bei der Herstellung verwendete Farbstoffe und Chemikalien belasten zusätzlich die Umwelt. Dies muss auch bei Wieder- und Weiterverwertung berücksichtigt werden.

Altkleidersammlungen

Diese Art der Entsorgung ist schnell und bequem. Die leeren Säcke liegen im Briefkasten und werden gefüllt einige Tage später wieder abgeholt. In vielen Orten stehen auch Container an markanten Punkten zur Abgabe bereit. Wir denken, dass wir damit Notleidenden und Katastrophenopfern helfen.
Weit gefehlt! Für gebrauchte Textilien hat sich ein weltweiter Handel entwickelt. Der größte Teil der Altkleider wird von den karitativen Einrichtungen selbst an Sortierbetriebe verkauft.
Diese verkaufen die Ware weiter an verschiedene Abnehmer. So gehen z. B. 50 % in Secondhand-Läden und den Export, 40 % zur Weiterverwertung und 10 % sind Abfall. Der Erlös wird von den Organisationen z. B. für den Kauf und Transport von Medikamenten in Krisengebiete verwendet. Ein ganz geringer Anteil der Altkleider wird direkt an Bedürftige weitergegeben.
Vielen ist nicht klar, was mit ihren Altkleidern in Wirklichkeit passiert. Deshalb haben sich z. B. kirchliche Gruppen zu dem Dachverband FairWertung e.V. zusammengeschlossen, um für Verantwortlichkeit auf dem Altkleidermarkt zu sorgen und den Warenfluss offen zu legen.

Weiterverwendung in fernen Ländern

Hauptabnehmer für die gebrauchte Kleidung sind vor allem Dritte-Welt-Länder wie Tunesien, Ghana, Kamerun, Indien, Mexiko, aber auch Länder im Osten wie Polen, Russland oder Tschechien.
In Afrika brach durch die Altkleiderimporte an vielen Orten die einheimische Textilherstellung zusammen. Es entstanden aber auch ganz neue Berufssparten und Betriebe. Eine Bewertung, ob dadurch Arbeitsplätze geschaffen werden oder verloren gehen, ist nicht ganz einfach. Ein negativer Aspekt ist jedoch der Verlust der einheimischen Bekleidungskultur, wie z. B. traditionelle Bekleidungsmuster und -formen.

Recyceln und Downcyceln

Viele Textilhersteller machen sich bereits bei der Herstellung ihrer Produkte Gedanken, wie diese später ökologisch entsorgt und wieder- bzw.

RECYCLING-NETWORK

ECOLOG garantiert die Rückführung dieses Produktes in den Recyclingkreislauf.

Wenn Sie Ihr ECOLOG-Produkt nach vielen Jahren ausrangieren, nimmt es Ihr ECOLOG-Händler zum Recyceln zurück.

So bereiten Sie Ihr ECOLOG-Produkt auf die Wiederverwertung vor:

- Säubern Sie das ECOLOG-Produkt vor der Rückgabe.
- Entfernen Sie nachträglich angebrachte Fremdteile (z. B. Aufnäher).

ECOLOG GmbH 88069 Tettnang

weiterverwertet werden können. Dazu sind zwei Verfahren entwickelt worden.

Recycling – Wiederverwertung

Dieses Verfahren kann nur bei sortenreinen Rohstoffen angewendet werden. Bekleidung besteht jedoch in der Regel aus einem Materialmix: Oberstoff aus Mischgewebe inklusive Ausrüstung, Futter aus Polyester, Reißverschluss, Knöpfe. Eine sortenreine Trennung ist so gut wie ausgeschlossen. Aus diesem Grund haben sich 1994 Unternehmen zusammengeschlossen, um gemeinsam sortenreine Produkte aus Polyester zu entwickeln, die in einen Kreislauf eingebunden wiederverwertet werden können. Unter dem Begriff ECOLOG werden diese Textilien hergestellt und gekennzeichnet. Wenn sie ausgedient haben, werden sie von der ECOLOG Recycling GmbH zurückgenommen.
Nicht nur Textilien werden recyclet. In den USA, Italien und Frankreich schmelzen seit Jahren Firmen PET-Einwegflaschen ein und stellen daraus hochwertige Faserstoffe für technische Textilien, Teppiche und Oberbekleidung her.

Downcycling – Weiterverwertung

Ein T-Shirt kann z. B. zu einem Putzlappen oder zu Dämmmaterial oder zu Polsterstoffen weiterverarbeitet werden. Das geläufigste Verfahren ist das Zerreißen der Textilien. Je nach Ausgangsqualität werden verspinnbare Fasern oder auch Vliese gewonnen. Daraus können auch Isoliermatten, Polster- oder Stopfmaterial hergestellt werden. So stecken z. B. in einem Auto 24 kg textiles Material, wovon ein Großteil aus Altkleidern besteht.

Recyceln bedeutet, sortenreine Textilien in einem Kreislauf wiederzuverwerten.
Downcyceln bedeutet die Weiterverwertung von Textilien.

1. Erkundige dich bei Organisationen, die Altkleidersammlungen veranstalten, was mit den Textilien passiert.
2. Fair-Wertung. Erkunde, was hinter dieser Organisation steckt.
3. Überlege, was du persönlich dazu beitragen kannst, um den Altkleiderberg so niedrig wie möglich zu halten.
4. „Aus Alt mach Neu" – eine Tasche aus Jeans, eine Jacke neu aufgearbeitet. Suche weitere attraktive Beispiele.
5. Suche im Handel nach ECOLOG-Textilien.
6. Erkläre den ECOLOG-Kreislauf an einem Beispiel.

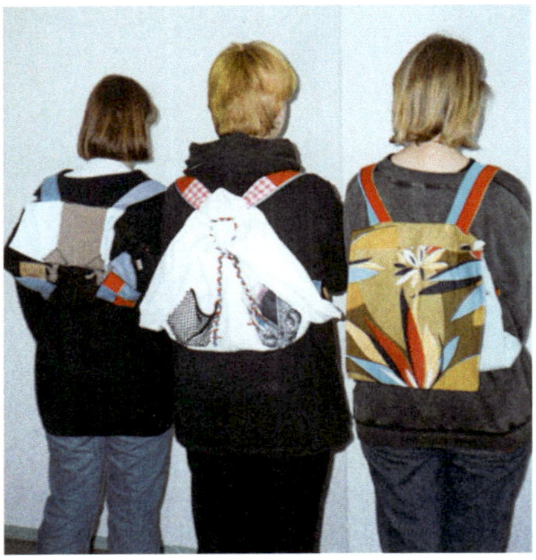

Schülerinnen mit eigenen Werken, die sie aus alten Jeans genäht haben

Ⓜ Projekt: Aus Alt mach Neu

Kreative Ideen zum Aufpeppen ausgedienter Jeans

Unsere Jeans sind noch lange nicht aufgetragen, wenn wir eine neue kaufen. Aber nicht jedes teure Stück muss in die Kleidersammlung oder in den Müll. Wie sich Kleidung durch geschickte Veränderung der Mode anpassen lässt, hängt ganz vom jeweiligen Trend ab. Modezeitschriften geben hier oft praktische Tipps. Mit Köpfchen und Pfiff kann man eigene Ideen verwirklichen. Das feste strapazierfähige Material eignet sich sehr gut zur Umgestaltung zu Rucksäcken oder Taschen. Dabei können außerdem verschiedene Gestaltungstechniken, wie Applikation oder Patchwork, eingesetzt werden.

Vorgehen

1. Ideen sammeln: Was kann aus alten Jeans oder Resten indidviduell gestaltet werden?
2. Informationen einholen über Kosten, Materialien, Arbeitszeit, Techniken, Gestaltungsmöglichkeiten.
3. Entscheiden: Was soll genäht werden? Was kann ich alleine, wozu benötige ich Unterstützung?
4. Planen, Papiermodelle herstellen, Arbeitspläne aufstellen, Arbeitsmaterialien und Geräte bereitstellen.
5. Gegenstände nach Plan fertigen, Teilschritte überprüfen.
6. Beurteilen, Funktionsfähigkeit überprüfen.
7. Präsentieren: Ausstellung, Modenschau.

1 Erstelle selbst eine Mindmap zum Thema Jeans.

2 Erarbeite die einzelnen Hauptgedanken des Projekts und präsentiere sie ansprechend.

3 Recherchiere im Internet oder/und in Zeitschriften zum Thema Jeans.

4 Gestalte einen Gebrauchsgegenstand oder ein Kleidungsstück aus alten Jeans und präsentiere diese in einer Ausstellung zum Schulfest oder zum Tag der offenen Tür.

Ein Textilreiniger bei der Arbeit: Kontrolle der Wasch- und Reinigungsmitteldosierung

Eine Textilreinigerin bei der Arbeit: Kontrolle der Wäscheteile auf Mängel nach der Wäscherei

Berufe in der Textilindustrie

Berufe in der Textil- und Bekleidungsindustrie sind sehr vielfältig. Sie gehören in der Regel zum Berufsfeld Produktion und Fertigung, einige auch zu den Dienstleistungen. Fast 80 Berufe in allen Stufen der textilen Kette können erlernt bzw. ausgeübt werden. Im textilen Bereich können Hauptschüler, Realschüler, aber auch Abiturienten einen geeigneten Beruf finden.

In Sachsen hat die Textilindustrie eine lange Tradition, z. B. sind Spitzen aus Plauen weltbekannt. In den letzten Jahrzehnten entwickelte sich die deutsche Textilindustrie weg von traditionellen Techniken und Materialien (die Produktion von Kleidung ist z. B. in Asien wesentlich kostengünstiger) hin zur Hochtechnologie. Gegenwärtig ist Deutschland Marktführer in der Herstellung technischer Textilien.

Textilreiniger/in – ein typischer Beruf im Dienstleistungsbereich

- Voraussetzung: Haupt- oder Realschulabschluss
- Ausbildung: dual nach Bundesausbildungsgesetz und Handwerksordnung
- Ausbildungsdauer: 3 Jahre
- Besondere Anforderungen: technisches Verständnis, handwerkliches Geschick, Sorgfalt, Genauigkeit, Konzentrationsvermögen, körperliche Belastbarkeit, auch Kontaktfähigkeit beim Umgang mit Kunden,
- Typische Tätigkeiten: waschen, reinigen, pflegen und veredeln von Textilien, Auswahl geeigneter Behandlungsverfahren, Sortieren von Textilien entsprechend der Kennzeichnung und der Art und Weise der Behandlung, Reinigungsmaschinen bedienen, warten und pflegen, Textilien nach der Behandlung durch Bügeln oder Dämpfen in Form bringen, Kundenbetreuung und Beratung über Angebote, Behandlungsmöglichkeiten und Kosten
- Einsatzbereiche: chemische Reinigungen, Reinigungsdienste, Betriebe mit eigenen Wäschereien wie Hotels und Krankenhäuser, Betriebe zur Veredlung von Textilien
- Arbeitsorte: Reinigungsräume, zum Teil auch in Annahmestellen, Verkaufs- und Büroräumen
- Beschäftigungsalternativen: Chemischreiniger/in, Bügler/in

P **1** Erkunde in BERUFEnet der Agentur für Arbeit, welche Ausbildungsmöglichkeiten es für dich im textilen Bereich gibt.

2 Erarbeite das Berufsbild des Änderungsschneiders bzw. der Änderungsschneiderin.

Quelle: Geo-Grafik

Stationen der Jeansproduktion. Die Karte zeigt einige der Länder, aus denen die verschiedenen Rohstoffe stammen.

Weltreise einer Jeans

Bevor wir eine Jeans kaufen, hat sie bereits einige tausend Kilometer zurückgelegt. Für eine Hose müssen zwei Kilogramm Rohbaumwolle angebaut werden.

> Die Jeans besteht aus Baumwolle.

Baumwolle wächst nur in warmem Klima auf feuchten Böden, z. B. in Kasachstan, China oder Indien. Nicht alles, was wir in Deutschland verbrauchen wollen, wächst hier: Südfrüchte, Kaffee, Reis, Baumwolle und viele andere landwirtschaftliche Produkte werden im Ausland eingekauft.

> Um die Verbraucherwünsche erfüllen zu können, benötigen wir den Austausch mit anderen Wirtschaftsräumen.

Importe und Exporte

Import bedeutet, dass wir Güter aus dem Ausland einkaufen. Die Menschen profitieren von der wirtschaftlichen Verflechtung, indem sie eine größere Auswahl haben oder weniger Geld bezahlen als bei heimischer Produktion.
Export bedeutet, dass wir Güter in das Ausland verkaufen. Die deutsche Wirtschaft produziert sehr viel mehr, als die eigene Bevölkerung verbrauchen kann. Daher ist sie auf Absatzmärkte im Ausland angewiesen. In Deutschland hängt jeder vierte Arbeitsplatz vom Export ab.

> Export bedeutet Ausfuhr einheimischer Güter ins Ausland. Import bedeutet Einfuhr ausländischer Güter ins Inland.

Globalisierung

Die Wirtschaften der Länder sind heute eng miteinander verflochten. Der technische Fortschritt ermöglicht eine internationale Arbeitsteilung.
Ein Nachrichtenmagazin hat den Produktionsweg einer elektrischen Zahnbürste nachgezeichnet. Wenn die fertige Zahnbürste schließlich verpackt ist, haben die Teile jedes einzelnen Geräts zusammen 27 880 km zurückgelegt und mehrere Erdteile durchquert: neun Länder in Asien, Europa und Amerika stehen auf der Reiseliste.

Globalisierung – ein Segen?	Globalisierung – ein Fluch?
• Das Wissen über die Welt wird immer größer. • Auch entlegene Orte der Welt sind mithilfe moderner Kommunikationsmittel erreichbar. • In ärmeren Ländern entstehen neue Arbeitsplätze. • Abbau von Vorurteilen, Ausdehnung internationaler Kontakte, Vertiefung internationaler Beziehungen • Neue Arbeitsplätze in der Kommunikations- und Informationsbranche • Verbesserung der weltweiten Versorgung mit Sachgütern und Dienstleistungen • Gemeinsamer Kampf gegen Armut und Naturkatastrophen möglich	• Die Konkurrenz auf dem Weltmarkt ist groß. • Die Schere zwischen Arm und Reich wird immer größer. • Unternehmen verlegen ihre Produktion ins Ausland, Menschen werden arbeitslos. • Niedriglohnländer, Niedrigsteuerländer machen Deutschland Konkurrenz. • Die Verbreitung von Seuchen und Krankheiten wird beschleunigt. • Die Umweltzerstörung nimmt zu. • Ohne entsprechende Kommunikationsmittel und Technik verliert man den Anschluss. • Das Warenangebot gleicht sich weltweit an.

Als Globalisierung bezeichnet man die weltweite Verflechtung der Wirtschaft

Baumwolle wird in riesigen Monokulturen angebaut, von Hand gepflückt und anschließend z. B. nach Italien verschickt. In Spinnereien wird aus der Baumwolle Garn gesponnen. In Syrien z. B. wird das Garn zu Jeansstoff verwebt.
Deutschland stellt die (blaue) Farbe zum Einfärben der Jeans her. Das Einfärben des Jeansstoffes geschieht u. a. in Tunesien.
Jeanskleidung wird heute veredelt. In Bulgarien wird das Material knitterarm und weich gemacht. Ihr endgültiges Aussehen erhält die Jeans in Ungarn: Dort werden die Kleidungsstücke mit Knöpfen und Nieten aus Italien zusammengenäht. In Frankreich werden die Jeans mit Bimssteinen in großen Waschtrommeln gewaschen. Die rauen Bimssteine reiben einen Teil der Farbe ab. Durch diese mechanische Beanspruchung erhalten die Jeans ein getragenes Aussehen. Ist der Auswascheffekt nicht intensiv genug, dann wird die Hose noch sandgestrahlt oder mit Chemikalien gebleicht. Es ist also ein erheblicher Aufwand an Wasser, Chemie und Abfall nötig, um das gebrauchte Aussehen zu erzeugen.
Wird in Deutschland dann das Firmenlabel in die Jeansbekleidung genäht, hat sie lange Transportwege (bis etwa 33 000 km) zurückgelegt. Die ökologischen Folgekosten, die durch Produktion und Transport entstehen, werden wir früher oder später teuer bezahlen müssen.
Ursprünglich wurden Jeans aus hellem Segeltuch gefertigt. Erst um 1880 wurden sie blau gefärbt. Der blaue Farbstoff wurde aus den Blättern der Indigopflanze gewonnen.

1 Was wird über Exporte und Importe der deutschen Wirtschaft aktuell in den Tageszeitungen berichtet? Recherchiere.

2 Suche nach Beispielen a) für Geschäftskontakte von Firmen deiner Region ins Ausland; b) für ausländische Betriebe in deiner Region.

M 3 Führt eine Pro-und-Kontra-Diskussion zu Chancen und Risiken der Globalisierung. Bezieht die Argumente oben mit ein.

Faser-Produktion	Textilerzeugung / Textilveredelung	Bekleidungs-herstellung	Bekleidungs-angebot
z. B. • Baumwollanbau in Ägypten • Schafzucht in Australien • Viskose aus Österreich	z. B. • Spinnerei • Weberei • Färberei • Druckerei	z. B. • Jeans in der Türkei • Herrenbekleidung auf der Schwäbischen Alb • T-Shirts in Südkorea	z. B. • Kaufhaus • Boutique • Versandhaus • Fachgeschäft

Belastung der Umwelt durch Abwasser, Abluft, Verbrauch an Boden, Abfall

Der Weg unserer Kleidung – die textile Kette

Die textile Kette – Auswirkungen auf die Umwelt

Der Lebenslauf eines Kleidungsstücks beginnt mit der Aussaat von Baumwolle auf den Feldern Arizonas, mit der Geburt eines Merinoschäfchens in Australien oder der Gewinnung von Erdöl aus der Nordsee. In vielen Verarbeitungsschritten werden aus diesen Materialien Garne und Stoffe hergestellt.
Verfolgen wir beispielsweise den Lebensweg eines einfachen T-Shirts: Die Baumwollfasern, die in den USA geerntet werden, kommen zum Spinnen, Weben und Veredeln nach Deutschland und werden anschließend zur Konfektionierung nach Tunesien transportiert. Die fertigen Kleidungsstücke werden zum Verkauf wieder nach Deutschland geflogen. Bis dieses T-Shirt letztendlich bei uns auf den Ladentisch kommt, hat es bereits rund 19 000 km zurückgelegt.
Die Herstellung eines Textils inklusive der aufwändigen Textilveredelung verbraucht nur rund die Hälfte der Energiemenge, die für den Transport mit dem Flugzeug benötigt wird. Hochmodische Kleidungsstücke werden mit dem Flugzeug transportiert, da sie sonst die aktuelle Modewelle verpassen würden. Mittlerweile werden etwa 80 % unserer Textilien im Ausland hergestellt. In Tunesien arbeiten 16 500 Beschäftigte für die deutschen Modemacher, auch in Marokko, in der Türkei und in China wird für uns Kleidung produziert.
Die Näherinnen in der fernöstlichen Textilin-

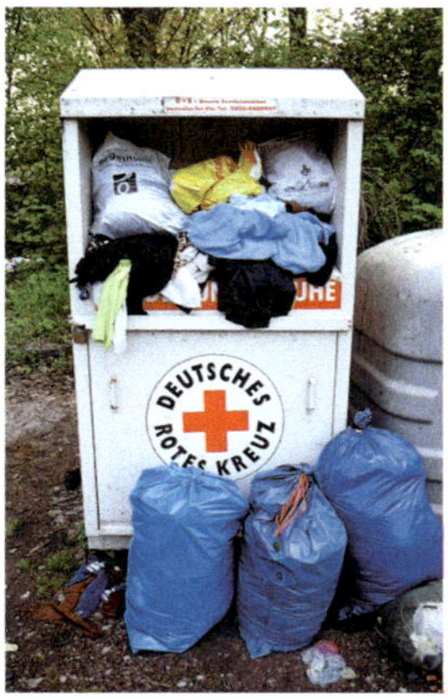

Einkauf	Gebrauch Pflege	Entsorgung	Endstation
z. B. • Spontaneinkauf • Schnäppchen • Schlussverkauf • Internet	z. B. • Waschen • Chemischreinigung • Änderungs-schneiderei	z. B. • Kleidersack • Tauschbörse	z. B. • Deponie • Müllverbrennungs-anlage • Recyclinganlage • Altkleiderhandel

Energieverbrauch – Gefährdung von Menschen, Tieren und Pflanzen

dustrie arbeiten im Akkord, sechs Tage die Woche und nicht selten zwölf Stunden am Tag. Auf Umwelt- und Arbeitsschutz wird in den meisten Niedriglohnländern nicht geachtet. Schädliche Chemikalien verseuchen Böden, Luft und Trinkwasser. Die Menschen, die dort die Arbeiten verrichten müssen, leiden häufig an Allergien. Die Sterblichkeitsrate im jungen Alter ist sehr hoch. Folgeschäden für die Kinder bleiben nicht aus.
Vor diesem Hintergrund ist es nicht verwunderlich, dass in Deutschland die Zahl der Beschäftigten in der Textil- und Bekleidungsindustrie stetig zurückgegangen ist. Dies leuchtet aus Sicht der Bekleidungshersteller ohne weiteres ein, bedenkt man, dass mit dem Lohn einer Arbeitskraft in Deutschland etwa zehn Arbeitskräfte in der Türkei und sogar 15 Arbeitskräfte in einigen asiatischen Ländern bezahlt werden können. Auch hohe Transportkosten wiegen diese Differenz bei weitem nicht auf.

1 Überlege, welche Umweltbelastungen auf jeder Stufe der textilen Kette auftreten können.

2 Welche Umweltbelastungen kann der Verbraucher vermeiden?

3 Weltweit müssen Millionen Kinder arbeiten, auch in der Textilindustrie. Recherchiere, welche Folgen das für die Kinder hat und was wir dagegen tun können. Tipp: www.aktiv-gegen-Kinderarbeit.de (Stand: 5.11.09)

M Wir erstellen ein Lernspiel „Rund um Textilien"

Projekt: Entwicklung eines Würfelspiels für den Unterricht

Lernen wurde und wird oft mit Mühe und Anstrengung gleichgesetzt. Doch man kann auch spielend lernen und Freude dabei haben. Bei der Herstellung dieses Würfelspiels kannst du kreativ sein, deine Fantasie entfalten und auch dein Wissen mit einbringen.

Das Spielfeld zeigt die Weltkarte. Der Weg führt über Länder, in denen die Textilwirtschaft eine wichtige Rolle spielt, besondere Merkmale sind eingezeichnet: Schafe in Neuseeland, Baumwolle am Aralsee und der Türkei, Nähereien in China, Holzindustrie in Skandinavien, Erdöl in den Golfstaaten, Stoffherstellung in Italien, Modemessen in Paris, Mailand, New York.

Wie ein Projekt abläuft, hast du bereits im ersten Band (S. 142) erfahren. Hier erhältst du nun einige Anregungen zur Erstellung eines Würfelspiels.

1. Schritt: Erstellen einer Stoffsammlung
In der Gruppe sammelt ihr Ideen zu den Themenbereichen für euer Spiel.

2. Schritt: Informationsbeschaffung Würfelspiel
Informiert euch über unterschiedliche Würfelspiele: Spielanleitung, Spielregeln, Spielbrett, Karten wie Aktionskarten, Ereigniskarten und Fragekarten, Symbole für die Karten, Spielfiguren, Würfel und sonstiges Zubehör.

3. Schritt: Festlegen auf die Inhalte und das Spiel
Nachdem ihr nun eine Stoffsammlung erstellt und euch über Spielformen informiert habt, können die Themenbereiche festgelegt und der Spielablauf besprochen werden. Bedenkt bei der Herstellung, dass euer Spiel für einen mehrmaligen Gebrauch bestimmt ist.

4. Schritt: Aufgabenverteilung und Arbeit in der Gruppe
Die Aufgaben und Rollen werden nun verteilt. Erstellt einen Arbeits- und Zeitplan. Beschafft euch das nötige Material und beginnt mit der Herstellung.

5. Schritt: Erprobung
Bevor andere Mitschüler/-innen euer Spiel spielen, erprobt es in eurer Gruppe. So können anschließend Ergänzungen vorgenommen und Fehler behoben werden.

6. Vorstellen der Spiele in der Klasse und Feedback

5 Berufsorientierung: Sich informieren und entscheiden

Sich informieren …

… im Gespräch mit den Eltern

… in der Berufsberatung

… im Betriebspraktikum

… im Gespräch mit Freunden

und entscheiden, damit das Berufsleben

nicht so aussieht …,

sondern so …

Berufsperspektiven erkunden und planen

Deine Profilanalyse

Wie finde ich meinen Beruf?

Max sitzt in der Klasse 9b der Realschule plus und träumt vor sich hin. Seine Lehrerin, Frau Rippel, ist gerade dabei, in ein neues Thema einzuführen: „Berufsorientierung".
Sie erklärt, dass unter dem Begriff Berufsorientierung alle Maßnahmen und Informationen zu verstehen sind, die einem Menschen helfen einen Beruf zu finden.

Berufsorientierung ist ein Prozess, der die eigenen Vorstellungen mit den Anforderungen der Arbeits- und Berufswelt zusammenführt.

Genau in dem Moment, in dem Frau Rippel erzählt und erzählt, ist der Klassenraum plötzlich hell erleuchtet und ein starkes Brummen ist zu hören. Alle Schüler halten sich erschrocken Augen und Ohren zu! Als der Lärm nachlässt, traut sich Sven als Erster, wieder die Augen zu öffnen. Vorne im Klassenraum, auf Frau Rippels Pult, steht ein junger Mensch in einem grauen glänzenden Anzug. Langsam kommt Bewegung in die Klasse und alle stehen ganz neugierig um das fremde Mädchen herum. Luisa fasst als Erste Mut und fragt das Mädchen, woher sie komme und warum sie mitten in ihren Unterricht geplatzt sei?

Jobfinder X2040

Das Mädchen erzählt der Klasse, dass sie eigentlich im Jahr 2040 lebe. Auf der Erde habe sich einiges verändert. Aufgrund der hohen Unzufriedenheit der arbeitenden Bevölkerung mit ihren Berufen hatte die Agentur für Arbeit im Jahr 2025 den Berufsfindungsroboter „Jobfinder X2040" entwickeln lassen. Von diesem Zeitpunkt an wurden alle Menschen, die nicht wussten, welchen Beruf sie ergreifen sollten, durch den Jobfinder X2040 geführt. Der Roboter schlug dem Berufsuchenden drei passende Berufe zur Auswahl vor. Leider ist der Roboter von einem Virus zerstört worden. Das Problem ist nun, dass den Menschen die Fähigkeit abhanden gekommen ist, sich selbstständig einen passenden Beruf zu suchen. Jana, so heißt das Mädchen aus der Zukunft, bittet die Klasse, ihr bei ihrer Berufswahl zu helfen.

Feedbackregeln

Das Feedback ist konstruktiv und konkret!

Die Feedback-Geberin spricht immer in der Ich-Form.

Um das Feedback zu verstehen und daraus zu lernen, ist es mitunter nötig und angebracht, Verständnisfragen zu stellen.

Der Feedback-Nehmer soll sich nicht rechtfertigen. Dem Feedback-Nehmer muss bewusst sein, dass es sich beim Feedback um eine subjektive Wahrnehmung handelt!

Die Feedback-Geberin bekommt immer die Möglichkeit auszureden.

Ob ein Feedback angenommen wird oder nicht, entscheidet schließlich der Feedback-Nehmer allein. Grundsätzlich ist jede Form von bewusster, fördernder Rückmeldung eine Bereicherung.

Was du bei einem Feedback beachten musst

Mein Profil

Die Klasse beschließt, Jana bei der Berufswahl zu helfen. Den passenden Beruf zu finden, ist ein langer Prozess, bei dem es nicht den einen richtigen Weg gibt! Auf der Suche nach dem passenden Beruf ist es sinnvoll, zunächst die eigenen Interessen und Wünsche, das eigene Wissen und Können zu erforschen und zu reflektieren. Hast du dir Klarheit darüber verschafft, werden die individuellen Kriterien mit dem Bedarf, den Möglichkeiten und Anforderungen der Arbeits- und Berufswelt abgeglichen. Damit man die eigenen Stärken und Schwächen gut analysieren kann, fertigt man ein sogenanntes Profil von sich an.

Ein Profil ist ein komplexes Bild von deinen persönlichen Stärken und Schwächen.

Wenn du ein Profil von dir anfertigst, ist es wichtig, dich möglichst realistisch einzuschätzen. So werden deine wirklichen Stärken deutlich und du kannst Enttäuschungen vermeiden.

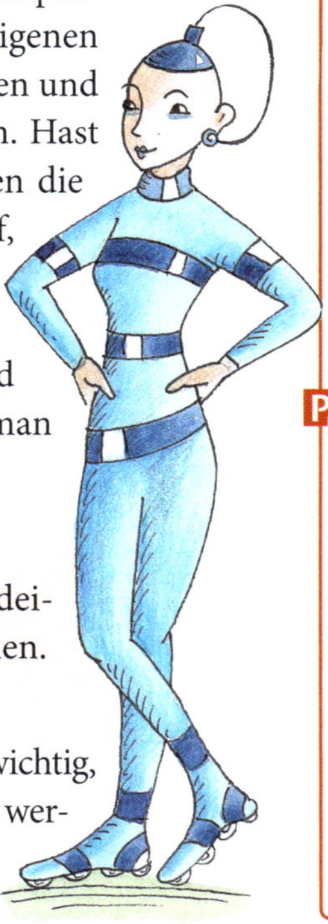

1 Betrachte die Illustration auf Seite 113. Warum denkst du, ist der junge Mann mit seiner Berufswahl so unglücklich, die junge Frau aber nicht? Sammelt eure Vorstellungen in der Klasse.

2 Welche Vor- und Nachteile hätte es, wenn euch ein Roboter euren Beruf zuteilen würde? Diskutiert in der Klasse.

P **3** Profilanalyse: Fertige von dir eine Figur an (siehe Grafik links oben), die zeigt, was du kannst, was du noch lernen willst und was du auf keinen Fall im Berufsleben erleben möchtest.

4 Tausche mit deinem Nachbarn das Profil aus und lass dir ein Feedback geben. Beachte dabei die Feedback-Regeln!

Informationsquellen zum Thema Ausbildung und Beruf

Sich richtig informieren: Berufsberatung und mehr

Die Berufswahl ist keine alltägliche Entscheidung. Sie wird dein zukünftiges Leben wesentlich beeinflussen. Deshalb solltest du dir dafür Zeit nehmen, um viele Informationen einzuholen und deinen Beratungsbedarf zu ermitteln.

Du bist nicht allein!

Gespräche über Berufe mit Eltern, Verwandten, Personen, die dich gut kennen, oder einem Vertrauenslehrer können eine erste Hilfe sein, um einen Einblick in unterschiedliche Arbeitswelten zu bekommen und diese mit deinen eigenen Fähigkeiten und Interessen abzugleichen.
Außerdem stehen dir zahlreiche Informations- und Beratungsmöglichkeiten zur Berufswahl zur Verfügung. Die Bundesagentur für Arbeit sowie die Kammern bieten dir ein kostenloses persönliches Gespräch mit einem Berufsberater bzw. einer Ausbildungsberaterin an.

Berufsberater verfügen über wichtige Informationen zu Berufen und Ausbildungswegen sowie Ausbildungsstellen.

Das Berufsinformationszentrum (BiZ) in deiner Region bietet Informationen und stellt dir Berufe vor, die du vielleicht noch nicht kennst. Außerdem findest du auf den Internetseiten der Agentur für Arbeit Tipps für die Studien- oder Berufswahl. So ist das „Berufe-Universum" eine spezielle Informationsseite für Jugendliche, auf der du auch deine Talente testen kannst.

Das Berufsberatungsgespräch

Jana hat sich über ein Beratungsgespräch bei der Agentur für Arbeit informiert und einen Termin vereinbart. Sie ist ein wenig aufgeregt, da sie nicht weiß, was sie erwartet. Zu allem Überfluss hat Jana ihr aktuelles Zeugnis vergessen!
Berufsberaterin: Guten Tag, Jana, schön, dass du dich so zeitig zu einem Beratungsgespräch bei

M Berufsberatung – Gespräch mit einem Experten

Vorbereitung
→ ich mache mir Notizen

- Wie habe ich mich bisher auf das Thema vorbereitet?
- Welche Anforderung habe ich an meinen „Traumberuf"?
- Habe ich schon konkrete Berufsvorstellungen oder noch keine Ahnung?
- Wo habe ich ein Praktikum absolviert?
- Welche Informationen benötige ich noch und welche Fragen möchte ich stellen?
- Wo finde ich die Berufsberatung und wo bekomme ich einen Termin?

Durchführung
→ ich bin gut vorbereitet

- Zettel, Stift, Zeugnis und Vorbereitungsfragen habe ich dabei.
- Ich werde wohl zunächst meine Interessen und evtl. meine Berufsvorstellung formulieren müssen.
- Ich traue mich, meine Fragen zu stellen.
- Wenn mir während des Gesprächs eine Frage einfällt oder ich etwas nicht verstehe frage ich sofort nach.
- Ich spreche in einem freundlichen Ton.

Auswertung
→ auch hier helfen mir Notizen …

- Wurden alle Fragen zu meiner Zufriedenheit beantwortet?
- Welche Schritte wurden bei der Berufsberatung geplant?
- Welche Fragen sind offen geblieben und wie kann ich sie beantworten?

Karikatur von Peter Kaczmarek

mir gemeldet hast. Das zeigt mir, dass du an deiner Berufswahl interessiert bist.

Jana: Hallo, Frau Senft, ich habe gehört, dass Sie mir sagen können, was ich mal werden soll.

Berufsberaterin: Ich kann dir gerne bei der Berufswahl helfen, aber die Entscheidung musst du selbst treffen. Wie hast du dich denn bisher mit der Berufswahl auseinandergesetzt?

Jana: Eigentlich überhaupt nicht. Ich habe mir mal eine Liste erstellt mit Stichpunkten darüber, was ich gut kann und gerne mache. Zum Beispiel arbeite ich gerne am Computer.

Berufsberaterin: Computerspezialisten möchten doch alle werden. Aber ich sage dir, das wird nichts! Dafür brauchst du einen guten Schulabschluss, am besten Abitur.

Jana: Meine Mutter sagt auch, dass sie es sich nicht leisten kann, mir ein Studium zu bezahlen. Sie ist arbeitslos.

Berufsberaterin: Das ist schade. Dann sollten wir zunächst nach einem Ausbildungsberuf suchen. Eine Möglichkeit wäre zum Beispiel der Informatikkauffrau.

Jana: Und was macht man da?

Berufsberaterin: Hier, lies dir den Zettel durch.

Jana: Das mache ich unterwegs, weil ich jetzt mit meinen Freunden im Kino verabredet bin.

P **1** a) Wer kann dir beim Entscheidungsprozess der Berufswahl helfen? Lege eine Liste an. b) Suche nach Stichwörtern für eine Internetrecherche, mit denen du wichtige Internetseiten zur Berufsberatung erreichst. Notiere die Internetadressen. Nutze hierfür auch die Abbildung auf dieser Seite.

2 Analysiere das Berufsberatungsgespräch. Was haben die Berufsberaterin und die Schülerin deiner Meinung nach gut und was nicht so gut gemacht?

P **3** Entwirf einen Ratgeber für ein Berufsberatungsgespräch. Berücksichtige auch Kleidung, Ortskenntnis, Pünktlichkeit und Verhalten während des Gesprächs.

Tätigkeitsbereiche		Berufsfelder
1. Handwerksberufe: Material verarbeiten, zusammenbauen und montieren. 2. Gestaltende Berufe: Berufe im künstlerischen und gestaltenden Bereich. 3. Technische Berufe: untersuchen und messen, bedienen und überwachen von Anlagen und Maschinen, Assistenzberufe. 4. Ernährungshandwerk: Verarbeitung von Nahrungsmitteln. 5. Grüne Berufe: bebauen und züchten, Land- und Forstwirtschaft, Gärtner, Tierpfleger.	6. Kaufmännische Berufe: bedienen und beraten, planen, organisieren, kalkulieren. 7. Verwaltungsberufe: planen, verwalten und organisieren. 8. Informationstechnische und journalistische Berufe: der Umgang mit dem geschriebenen Wort. 9. Soziale Berufe: versorgen und betreuen, erziehen, pflegen und therapieren. 10. Medienberufe: Umgang mit Medientechnik, Grafik und Design, Fotografie, Druck.	1. Bau, Architektur, Vermessung 2. Dienstleistung 3. Elektro 4. Gesellschafts-, Geisteswissenschaften 5. Gesundheit 6. IT, Computer 7. Kunst, Kultur, Gestaltung 8. Landwirtschaft, Natur, Umwelt 9. Medien 10. Metall, Maschinenbau 11. Naturwissenschaften 12. Produktion, Fertigung 13. Soziales, Pädagogik 14. Technik, Technologiefelder 15. Verkehr, Logistik 16. Wirtschaft, Verwaltung

Tätigkeitsbereiche und Berufsfelder: Einteilung der Berufe nach der Agentur für Arbeit

Den Berufe- und Ausbildungsdschungel ordnen

Jana hat sich im Internet über die möglichen Ausbildungsberufe informiert und ist nun völlig verwirrt und unmotiviert. Sie hat eine Liste mit 348 Ausbildungsberufen gefunden. Wer soll denn da noch den Überblick behalten und die richtige Wahl für sich treffen können? Die Ausbildungswelt scheint ein undurchdringbarer Dschungel zu sein.

Das „Chaos" ordnen

Ganz klar, es müssen Kriterien zur Einteilung von Berufen her. Schließlich kannst du dir nicht jeden Beruf einzeln anschauen. Außerdem muss man dann noch darauf achten, welche Arten von Ausbildung es gibt. Eine einfache Unterteilung ist zum Beispiel, ob ein Studium oder eine Betriebsausbildung in Frage kommen.
Zunächst ist es sinnvoll, dass du dich noch einmal an dein eigenes Profil erinnerst. So kannst du schnell feststellen, ob eine Berufsbeschreibung zu dir passt oder nicht. In der Abbildung oben sind einigen Tätigkeiten bestimmte Berufsgruppen zugeordnet. Dies kann dir eine erste Orientierung geben.
Eine andere Möglichkeit ist die Einteilung nach Berufsfeldern.

Berufsfelder fassen Ausbildungsberufe mit ähnlichen Zielen und Inhalten zusammen.

Hier werden 16 Hauptkategorien (siehe Abbildung) unterschieden, wobei jede der Kategorien dann nochmals unterteilt wird. So gehören zum Beispiel zum Berufsfeld Dienstleistungen Berufe im Hotel- und Gaststättenwesen sowie Berufe rund um Sauberkeit und Hygiene.

Das Berufsinformationszentrum (BiZ) unterstützt dich, den Beruf zu finden, der zu dir passt. Wenn deine Stärken zu den Tätigkeiten bestimmter Berufe passen, bist du auf dem richtigen Weg!

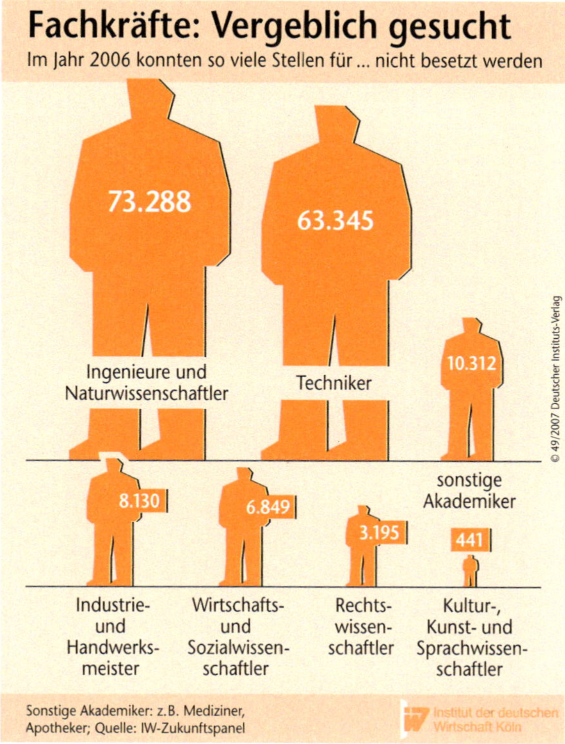

Studium oder Berufsausbildung?

Vielleicht doch lieber eine Ausbildung?

Jobben oder Ausbildung?

Nachdem die Schule abgeschlossen ist, möchten viele endlich Geld verdienen. Mit einem Führerschein kann man als Pizzabote gut ein paar Euro verdienen. Aber ist das wirklich sinnvoll?
Der Bedarf an ungelernten Arbeitskräften geht in Deutschland stetig zurück. Geringe Löhne und eine hohe Arbeitslosigkeit in dieser Bevölkerungsgruppe sind die Folge. Hinzu kommen geringe Karrierechancen. Ein ungelernter Arbeitnehmer kann sich viele Bedürfnisse nicht erfüllen.

Berufliche Bildungswege

Auf dem Weg zu einer Ausbildung stehen dir viele Möglichkeiten offen. Zunächst musst du entscheiden, ob du nach der vorgeschriebenen Schulzeit weiter zur Schule gehen oder einen Beruf erlernen möchtest.

Eine duale Ausbildung findet an zwei Orten statt: im Betrieb und in einer Berufsschule.

und Dienstleistungsberufen Anwendung. Informationen über betriebliche Ausbildungsstellen in deiner Region bekommst du bei der Agentur für Arbeit oder durch direkte Nachfrage bei den Betrieben.
Handwerkskammern sowie Industrie- und Handelskammern bieten Ausbildungsplatzbörsen an. Beliebt sind auch Ausbildungsmessen wie die Berufsinformationsbörse in Pirmasens oder Jobs for Future in Mannheim. Einen Überblick über die Termine findest du im Internet unter www.planet-beruf.de (Stand 21. 10. 2011).
Eine andere Möglichkeit der Ausbildung ist der Besuch der Berufsfachschule. In einem einjährigen Vollzeitunterricht werden die Schülerinnen und Schüler entweder auf einen Ausbildungsberuf vorbereitet oder sie gelangen nach weiteren zwei Jahren zu einem Berufsabschluss.

An Berufsfachschulen werden über 40 Berufsabschlüsse angeboten.

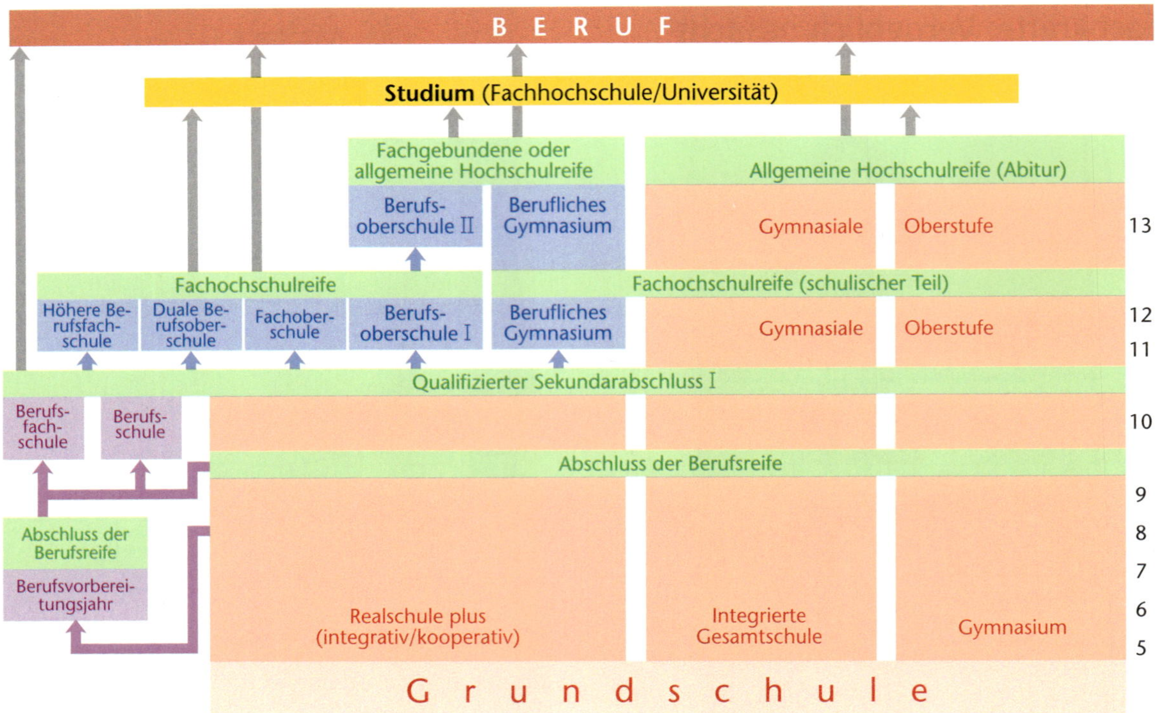

Bildungswege in Rheinland-Pfalz

Den Weg zum Studium einschlagen?

Auch für Schülerinnen und Schüler der Realschule plus gibt es viele Möglichkeiten, die Studienberechtigung zu erlangen. Am einfachsten ist es, wenn die eigene Realschule plus um eine Fachoberschule erweitert wurde. Diese führt, angelehnt an die drei Wahlpflichtfächer HuS, WuV und TuN, zur Fachhochschulreife, die zum Studium an allen Fachhochschulen berechtigt. Manche Studiengänge, z. B. ein Medizin- oder Jurastudium an der Universität, erfordern das Abitur. Aber wo ist nun der Unterschied? Und was ist besser?

Fachhochschule oder Universität?

Anwendbares Wissen oder theoretische Bildung?

In den Lehrveranstaltungen an der FH geht es häufiger um anwendbares Wissen, während an der Universität wesentlicher Teil des Studiums eine theoretische Bildung ist. Letztlich ist die Ausbildung an der Universität in der Tiefe anspruchsvoller, was aber nicht heißt, dass Unistudentinnen und -studenten generell schlauer sind. Der Bezug zur Wirtschafts- und Arbeitswelt ist an Fachhochschulen meist höher, da die Wirtschafts- und Fachhochschulstudentinnen und -studenten vermehrt Praktika absolvieren und ihre Abschlussarbeiten oft in Unternehmen schreiben.

Nach Stundenplan oder Interessen studieren?

Als Vorteil empfinden Studierende an der Universität häufig, dass sie ihre Seminare in den höheren Semestern eher nach ihren Interessen auswählen können, während Studierende an Fachhochschulen vorwiegend feste Stundenpläne erhalten. Dies erfordert an Universitäten natürlich ein höheres Maß an Selbstdisziplin.

Zeit für ein Auslandssemester haben?

Die freieren Einteilungsmöglichkeiten des Studiums an der Universität bewirken vermutlich auch, dass Unistudentinnen und -studenten öfter Auslandspraktika oder Auslandssemester absolvieren, obwohl sich der Anteil der Auslandserfahrungen in den letzten Jahren auch an den Fachhochschulen erhöht hat.

	Vorteile	Nachteile
Studium 	• gute Karrierechancen • höheres Einstiegsgehalt • größere Gehaltssteigerungen • breites Wissen • vielfältige Qualifikationen • geringeres Risiko der Arbeitslosigkeit (laut Statistik) • Eigenverantwortung zeigen können	• erfordert Selbstdisziplin, Ausdauer, Eigeninitiative • kein/kaum Einkommen während der Ausbildung • teilweise Bildungskredite und Schulden • später Berufseinstieg • Theoriekenntnisse/wenig Praxiserfahrung beim Unistudium
Ausbildung 	• eigenes Einkommen mit Ausbildungsbeginn • schnelle praktische Erfahrungen • bei gutem Abschluss Chance der Weiterbeschäftigung im Betrieb • Selbstständigkeit ist möglich • als Handwerksmeister/-in studieren	• weniger Freiheiten für Entscheidungen • geringeres Einstiegsgehalt

Vorteile – Nachteile: Studium oder Ausbildung?

Persönliche Betreuung oder überfüllte Seminare?

Einen großen Vorteil haben Fachhochschulen häufig durch ihre übersichtliche Größe. Lehrende und Lernende kennen sich und somit ist die Betreuung persönlicher. In Universitäten sind Wartezeiten auf Seminare, überfüllte Seminarräume und Hörsäle hingegen keine Seltenheit.

Berufliche Aussichten?

Die Spitzenpositionen von Unternehmen werden bisher überwiegend von Universitätsabsolventen belegt. Wer eine wissenschaftliche Karriere anstrebt, sollte eher auf einen Universitätsabschluss setzen. FH-Absolventinnen und -absolventen werden vermehrt als Arbeitskräfte in der Wirtschaft nachgefragt.
Jetzt hast du vielleicht Lust auf ein Studium bekommen und fragst dich, ob das mit dem Abschluss der Berufsreife überhaupt zu erreichen ist. Du kannst den qualifizierten Sekundarabschluss I nachholen und auf einer Fachoberschule die Fachhochschulreife erwerben. Oder du machst deinen Meister und erwirbst damit die Studienberechtigung in einem Fach deiner Ausbildungsrichtung oder in Betriebswirtschaftslehre.

1 Ordne dich ein. Welche der angegebenen Interessensgebiete und Berufsfelder decken sich mit deinen Berufsvorstellungen? (Vgl. S. 118).

P **2** Finde heraus, welche Ausbildungseinrichtungen in deiner Region existieren. Welche fachlichen Schwerpunkte haben diese Einrichtungen?

3 Duale Ausbildung oder Berufsfachschule? Informiere dich und stelle Vor- und Nachteile zusammen.

P **4** Stelle mithilfe des Schemas Bildungswege fest, welche Wege es für dich zum Studium gibt.

5 Internet- und Recherchetipps:
a) „Check deine Talente" unter http://www.planet-beruf.de/BERUFE-Universum (Stand: 30.8.2011). Inwieweit stimmen die Vorschläge mit deinen Berufswünschen überein?
b) Fachhochschüler oder Hochschulabsolvent? Nutze diesen Onlinetest: http://studium-ratgeber.de/hochschultest.php (Stand: 30.8.2010).

Interkulturelle Kompetenz		Teamfähigkeit
Vernetztes Denken	**Soft Skills**	Einfühlungsvermögen
Konfliktfähigkeit	Kommunikationsfähigkeit	

Einen wütenden Kunden beruhigen | Einen Polizeieinsatz planen | Ein Computernetzwerk installieren | Jemanden, der unter Schock steht, betreuen

Wichtige Kompetenzen in der Berufswelt

Berufliche Anforderungen heute und morgen

Wie sich die Berufswelt im Jahr 2040 verändert hat, schildert Jana am Beispiel des Bäckereihandwerks. Schon der Name der Ausbildung „Fachangestellte/-r für Systembackwaren“ verrät etwas über die drastischen Veränderungen. Die Produktion von Brötchen wurde so stark automatisiert, dass Auszubildende hauptsächlich in der Lage sein müssen, die unterschiedlichen Backprogramme auf dem Computer zu bedienen und die vollautomatisierte Produktion zu überwachen. Neben den immer höheren Anforderungen im Umgang mit Computern und Software (Hard Skills) erwarten Arbeitgeber/-innen heute vor allem Soft Skills von ihren Auszubildenden.

Soft Skills sind Fähigkeiten, die dazu beitragen, gemeinsam Ziele in einer Gruppe zu erreichen (z. B. Teamfähigkeit, Einfühlungsvermögen).

Hinzu kommt, dass die Technik sich sehr schnell verändert, sodass man sich ständig fortbilden muss, um immer auf dem neuesten Stand zu sein. Natürlich sind die Anforderungen nicht bei allen Berufen gleich. Ob du in der IT-Branche arbeitest, eine Ausbildung als Tierpfleger/-in machst, Konditor/-in werden möchtest oder vielleicht sogar Kriminalkommissar/-in – jeder dieser Berufe erfordert ganz spezielle Kompetenzen, darunter auch Soft Skills.

Beispiel Kriminalkommissar/-in

Wenn du Kriminalkommissarin werden möchtest, musst du ein Teamplayer sein. Das heißt, dass du gut in einer Gruppe arbeiten kannst und weißt, wann man sich zugunsten eines gemeinsamen Ziels etwas zurücknehmen muss. Du darfst nicht älter als 33 Jahre sein und brauchst einen Notendurchschnitt von 3,0 im Abitur. Außerdem darfst du als Frau nicht kleiner als 1,62 m, als Mann nicht kleiner als 1,66 m sein. Wenn du glaubst, dass du wie in einer Krimiserie wild durch die Gegend schießen kannst, solltest du lieber nicht Kriminalkommissarin werden.

Beispiel Tierpfleger/-in

Als Tierpfleger brauchst du weniger Gespür für Menschen als vielmehr ein Gespür für Tiere und ihre besonderen Bedürfnisse und Verhaltensweisen. Hier benötigst du kein Abitur, sondern ei-

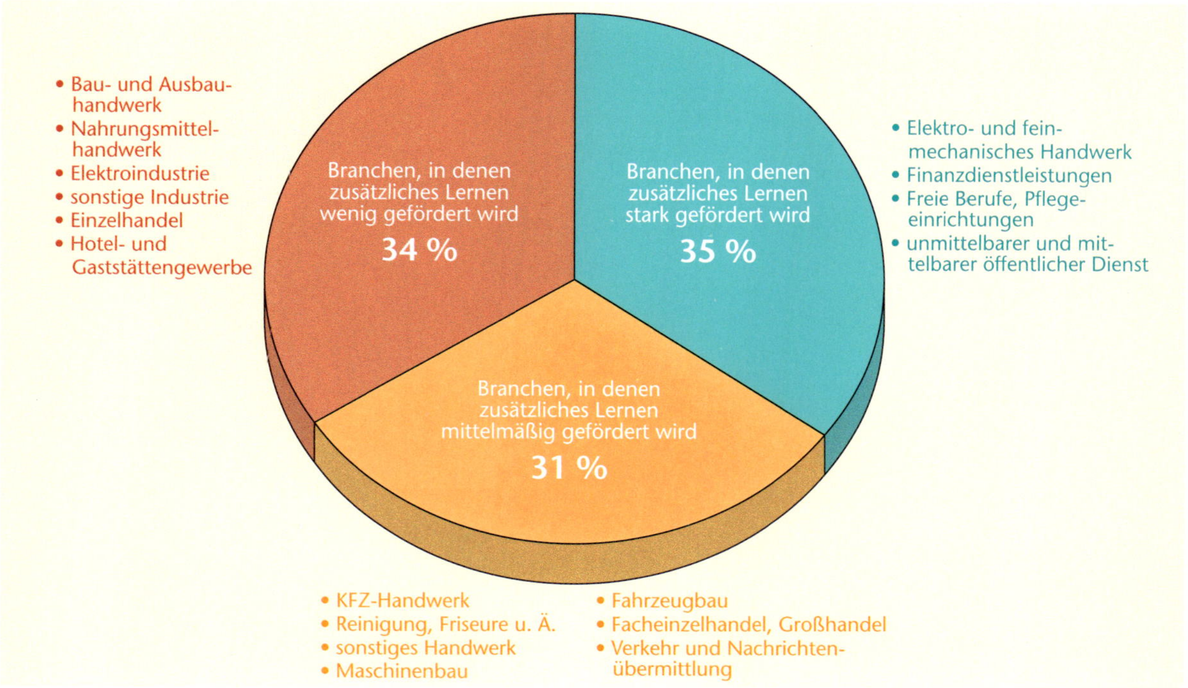

Wo Lernen gefördert wird

nen guten mittleren Schulabschluss. Außerdem solltest du bereits ein Praktikum gemacht haben. Die Systematik der Tierwelt und vor allem das Verhalten der Tiere spielt während der Ausbildung eine große Rolle. Wie du dir vielleicht denken kannst, ist außerdem ein Sinn für Sauberkeit und Hygienebewusstsein von Bedeutung.

Beispiel Konditor/-in

Als Konditorin ist besonders dein Organisationstalent und Durchhaltevermögen gefragt: Du musst Teige ansetzen, Bleche in den Ofen schieben und alle Torten und Kuchen pünktlich fertig haben und arbeitest die ganze Nacht durch. Später kannst du Eis und Schokoladenspezialitäten herstellen und die leckersten Füllungen und Cremes anrühren. Um mit der Ausbildung beginnen zu können, brauchst du den Abschluss der Berufsreife.

Beispiel Fachinformatiker/-in

Die IT-Branche ist ein Berufsfeld, das in der Zukunft immer mehr an Bedeutung gewinnt. Da du viel unterwegs bist, musst du mobil und flexibel sein. Als Fachinformatikerin für Systemintegration planst, installierst und wartest du Systeme der Informations- und Telekommunikationstechnik im eigenen Unternehmen oder für Kunden. Hier wird vor allem logisches Denken und Spaß an der Arbeit mit Computern verlangt.

Moderne Berufswelt bedeutet, flexibel und mobil zu sein und sich ständig weiterzubilden!

1 Finde heraus, welche Soft Skills bei den hier vorgestellten Berufen verlangt werden.

P **2** Entwickle Kriterien bzw. Fragen, um herauszufinden, welche Soft Skills jemand besitzt, z. B. Kriterien für Teamfähigkeit.

3 Welche Anforderungen hättet du an einen idealen Arbeitgeber? Diskutiert in der Klasse, ob es solche Arbeitgeber gibt!

P **4** Recherchiere von zwei Ausbildungsberufen deiner Wahl die Anforderungen. Nutze dazu das Internet.

Die 10 größten Arbeitgeber in Rheinland-Pfalz (Stand Oktober 2011)

1. BASF, Ludwigshafen
2. Boehringer Ingelheim GmbH, Ingelheim
3. DB Schenker Rail Deutschland AG, Mainz
4. Schott AG, Mainz
5. KSB AG, Frankenthal
6. Hornbach Holding AG, Neustadt an der Weinstraße
7. VINCI Deutschland GmbH, Ludwigshafen
8. Marienhaus Kranken- und PflegeGesellschaft mbH, Waldbreitbach
9. Keiper GmbH & Co. KG, Kaiserslautern
10. United Internet AG, Montabaur

Platz 8 auf der Rangliste links nimmt die Marienhaus GmbH ein, ein Arbeitgeber aus dem sozialen Bereich. Informationen zu Ausbildungsangeboten findet Jana unter:
www.marienhaus-gmbh.de
www.rheinisches-bildungszentrum.de

Mein Profil und Anforderungen regionaler Arbeitgeber

Jana, unsere Schülerin aus der Zukunft, hat inzwischen viele Informationen zu Berufen gesammelt. Jetzt möchte sie ein konkretes Angebot für einen Ausbildungsplatz untersuchen. Aus einer Übersicht hat sie einen der größten Arbeitgeber in der Region ausgewählt. Sie ist erstaunt, dass unter den größten Arbeitgebern in Rheinland-Pfalz ein Unternehmen aus dem sozialen Bereich Platz acht belegt. Sie findet heraus, dass das Unternehmen sowohl mehrere Krankenhäuser als auch Alten- und Pflegeheime sowie diverse Jugendeinrichtungen betreibt.
Die Marienhaus GmbH ist in mehreren Bundesländern vertreten: Einige Häuser befinden sich in den benachbarten Ländern Hessen, Nordrhein-Westfalen und im Saarland. Außerdem ist sie beeindruckt, dass die Marienhaus GmbH fast 14 000 Beschäftigte hat. Noch interessanter findet sie aber, dass die Gesellschaft in mehreren sozialen Berufen ausbildet. Das Angebot reicht von der Ausbildung zu Physiotherapeut/-in, Altenpfleger/-in bis hin zu Gesundheits-und Krankenpfleger/-in.
Die Ausbildungsberufe Operationstechnische(r) Assistent/-in (OTA) und Medizinisch-technische(r) Radiologieassistent/-in (MTRA) liest Jana auf der Homepage des Bildungszentrums für Berufe im Gesundheitswesen der Marienhaus GmbH zum ersten Mal.
Dort entdeckt Jana auch Angebote für zahlreiche Weiterbildungslehrgänge und die Möglichkeit zur Durchführung eines freiwilligen sozialen Jahres (FSJ). Da Jana sich noch nicht ganz sicher mit ihrer Berufswahl ist, führt sie zunächst noch einen Berufswahltest auf der Seite der Arbeitsagentur (www.planet-berufe.de) durch und besorgt viele Informationen zu ihren Wunschberufen.

Informationen rund um die Ausbildung in der Region erhältst du u. a. beim Girls' Day, bei Praxistagen, Praktika oder auf den Internetseiten der Agentur für Arbeit.

Gesundheits- und Krankenpfleger/in
Ort: Waldbreitbach
Ausgeschrieben am: Okt 18, 2011
Beschäftigungsart: Teilzeit und Vollzeit
Akademisches Lehrkrankenhaus
der Johannes Gutenberg-Universität Mainz
Die Marienhaus GmbH ist einer der größten christlichen Träger sozialer Einrichtungen in Deutschland. Der ganzheitliche Dienst am Menschen ist uns Aufgabe und Verpflichtung. Das Marienhaus Klinikum Bendorf-Neuwied-Waldbreitbach ist ein Krankenhaus der Schwerpunktversorgung mit rund 700 Planbetten und 36 tagesklinischen Plätzen sowie 102 Wohnheimplätzen.
Wir suchen für unsere Klinik für Psychiatrie, Psychotherapie und Psychosomatik **am Standort Waldbreitbach** zum **01.01.2012** eine/n

Gesundheits- und Krankenpfleger/-in
für den stationären Psychotherapiebereich.
Der Einsatz kann in Voll- oder Teilzeit erfolgen.

Wir wünschen uns eine/n sympathische/n Kollegin/Kollegen mit Freude am Umgang mit Menschen, die/der gerne im Team arbeitet. Erfahrungen im sozialpsychiatrischen Bereich werden gewünscht, sind aber nicht Voraussetzung.
Wir bieten Ihnen eine Vergütung nach AVR einschließlich zusätzlicher Altersversorgung und eine umfangreiche Einarbeitung.
Eine Identifikation mit den Zielen eines christlichen Trägers setzen wir voraus.

Für nähere Auskünfte steht Ihnen die Pflegedienstleitung, Frau Kaster, Tel.: 02638 923-5548, gerne zur Verfügung. Ihre aussagekräftige, schriftliche Bewerbung richten Sie bitte an die Personalleiterin,
Frau Sonja Weiß-Dimitrova
Marienhaus Klinikum
St. Elisabeth Neuwied
Friedrich-Ebert-Str. 59
56564 Neuwied
(Quelle: http://www.marienhaus-gmbh.de)

Janas Profil

Was ich gerne mache:
„Ich kümmere mich gerne um meine Geschwister, außerdem verbringe ich viel Zeit mit meinen Freunden und am Computer (Chatten und so)."

Mein Lieblingsfach:
„Hauswirtschaft und Sozialwesen"

Mein Schülerpraktikum:
„In einem Altenpflegeheim. War ganz okay …, aber ich würde mich auch gerne um jüngere Menschen kümmern."

Mein Schulabschluss:
„Ich mache gerade meinen Realschulabschluss, vielleicht mache ich danach noch Abitur."

Gesundheits- und Krankenpflegerin – passt das zu mir?

Jana findet die Stellenausschreibung zur Gesundheits- und Krankenpflegerin sehr interessant. Deshalb möchte sie noch mehr zu den Inhalten der Ausbildung erfahren. Sie weiß inzwischen, dass die Internetseite „Berufenet" der Agentur für Arbeit ausführliche Beschreibungen von Ausbildungsberufen enthält.
Auf der gleichen Internetseite findet sie ein Video, das ihr typische Arbeitsinhalte einer Gesundheits- und Krankenpflegerin aufzeigt. Dort wird auf wichtige Schlüsselqualifikationen hingewiesen.

Das Anforderungsprofil beinhaltet alle Erwartungen des Arbeitgebers. Passt dein Profil zu den Anforderungen, dann sind das ideale Bedingungen.

Eine Gesundheits- und Krankenpflegerin muss beispielsweise nicht nur sensibel und einfühlsam mit Patienten umgehen, sondern auch sehr gut in einem Team arbeiten können.

Steckbrief: Gesundheits- und Krankenpfleger/-in

Gesetzliche Voraussetzungen
Zu den Voraussetzungen, die man gemäß Ausbildungsgesetz mitbringen muss, gehören:
- Gesundheitliche Eignung
- Ein passender Schulabschluss:
  - entweder der ***Realschulabschluss*** oder eine andere gleichwertige, abgeschlossene Schulbildung oder
  - erfolgreicher Abschluss einer sonstigen zehnjährigen allgemeinen Schulausbildung oder
  - ***Hauptschulabschluss*** oder
  - eine gleichwertige Schulbildung,

  → zusammen mit einer erfolgreich abgeschlossenen Berufsausbildung mit einer vorgesehenen Ausbildungsdauer von mindestens zwei Jahren oder

  → einer Erlaubnis als Krankenpflegehelferin oder Krankenpflegehelfer oder einer erfolgreich abgeschlossenen landesrechtlich geregelten Ausbildung von mindestens einjähriger Dauer in der Krankenpflegehilfe oder Altenpflegehilfe.

(Quelle: www.rheinisches-bildungszentrum.de)

Ausbildungsvergütung
Die Auszubildenden erhalten ein Ausbildungsentgelt. Werden sie an Einrichtungen des öffentlichen Dienstes oder an Einrichtungen von Trägern, die sich an die tariflichen Vereinbarungen des öffentlichen Dienstes anlehnen, ausgebildet, erhalten sie folgende Entgelte:
1. Ausbildungsjahr: € 826
2. Ausbildungsjahr: € 887
3. Ausbildungsjahr: € 988

(Quelle: Tarifvertrag für Auszubildende des öffentlichen Dienstes (TVAöD) – Besonderer Teil Pflege)

Ausbildungsangebote untersuchen

Auf den Internetseiten der Marienhaus GmbH und deren Bildungszentrum hat Jana neben Stellenausschreibungen auch Informationen zu den einzelnen Berufen gefunden. Zu folgenden Punkten werden Aussagen getroffen:

- Aufgabenbereiche
- theoretische Ausbildung
- praktische Ausbildung
- Einsatzabteilungen
- Ausbildungsdauer
- Weiterbildungsmöglichkeiten
- Anforderungen an den Bewerber
- Ausbildungsorte
- Art des Bewerbungsschreibens

In einem Steckbrief über den Beruf der Gesundheits- und Krankenpflegerin findet sie außerdem heraus, was eine Auszubildende verdient und welcher Schulabschluss von den Arbeitgebern gefordert wird.

Der soziale Sektor bietet einen relativ sicheren Arbeitsplatz, wenn man nach der Ausbildung übernommen wird. Da man in diesem Beruf immer wieder mit neuen Patienten arbeitet, hat man viel Abwechslung. Allerdings ist das Gehalt der Gesundheits- und Krankenpflegerin nicht sehr hoch. Der Bundesdurchschnitt liegt bei ca. 2.200 Euro (brutto).

Bei der Suche nach einem Ausbildungsplatz sollte man das Tätigkeitsfeld, den geforderten Schulabschluss, Verdienst und Karrierechancen sowie die beruflichen Einsatzmöglichkeiten prüfen.

Nun hat Jana viele Informationen zu diesem Beruf gesammelt. Als nächstes muss sie überlegen, ob das Berufsbild zu ihrem Profil passt.,

Das Freiwillige Soziale Jahr (FSJ)

Das FSJ bietet jungen Erwachsenen im Alter von 16 bis 26 Jahren die Gelegenheit, praktische Erfahrungen in verschiedenen sozialen Einrichtungen zu sammeln. Es gibt sehr viele Einrichtungen, in denen ein freiwilliges soziales Jahr absolviert werden kann, z. B.: Krankenhäuser, Rettungsdienste, Kindergärten, Einrichtungen der Behindertenhilfe, Jugendarbeit und Jugendhilfe, Kirchengemeinden, Alten- und Pflegeheime, Kultureinrichtungen wie beispielsweise Museen, Sportvereine, Ganztagsschulen und viele andere mehr.

Informationen unter:
http://fsj-rheinlandpfalz.de

Wie bewerbe ich mich?

Nachdem Jana ihren Wunsch-Ausbildungsberuf analysiert hat, möchte sie noch wissen, welche Bestandteile das Bewerbungsschreiben enthalten soll. Dazu hat sie auf den Internetseiten der Marienhaus GmbH viele Informationen gefunden, unter anderem auch, dass man gerne auch eine Onlinebewerbung einreichen kann. Das findet sie spannend. Von einem Freund hat sie gehört, dass man dabei unbedingt darauf achten soll, nur ein einzelnes Dokument mit einem aussagekräftigen Betreff („Bewerbung als Gesundheits- und Krankenpflegerin“) zu verschicken.

Ist der soziale Sektor interessant?

Für manchen Azubi ist nicht nur die Ausbildungsstelle als solche wichtig, sondern auch das Drumherum. Dazu gehört zum Beispiel, ob der Ausbildungsbetrieb Weiterbildungen anbietet. So besteht die Möglichkeit, Qualifikationen zu verbessern und eventuell sogar eine Stelle mit mehr Verantwortung zu erreichen.
Aber auch die Arbeitsatmosphäre ist wichtig. Im sozialen Bereich besteht zudem immer die Möglichkeit, vorab ein freiwilliges soziales Jahr (FSJ) zu absolvieren, um sicher zu gehen, ob der Beruf wirklich passt.

1 Vergleiche Stellenausschreibung und Steckbrief mit Janas Kurzprofil. Was passt und was passt nicht?

2 Immer öfter werden Online-Bewerbungen gefordert. Wie findest du das?

P **3** Teste diese Adressen und prüfe, ob sie dir bei deiner Berufsfindung weiterhelfen.
www.arbeitsagentur.de; www.berufenet.de
www.planet-beruf.de; www.stepstone.de
www.monster.de

4 Vergleiche dein Profil mit den Anforderungen dieses Berufes. Welche Anforderungen erfüllst du schon, woran musst du noch arbeiten?

P **5** Fertige eine Onlinebewerbung an und versende sie in einem Dokument (Tipps findest du auf S. 137).

P **6** Wie stehst du zu einem freiwilligen sozialen Jahr? Nenne Vor- und Nachteile. Erkundige dich nach Angeboten in deiner Region.

Industriekletterer bei der Arbeit am Westportal des Reichstagsgebäudes

Mit einer soliden Ausbildung hoch hinaus: Industriekletterer/-kletterin

Industriekletterer gibt es erst seit ca. 80 Jahren. Die ersten Industriekletterer halfen beispielsweise beim Bau der Golden Gate Bridge oder des Hoover Staudamms in Amerika. Dort gehörten sie zu den bestbezahlten Arbeitern.
Der Beruf des Industriekletterers bzw. der Industriekletterin ist **kein Ausbildungsberuf**. Die meisten Industriekletterer haben vorher eine Ausbildung absolviert, zum Beispiel Dachdecker/-in, Schreiner/-in oder Gebäudereiniger/-in.

Abwärts nicht aufwärts!

Eine der bekanntesten Kletteraktionen war die Verhüllung des gesamten Reichstages im Jahr 1995. Damals verhüllten 100 Kletterinnen und Kletterer für das Künstlerehepaar Christo das Gebäude mit über 100 000 Quadratmetern Plane.

Industrieklettern ist nicht mit dem Sportklettern zu vergleichen. Dies erkennt man bereits daran, dass Industriekletterer sich meist von einem Gebäude abseilen und nicht hinaufklettern. In drei speziellen Kursen kann man zum Industriekletterer ausgebildet werden. Insgesamt dauert die komplette Ausbildung circa drei Wochen.

Sicherheit wird großgeschrieben

Im Gegensatz zum Sportklettern gibt es auch ganz besondere Sicherheitsvorkehrungen. So arbeiten die Kletterer fast alle mit einer zweiten Sicherung. Neben dem Trageseil wird ein zweites Seil ausschließlich zur Sicherung benutzt. Sollte einmal das Trageseil versagen, blockiert das Sicherungsgerät automatisch und verhindert so den Absturz des Arbeiters. Jedes verwendete Seil muss mindestens 22 Kilonewton aushalten. Dies entspricht einem Gewicht von zwei Tonnen. Selbstverständlich muss man beim Arbeiten einen Helm tragen. Der folgende Text gibt euch einen Einblick in den Alltag einer Industriekletterin.

Wo und wie wird gearbeitet?

- Draußen oder drinnen?
- Stehend oder sitzend?
- Schmutzig oder sauber?

Wie sind die Arbeitszeiten gestaltet?

- Überstunden?
- Arbeiten am Wochenende?
- Schichtarbeit?

Arbeitsaufgaben

- Welche Aufgaben nerven?
- Was macht Spaß?
- Mit wem arbeitet man zusammen?

Verdienst und Karriere

- Wie viel kann man verdienen?
- Welche Karrierechancen hat man?

Tipps für deinen Fragebogen

Welche Arbeiten machen in Ihrem Beruf keinen Spaß?

Hoch hinaus

Sabine, eine ausgebildete Gebäudereinigerin, ist eine der wenigen Frauen, die als Industriekletterinnen arbeiten. Morgens um sieben Uhr beginnt ihr Arbeitstag. Erste Station ist ein Gebäude, an dem Schrauben nachgezogen werden müssen. Sabine und ihr Team haben Glück. Sie können die schwere Ausrüstung mit dem Fahrstuhl bis in den zehnten Stock schaffen. Die restlichen zwei Stockwerke müssen zu Fuß bewältigt werden. Auf dem Dach weht ein eisiger Wind. Der Abstieg wird vorbereitet. Jeder Handgriff sitzt. Die Wände werden überprüft und die notwendigen Ausbesserungsarbeiten werden vorgenommen. Man arbeitet Hand in Hand. Auf die Teamkollegen muss man sich verlassen können. Danach wird alles wieder ordnungsgemäß eingepackt und das Team macht sich auf den Weg zur nächsten Arbeitsstelle.

Der Hafen ist einer von Sabines Lieblingsarbeitsorten. Hier sollen sie bei alten Museumskranen Wartungsarbeiten vornehmen. Die alten Greifarme müssen inspiziert, teilweise gereinigt und neu geschmiert werden. Der Blick über den Hafen ist herrlich, allein für die tolle Kulisse hat sich der Beruf gelohnt. Allerdings muss man im Hafen wegen der starken Winde aufpassen.

Die letzte Station für Sabine und ihr Team ist ein altes Gebäude, auf dem das Dach inspiziert werden muss. Hier müssen die Kletterer zum ersten Mal hochklettern. Nach fast zehn Stunden ist Sabines Arbeitstag zu Ende. In ihrem Beruf muss sie sehr flexibel sein und auch innovativ. Viele Arbeiten sind sehr anstrengend und das Zusammenlegen der Seile macht wenig Spaß. Trotzdem hat Sabine ihren Traumberuf gefunden.

1 An welchen Arbeitsorten ist eine Industriekletterin tätig und welche Anforderungen werden an diesen Beruf gestellt?

P **2** Entwickle einen Fragebogen, um dich über einen Ausbildungsberuf genauer zu informieren. Die Tipps oben helfen dir.

3 Was unterscheidet den Industriekletterer von anderen Berufen?

Kenne deine Kompetenzen	Sozialkompetenzen	Methodenkompetenzen	Fachkompetenzen/ technische Kompetenzen	Interkulturelle Kompetenzen
Konkretes Problem	Streit schlichten	Bewerbung für ein Betriebspraktikum schreiben	Fahrradpanne beheben	Ortsbeschreibung in einer fremden Sprache
Notwendige Fähigkeiten	zuhören	Textverarbeitung am Computer	handwerkliches Geschick	Fremdsprachenkenntnisse
Mögliche Situationen im Beruf	Kundenbeschwerde	eine Rechnung schreiben	Reparaturauftrag für eine Heizung	eine Dienstreise im Ausland

Meine Kompetenzen und wo ich sie schon gebraucht habe

Interview mit einem Ausbilder für Industriekletterer

Jana hat einen staatlich anerkannten Ausbilder für Industriekletterer zu diesem interessanten Berufsbild befragt.

Jana: Können Sie mir in einem Satz sagen, was ein Industriekletterer macht?

Ausbilder: Industriekletterer erledigen ganz unterschiedliche Arbeiten, von Reinigungs- bis zu Montagearbeiten, indem sie sich mit einer speziellen Technik abseilen.

Jana: Welche Kompetenzen muss man für den Beruf mitbringen?

Ausbilder: Die wichtigsten Voraussetzungen sind absolute Teamfähigkeit, körperliche Belastbarkeit und handwerkliches Geschick.

Kompetenzen sind Fähigkeiten und Fertigkeiten, um in bestimmten Gebieten und Situationen Probleme lösen zu können.

Jana: Wer kann Industriekletterer werden?

Ausbilder: Industriekletterer kann jeder werden. Es empfiehlt sich aber, vorher eine handwerkliche Ausbildung absolviert zu haben. Viele, die bei uns anfangen, sind gelernte Maurer, Dachdecker, Techniker oder Monteure.

Jana: Wie finde ich heraus, ob der Beruf des Kletterers für mich geeignet ist?

Ausbilder: Zunächst sollte man schwindelfrei sein und ein paar Schnupperkurse im Klettern belegen. Dabei kann man feststellen, ob einem das lange In-der-Luft-Hängen liegt. Zu Beginn der Ausbildung muss man ein ärztliches Attest über seine körperliche Tauglichkeit für Höhenarbeiten vorlegen. Auch während des späteren Arbeitslebens muss sich ein Industriekletterer regelmäßig von einem Facharzt für Arbeitsmedizin untersuchen lassen.

Jana: Gibt es viele Frauen, die diesen Beruf erlernen?

Ausbilder: Leider nur sehr wenige! Sie trauen sich die hohe körperliche Belastung nicht zu.

Jana: Gibt es auch unangenehme Tätigkeiten in diesem Beruf?

Ausbilder: Klar, beispielsweise Taubendreck entfernen macht kaum jemandem Spaß. Außerdem ist die Arbeit bei Kälte oder Regen anstrengend und manchmal unangenehm. Die Arbeitszeiten sind nicht immer regelmäßig.

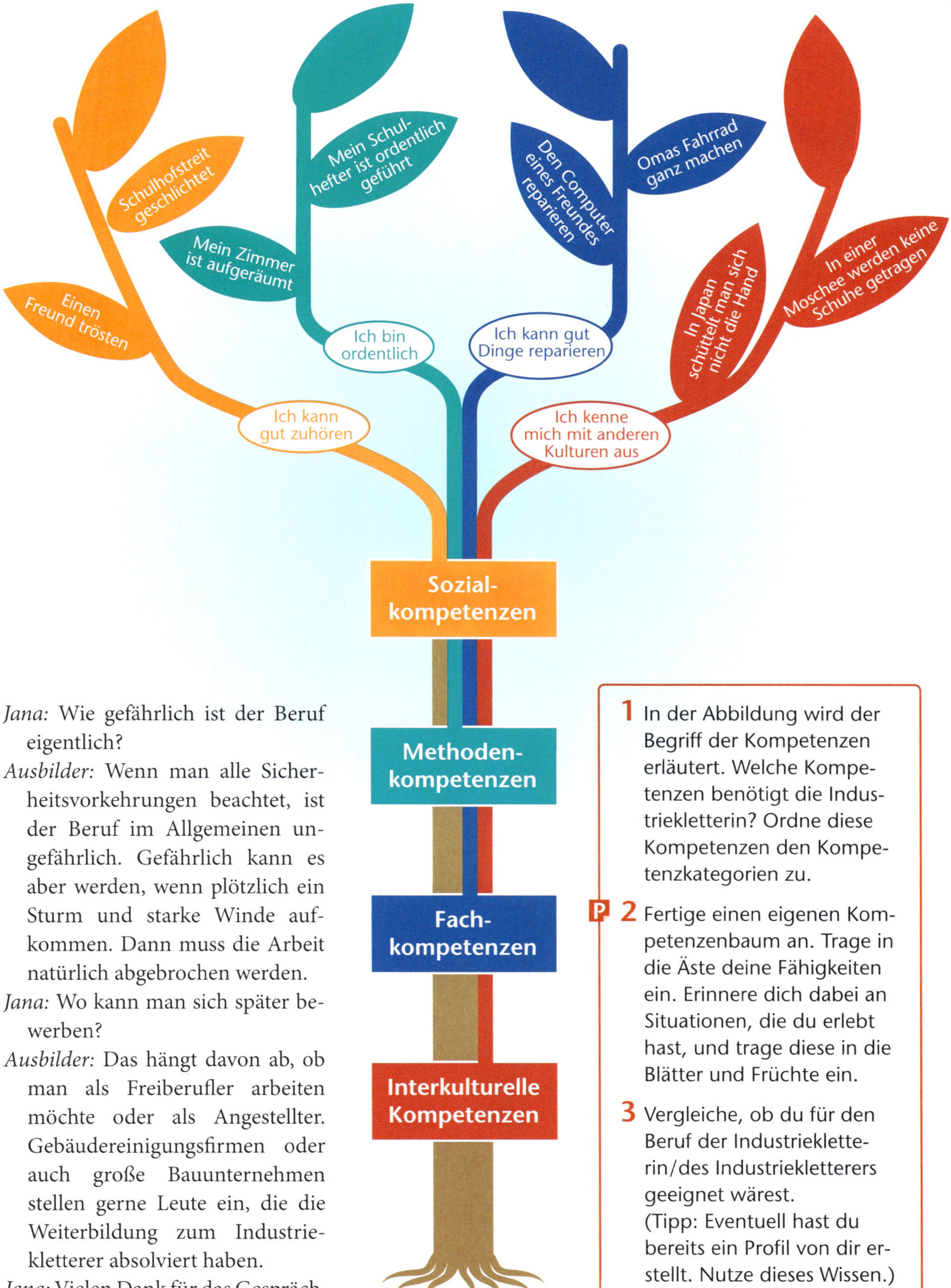

Jana: Wie gefährlich ist der Beruf eigentlich?

Ausbilder: Wenn man alle Sicherheitsvorkehrungen beachtet, ist der Beruf im Allgemeinen ungefährlich. Gefährlich kann es aber werden, wenn plötzlich ein Sturm und starke Winde aufkommen. Dann muss die Arbeit natürlich abgebrochen werden.

Jana: Wo kann man sich später bewerben?

Ausbilder: Das hängt davon ab, ob man als Freiberufler arbeiten möchte oder als Angestellter. Gebäudereinigungsfirmen oder auch große Bauunternehmen stellen gerne Leute ein, die die Weiterbildung zum Industriekletterer absolviert haben.

Jana: Vielen Dank für das Gespräch.

1 In der Abbildung wird der Begriff der Kompetenzen erläutert. Welche Kompetenzen benötigt die Industriekletterin? Ordne diese Kompetenzen den Kompetenzkategorien zu.

P **2** Fertige einen eigenen Kompetenzenbaum an. Trage in die Äste deine Fähigkeiten ein. Erinnere dich dabei an Situationen, die du erlebt hast, und trage diese in die Blätter und Früchte ein.

3 Vergleiche, ob du für den Beruf der Industriekletterin/des Industriekletterers geeignet wärest.
(Tipp: Eventuell hast du bereits ein Profil von dir erstellt. Nutze dieses Wissen.)

Lebenslauf und Bewerbung

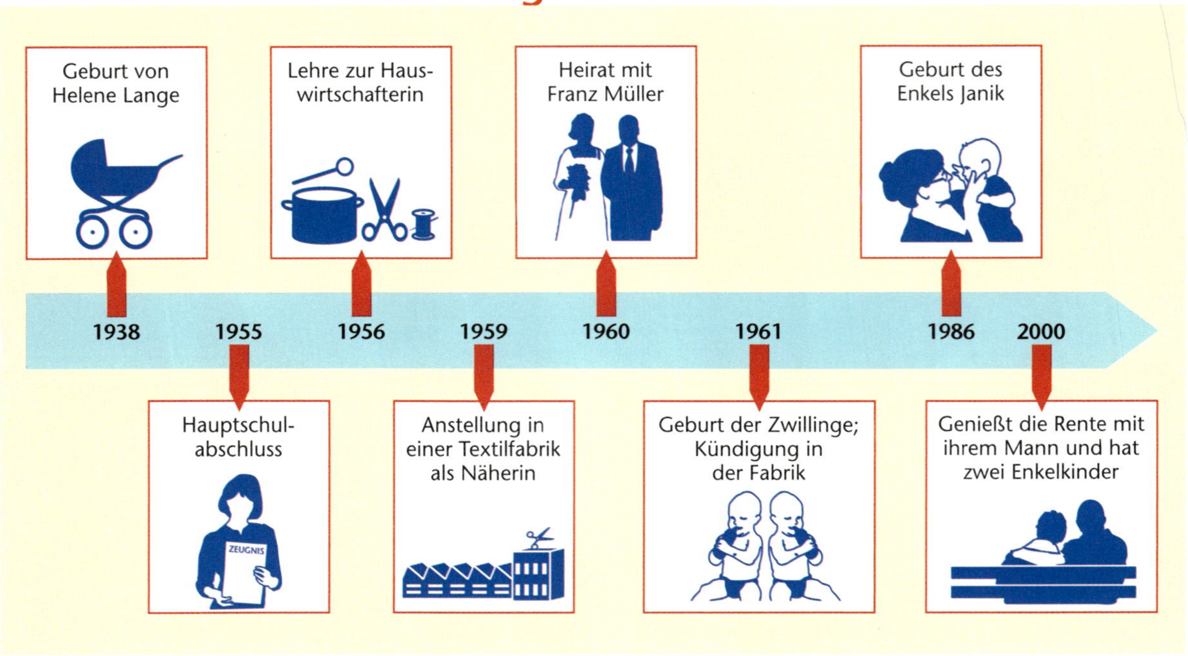

Lebenslauf der Großmutter, Helene Lange

Zwei Wege zum Glück

Der Lebenslauf ist der wichtigste Bestandteil der Bewerbungsunterlagen. Dies wird daran deutlich, dass die meisten Personalchefs den Lebenslauf noch vor dem Anschreiben lesen.

> Der Lebenslauf listet die wichtigsten Daten im (Berufs-)Leben einer Person auf und zeigt, welche Erfahrungen sie gesammelt hat und über welche Kompetenzen sie verfügt.

Songül (27 Jahre alt, Mainz)

Songül war schon in der Grundschule eine gute Schülerin. Deshalb hat sie nach ihrem Realschulabschluss direkt ihr Fachabitur nachgemacht. Für die Eltern war immer klar, dass ihre Tochter studieren würde. Songül entschied sich für ein Betriebswirtschaftsstudium, da dort gute Chancen für einen Arbeitsplatz bestanden. Sie studierte innerhalb der Regelstudienzeit und absolvierte nebenbei zwei Praktika. Außerdem verbrachte sie ein Auslandssemester an einer spanischen Universität. Nach dem Studium bekam sie mehrere Jobangebote von verschiedenen Unternehmen. Sie entschied sich für eine Projektstelle in einer Marketingabteilung. Nach drei Jahren wurde sie zur Projektleiterin befördert.
Songül: „Ich habe immer gewusst, was ich wollte, und bin mit meinem Beruf sehr zufrieden." Eigentlich hat immer alles geklappt, was ich mir vorgenommen habe. Seitdem ich zu Hause ausgezogen bin, vermisse ich öfters meine Eltern und meine alten Freunde. Für Freizeit ist in meinem Leben nicht viel Platz, dafür möchte ich irgendwann die Marketingabteilung leiten."

Tobias (29 Jahre alt, Pirmasens)

Tobias war immer ein sehr lebhaftes Kind. In der Schule beteiligte er sich viel an Diskussionen. Wenn ihn der Unterricht langweilte, störte er oft. Deshalb flog er vom Gymnasium und schaffte mit Ach und Krach seinen Realschulabschluss. Mit 18 Jahren packte er seine Sachen und reiste drei Monate durch Europa.
Das war eine tolle Erfahrung, bei der er viele unterschiedliche Kulturen kennenlernte. In dieser

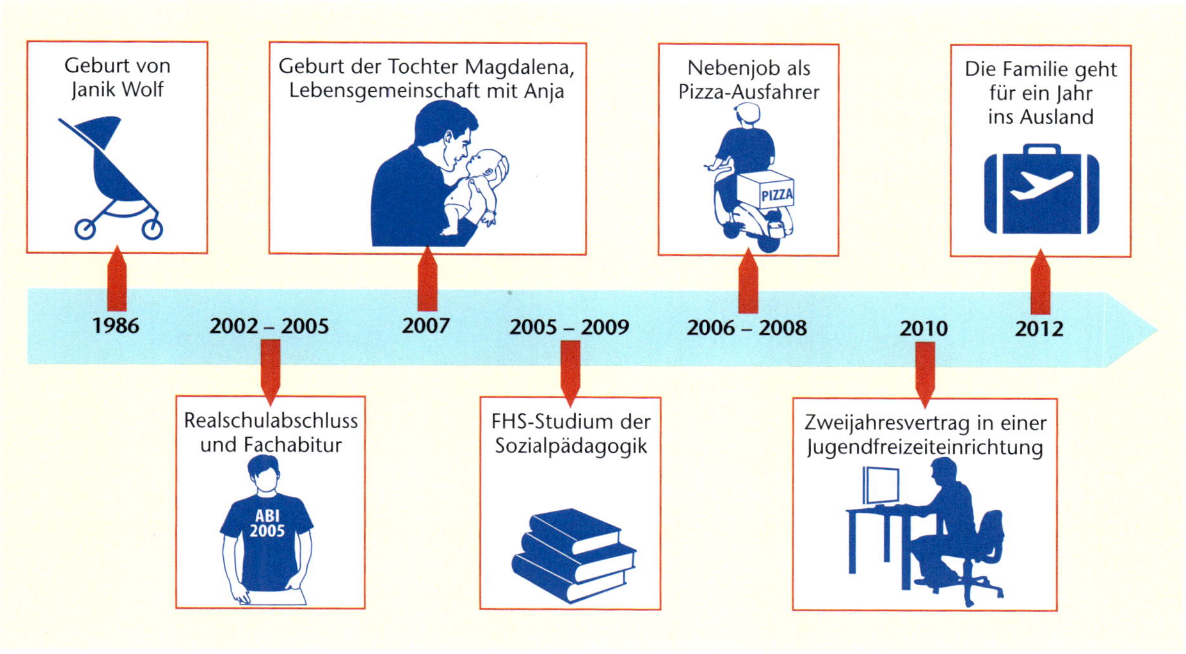

Lebenslauf von Janik, dem Enkel von Helene Lange

Zeit beschloss er, sich mehr für die Gesellschaft zu engagieren. Deshalb absolvierte er ein freiwilliges soziales Jahr in Nigeria. Das Leben dort war ganz anders als in Deutschland. So viel Armut und Probleme hätte er sich nie vorstellen können.

Zurück in Deutschland begann eine harte Zeit. Seine Freundin überzeugte ihn, eine Schreinerlehre zu beginnen. Doch wegen seines schlechten Schulabschlusses fand er nur schwer eine Lehrstelle und an das alte Leben konnte er sich nur mit Mühe wieder gewöhnen. Als es dann mit der Lehrstelle klappte, war er sehr glücklich.

Nach seiner erfolgreichen Abschlussprüfung konnte ihn der Betrieb nicht übernehmen und Tobias wurde arbeitslos. Dies war eine schlimme Zeit, beinahe hätten er und seine Freundin sich getrennt. Er probierte in dieser Zeit in der Garage seiner Eltern viel aus. Er hatte die Idee, alte Möbel zu restaurieren und bei Ebay zu verkaufen. Am Anfang lief das Geschäft nur schleppend. Mittlerweile hat er jedoch eine eigene Firma mit einer Holzwerkstatt und fünf Angestellten. Die Möbelstücke verkauft er auch über seine eigene Homepage. Ach ja, und seine Freundin erwartet bereits ihr zweites Kind. Heiraten wollen sie aber trotzdem nicht, ist irgendwie uncool.

Tobias: „Ich habe viel in meinem Leben erlebt! Dabei dachte ich manchmal, ich schaff' das alles nicht. Aber meine Freundin und meine Familie haben mir immer geholfen. Im Moment ist mir alles ein bisschen zu viel, die Firma, die Kinder, Familie, die Arbeit, meine Lebenspartnerin. Ich habe kaum noch Zeit für mich. Vielleicht verkaufen wir den Laden und gehen nach Afrika …"

1 Wie findest du die Lebensläufe von Songül und Tobias? Diskutiert darüber.

2 Was finden deiner Meinung nach Personalchefs an den Lebensläufen von Songül und Tobias gut und was nicht so gut? Fertige eine Liste an.

3 Vergleiche den Lebenslauf der Großmutter mit dem ihres Enkels. Nenne Unterschiede und finde Ursachen dafür.

P **4** Auf Seite 134/135 findest du das Muster eines Europass-Lebenslaufs. Informiere dich darüber und fülle selbst einen solchen online aus: www.europass-info.de

Europass Lebenslauf

Angaben zur Person	
Nachname(n) / Vorname(n)	**MUSTER Marina**
Adresse	Musterstraße 2 33098 Paderborn
Telefon	(+49-xxx) xxx xx xx — Mobil (+49-xxx) xxx xx xx
E-Mail	muster@xxx.de
Staatsangehörigkeit	Deutsch
Geburtsdatum	02/04/1990
Gewünschte Beschäftigung / Gewünschtes Berufsfeld	**Mediengestalterin für Digital- und Printmedien (Fachbereich Mediendesign)**
Berufserfahrung	
Zeitraum	10/2000 →
Beruf oder Funktion	Mediengestalterin
Wichtigste Tätigkeiten und Zuständigkeiten	- Mitarbeit bei der Konzeption, Gestaltung und Realisierung neuer Online-Portale - Unterstützung bei der inhaltlichen und grafischen Optimierung bestehender Projekte - Entwicklung von Screens mit Photoshop - Umsetzung von Screens mit HTML und CSS - Opitmierung von Quellcodes für unterschiedliche Browser - Grafische Erstellung von Newslettern - Digitale Bildbearbeitung - Digitale Nachbearbeitung von Videofilmschnitten - Erstellung von Layouts für diverse Printprodukte
Name und Adresse des Arbeitgebers	Muster-Werbeagentur GmbH Musterweg 35, 33129 Paderborn
Tätigkeitsbereich oder Branche	Werbeagentur
Schul- und Berufsbildung	
Zeitraum	09/2006 - 09/2009
Bezeichnung der erworbenen Qualifikation	Mediengestalterin in Digital- und Printmedien (Fachrichtung Mediendesign)
Name und Art der Bildungs- oder Ausbildungseinrichtung	Muster-Werbeagentur GmBH Musterweg 35, 33129 Paderborn
Stufe der nationalen oder internationalen Klassifikation	ISCED 3
Zeitraum	09/2000 - 08/2006
Bezeichnung der erworbenen Qualifikation	Mittlere Reife (Realschulabschluss)
Name und Art der Bildungs- oder Ausbildungseinrichtung	Lise-Meitner-Realschule Paderborn
Stufe der nationalen oder internationalen Klassifikation	ISCED 3

Lebenslauf von MUSTER Marina | Weitere Informationen zum Europass finden Sie unter http://europass.cedefop.europa.eu

Persönliche Fähigkeiten und Kompetenzen

Muttersprache(n) **Deutsch /Spanisch**

Sonstige Sprache(n)

Selbstbeurteilung *Europäische Kompetenzstufe (*)*	Verstehen				Sprechen				Schreiben	
	Hören		Lesen		An Gesprächen teilnehmen		Zusammenhängendes Sprechen			
Englisch	A2	Elementare Sprachverwendung	B2	Selbstständige Sprachverwendung	B2	Selbstständige Sprachverwendung	B1	Selbstständige Sprachverwendung	B2	Selbstständige Sprachverwendung
Französisch	A1	Elementare Sprachverwendung	A2	Elementare Sprachverwendung	A1	Elementare Sprachverwendung	A1	Elementare Sprachverwendung	A2	Elementare Sprachverwendung

(*) Referenzniveau des gemeinsamen europäischen Referenzrahmens für Sprachen

Soziale Fähigkeiten und Kompetenzen

- Großes Verantwortungsbewusstsein
- Teamfähigkeit

Organisatorische Fähigkeiten und Kompetenzen

- Gute Fähigkeit, mich selbst zu organisieren, im Voraus zu planen und dabei komplexe organisatorische Zusammenhänge zu berücksichtigen
- Gutes Zeitmanagement
- Gute Fähigkeit, Prioritäten zu setzen

Diese Fähigkeiten habe ich während der Ausbildung als auch bei der Vereinsarbeit (Mitarbeit bei der Erstellung der Spielpläne und Organisation von Reisen im Fußballverein) erworben.

IKT-Kenntnisse und Kompetenzen

- Sehr gute Kenntnisse im Umgang mit folgenden Software-Programmen und Technologien: Adobe Creative Suite (Photoshop, Illustrator, Flash), W3C (XHTML, HTML, CSS, Browser-Plugins) sowie PHP, Javascript, MySQL und Smarty
- Sehr gute Kenntnisse im Umgang mit den gängigen MS-Office-Tools
- Vertraut sowohl mit PC und MAC

Künstlerische Fähigkeiten und Kompetenzen

- Gespür für gutes Design
- Erstellung von Grußkarten und Briefpapier für Familie und Freundeskreis

Sonstige Fähigkeiten und Kompetenzen

- Kreativ im Entwickeln von Ideen für Projekte
- Mut zu improvisieren und Neues auszuprobieren

Führerschein(e) B, BE

Zusätzliche Angaben

- Mitglied im Fußballverein
- Joggen

Anlagen

In Kopie:

- Arbeitszeugnis der Muster Werbeagentur GmbH
- Berufsabschlusszeugnis Mediengestalterin
- europass Zeugniserläuterung „Mediengestalter/in Digital- und Print"
- Realabschlusszeugnis

Keine Alltagskleidung auf dem Bewerbungsfoto

„Hiermit bewerbe ich mich …"
als erster Satz klingt langweilig!

Unterschrift mit blauem Kugelschreiber

Rechtschreib- und Grammatikfehler sind ungeschickt!

Bei Onlinebewerbungen nur ein Dokument
(PDF-Datei) versenden.

Der Lebenslauf ist ein Verkaufsprospekt!

Geheimtipps für deine Bewerbung

Das richtige Outfit zählt

Der eigene Weg: Bewerbungen schreiben

Eine gute Bewerbung ist das Eintrittstor in eure berufliche Zukunft. Damit ihr zu einem Bewerbungsgespräch eingeladen werdet, ist es wichtig, eine Top-Bewerbung abzugeben.
Was gehört alles zu einer Top-Bewerbung? Bewerbung heißt, für sich zu werben. Dabei sollte man nicht übertreiben, aber auch nichts verschenken. Wer also über besondere Begabungen oder Talente verfügt, bereits Qualifikationen nachweisen kann, sollte dies dem zukünftigen Arbeitgeber mitteilen. Auch Auslandseinsätze, die Mitarbeit an besonderen Projekten kann man in einer Bewerbung erwähnen.
Dabei darf man sich nicht entmutigen lassen, wenn man erst mal mehrere Absagen bekommt. Katja hat schon mehr als dreißig Absagen erhalten und sich ihren ganzen Frust in ihrem Tagebuch von der Seele geschrieben.

„Ich verstehe nicht, warum ich so viele Absagen bekommen habe. Wahrscheinlich bekomme ich nie einen Ausbildungsplatz, obwohl ich mir doch wahnsinnig Mühe gegeben habe!
Für das Anschreiben habe ich mir viel Zeit genommen und versucht, genau zu beschreiben, warum ich gerne in diesem Unternehmen arbeiten möchte und welche Qualifikationen ich mitbringe. Da ich nur wenig Geld habe, habe ich das billigste Papier gekauft.
Einige Unternehmen wollten eine Online-Bewerbung. Das war mir aber zu kompliziert. Ein Brief ist doch auch o.k.! Wobei ich die Briefe nie so richtig gefaltet bekommen habe.
Eine Freundin von mir hatte sich schlichte Bewerbungsmappen gekauft. Die waren mir aber auch zu teuer und ich war froh, als ich ein Sonderangebot entdeckte. Das Muster auf den Mappen – japanische Mangas – war zwar etwas ausgefallen, aber ich fand sie cool.
Ich habe jeder Bewerbung ein tolles Bild von mir beigelegt. Am schönsten fand ich das von meinem letzten Mallorca-Urlaub.

Tipps für eine Online-Bewerbung

- Lege dir eine seriöse E-Mail-Adresse zu.
- Verschicke keine HTML-Mails.
- Lege dir eine Signatur zu.
- Wähle einen aussagekräftigen Betreff.
- Formuliere den Text deines Anschreibens sorgfältig.
- Füge deiner Bewerbung eine Attachment-Liste bei.
- Halte Anzahl und Größe der Attachments möglichst gering.
- Gib deinem Anhang einen aussagekräftigen Namen (z. B. „Bewerbung zum Mechatroniker").
- Stelle fest, ob deine Mail angekommen ist.

Geheimtipps für deine Bewerbung

Aussichtsreiches Bewerben?

Für den Lebenslauf habe ich mir extra eine Vorlage aus dem Internet gesucht. Dort findet man viele Tipps, was man bei Bewerbungen alles beachten muss. Ich habe gelesen, dass man in den Lebenslauf alle beruflichen und schulischen Erfahrungen in chronologischer Reihenfolge auflisten soll.
Da ich seit vier Jahren auf dem Weihnachtsmarkt arbeite, habe ich jedes Jahr einzeln aufgelistet. Ach ja, Hobbys und besondere Qualifikationen soll man auch in den Lebenslauf schreiben. Da ich in meiner Freizeit am liebsten bei Facebook chatte oder einfach chille, habe ich chatten und chillen reingeschrieben.
Eine Freundin von mir hat ihre Zeit in der Computerschule aufgeführt und die ganzen Kurse, die sie belegt hat. Das fand ich ein bisschen zu angeberisch. Außerdem ist Lesen ja wohl kein richtiges Hobby, oder?
Irgendwie bin ich mittlerweile so frustriert, dass ich mir gar keine richtige Mühe mehr gebe."

1 Wer von euch hat schon Erfahrungen mit Bewerbungsschreiben gemacht? Sprecht in der Klasse darüber, worauf es dabei ankommt.

2 Finde heraus, was Katja alles falsch gemacht hat, und fertige eine Hitliste mit den wichtigsten Grundsätzen zum Verfassen einer Bewerbung an.

P **3** Entwirf ein Bewerbungsschreiben und lass es von deinem Nachbarn oder deiner Nachbarin korrigieren.

4 Ihr seid nun Personalleiter/-in. Jeder von euch bekommt einen Stapel mit zehn Bewerbungen. Welchen Bewerber/welche Bewerberin würdet ihr einstellen und warum?
Begründet und diskutiert eure Auswahl in der Klasse.

5 Das richtige Outfit für ein Bewerbungsgespräch – was passt, was nicht in der Zeichnung links oben?

Wer bist du, was kannst du?

Auswahlverfahren

Für Unternehmen ist die Auswahl von qualifizierten und guten Mitarbeitern sehr wichtig. Deshalb verwenden sie auf den Auswahlprozess viel Zeit und setzen unterschiedliche Verfahren und Methoden ein, um die beste Mitarbeiterin zu gewinnen. Aber auch für euch ist es wichtig zu erfahren, ob das Unternehmen, bei dem ihr euch beworben habt, euren Vorstellungen entspricht.

Mit Auswahlverfahren versucht man die Mitarbeiter zu finden, die am besten zum Unternehmen und den Anforderungen des Arbeitsplatzes passen.

Das Auswahlinterview

Das beliebteste Auswahlverfahren ist das Auswahlinterview. Dafür gibt es viele Namen: Bewerbungsgespräch, Einstellungsgespräch, Vorstellungsgespräch usw. Die Interviews finden meist zwischen der Personalleiterin, einem Fachvorgesetzten und der Bewerberin/dem Bewerber statt. Manchmal werden auch gleichzeitig mehrere Bewerber interviewt. Das Unternehmen möchte in so einem Gespräch herausfinden, ob man wirklich motiviert ist und warum man sich gerade bei ihnen beworben hat. Die Bewerberin soll aber auch die Chance erhalten, sich über das Unternehmen zu informieren: Wie viel Geld werde ich verdienen? Wie sind meine Arbeitszeiten? Arbeite ich im Team? Gibt es einen Ausbildungsplan? Dem Interviewverfahren wird häufig vorgeworfen, dass es nicht objektiv genug ist.

Der Eindruck, den du beim Auswahlinterview hinterlässt, entscheidet zu einem großen Teil über deine Chancen, deinen Wunschberuf zu erlernen.

Das Assessment Center

Große Unternehmen, die sehr viele Auszubildende einstellen, benutzen häufig Assessment Center (AC), um ihre Auswahl zu optimieren. Das Assessment Center ist ein Verfahren, bei dem über ein bis zwei Tage verteilt die Bewerber/-in verschiedene Aufgabenstellungen bearbeiten müssen. Häufig werden Rollenspiele zur Teamfähigkeit durchgeführt oder knifflige Problemstellungen vorgelegt. Aber auch Tests und Vorstellungsgespräche sind meist fester Bestandteil von ACs. Bei Assessment Centern schneiden häufig Personen gut ab, die besonders redegewandt sind und sich gut präsentieren können.

1. Welche positiven Aspekte haben Tests?

☑ Tests sind besonders objektiv.
☐ Tests zeigen, ob du intelligent bist oder nicht.
☑ Leistungstests sind gut geeignet, um bestimmte Fähigkeiten zu prüfen (z. B. mathematische Kenntnisse).
☑ Mit Tests kann man sehr viele Bewerber in kurzer Zeit beurteilen.

2. Welche negativen Aspekte haben Tests

☑ Tests sagen wenig über das wirkliche Verhalten im Beruf aus!
☐ Tests sind langweilig.
☑ Leute mit Prüfungsangst haben es bei Tests schwerer.
☑ Bei Tests wird nicht auf deine individuellen Fähigkeiten und Probleme Rücksicht genommen.

Vor- und Nachteile von Tests

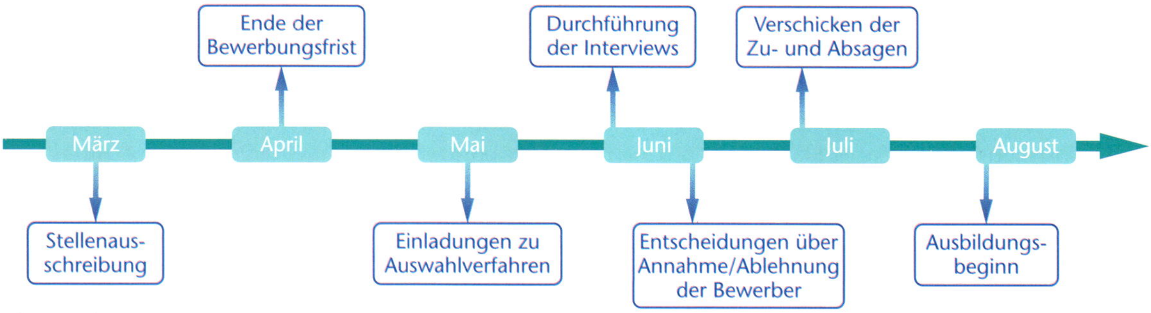

Phasen der Bewerbung

Tests

Verschiedene Testarten sind weitere Verfahren, die man benutzt, um Fähigkeiten und Fertigkeiten von Bewerberinnen und Bewerbern abzuprüfen. Leistungstests dienen beispielsweise der Überprüfung mathematischer oder sprachlicher Vorkenntnisse. Hierbei müssen die Bewerber verschiedene Aufgaben aus dem jeweiligen Fachgebiet lösen. Diese Tests werden häufig von Großunternehmen, Banken und öffentlichen Verwaltungen durchgeführt. Sie können jedoch nicht zeigen, ob eine Bewerberin später im Betrieb in der Lage ist, konkrete Probleme zu lösen.

Tests überprüfen die Fertigkeiten und Fähigkeiten des Bewerbers. Sie sind neben den Bewerbungsunterlagen wichtige Entscheidungshilfen für den Arbeitgeber.

Psychologische Tests versuchen die Persönlichkeit eines Bewerbers ans Licht zu bringen. Mit solchen Tests kann man feststellen, ob jemand belastbar ist oder ob bei ihm ein bestimmter Charaktertyp ausgeprägt ist. Solche Charaktertypen können beispielsweise der „Autoritätstyp“ oder der „Teamplayer“ sein. Dabei kann man nicht sagen, dass der eine Typ besser wäre als der andere; beide werden gebraucht. Für das Unternehmen ist es wichtig, die für die zu besetzende Stelle passende Bewerberin zu finden.

1 Diskutiert die Vor- und Nachteile der vorgestellten Auswahlverfahren.

P **2** Entwickelt in Dreier-Teams Aufgaben, die zeigen, ob jemand teamfähig ist, und testet sie in der Klasse.

P **3** Übe das Lösen von Testaufgaben. Nutze dazu das Material der Arbeitsagentur: http://www.arbeitsagentur.de/zentraler-Content/Veroeffentlichungen/Sonstiges/Orientierungshilfe.pdf

4 Mache Vorschläge, um die Objektivität eines Auswahlinterviews zu erhöhen.

5 Ladet eine Personalchefin oder einen ehemaligen Schüler zu einem Expertengespräch in die Klasse ein.

Frage	Antwort	Gute Antwort, weil ...
Wie geht es Ihnen?	Danke gut. Ich bin nur ein wenig nervös, weil dieses Gespräch sehr wichtig für mich ist.	Ehrlich und selbstbewusst, Wertschätzung des Betriebes.
Warum haben Sie sich für diesen Beruf entschieden?	Wie Sie meinem Lebenslauf entnehmen können, habe ich ja bereits ein Praktikum in diesem Beruf absolviert und es hat mir sehr gut gefallen, weil ich viele verschiedene Arbeiten ausführen durfte. Besonders gut an dem Beruf Kaufmann im Einzelhandel gefällt mir der Umgang mit Menschen. Ich berate und helfe ihnen gern bei der Kaufentscheidung. Außerdem macht mir der Umgang mit Zahlen Spaß, ich habe immer gerne gerechnet und bin darin sehr gut.	Überzeugende, selbstbewusste Antwort, Bewerber hat Praxiserfahrung und kennt den Beruf. Arbeitet gerne und packt gerne an.
Wissen Sie, wie die Berufsausbildung aussieht?	Ich denke schon. Ich habe mir den Ausbildungsrahmenplan im Internet angeschaut und war positiv überrascht, wie vielseitig der Beruf ist. Der Umgang mit Kunden ist das eine, aber es gibt noch viele weitere Tätigkeiten. Logistik und Lager gehören dazu und im dritten Lehrjahr auch der Kassenabschluss. Außerdem muss man natürlich viel über das Sortiment wissen.	Bewerber hat sich gut informiert, selbstbewusste Antwort.

Gute Antworten auf typische Fragen 1 *(Quelle: Azubi-azubine.de; Stand: 2.9.2011)*

Interview mit einem Personalchef

Jana möchte gerne herausfinden, worauf es bei einem Vorstellungsgespräch wirklich ankommt. Deshalb interviewt sie einen Personalchef.

Jana: Worauf achten Sie bei Bewerbern?

Personalchef: Wir achten auch auf Kleinigkeiten, die wichtig für den Eindruck sind, den eine Bewerberin oder ein Bewerber macht. Zum Beispiel: Ist sie oder er ordentlich angezogen und kommt sie oder er pünktlich zum Gespräch?

Jana: Warum ist so etwas wichtig?

Personalchef: Wissen Sie, jemand, der gewisse Grundregeln nicht beherrscht, den möchte ich gar nicht in meinem Unternehmen sehen.

Jana: Ich habe mal gehört, der erste Eindruck sei entscheidend.

Personalchef: Ja, ob man einen guten Draht zur Bewerberin oder zum Bewerber hat, entscheidet sich oft schon in den ersten Minuten des Gesprächs. Das heißt nicht, dass objektive Kriterien wie Zeugnisnoten und besondere Fähigkeiten keine Rolle spielen. So etwas ist natürlich auch sehr wichtig.

Jana: Welche Rolle spielt denn die Körperhaltung?

Personalchef: Die Köperhaltung sagt sehr viel über eine Person aus. Jemand, der in gebückter Haltung hereinkommt und ein bisschen wie ein „nasser Sack“ im Stuhl sitzt, der wird es schwerhaben.

Jana: Was würden Sie einer Bewerberin oder einem Bewerber als gute Vorbereitung empfehlen?

Personalchef: Wichtig ist, sich gut über das Unternehmen zu informieren, damit man überzeugend erklären kann, warum man gerade bei diesem Unternehmen arbeiten möchte.

Jana: Ist das alles?

Personalchef: Die Motivation der Bewerberin oder des Bewerbers spielt natürlich eine große Rolle. Und sie oder er sollte sich auf keinen Fall verstellen. So etwas merke ich sofort! Es kommt sehr darauf an, authentisch zu sein.

Frage	Antwort	Gute Antwort, weil ...
Welche Nachteile sehen Sie in diesem Beruf?	Ich weiß, dass es unregelmäßige Arbeitszeiten gibt und dass man zum Beispiel am Samstag und abends lange arbeiten muss. Aber das nehme ich gerne in Kauf.	Ehrliche und überzeugende Antwort, realistische Einschätzung.
Welche Schulfächer fallen Ihnen leicht und welche schwer? Und warum ist das so?	Ich bin sehr gut in Deutsch und Mathematik. Weniger gut bin ich in reinen Lernfächern wie Geschichte und Erdkunde. Ich kann zwar auch Dinge auswendig lernen, aber lieber mag ich es, wenn ich mein Wissen anwenden kann oder mich sprachlich ausdrücken muss. Und ich glaube, dass man in den Dingen besser ist, die einen wirklich interessieren.	Überzeugende Antwort, Schwächen werden gut begründet.
Was würden Sie tun, wenn Sie von uns eine Absage erhielten?	Natürlich wäre ich erst mal enttäuscht, da ich gerne in Ihrem Unternehmen lernen würde. Aber ich würde mich dann sofort weiter intensiv bewerben und hoffen, dass ich einen anderen Ausbildungsplatz finde.	Bewerber zeigt, dass er mit Rückschlägen gut umgehen kann und stabil ist.

Gute Antworten auf typische Fragen 2 *(Quelle: Azubi-azubine.de; Stand: 2.9.2011)*

Und wenn man keinen Erfolg hat, sollte man dies nicht persönlich nehmen.

Jana: Wie meinen Sie das?

Personalchef: Jedes Unternehmen legt auf unterschiedliche Aspekte Wert. Während man für die eine Stelle einen besonders akkuraten und sorgfältigen Mitarbeiter braucht, kann für eine andere Stelle jemand, der ständig neue Ideen hat, der oder die Richtige sein.

Jana: Darf man den Personalchef fragen, wie viel man verdienen wird?

Personalchef: Ja, klar! Organisatorische Fragen, wie Gehaltsfragen, Arbeitszeiten und Urlaub klärt man aber erst am Ende des Gesprächs. Wichtig ist auch zu fragen, welche Aufgaben mit der Stelle verbunden sind.

Jana: Warum das?

Personalchef: Nur wenn die Anforderungen an die Bewerberin bzw. den Bewerber mit ihren oder seinen Fähigkeiten übereinstimmen, werden am Ende beide Seiten glücklich!

1 Arbeite aus dem Interview heraus, was man beim Vorstellungsgespräch beachten muss.

2 Wer von euch hatte schon mal ein Vorstellungsgespräch? Tauscht euch in der Klasse aus.

P **3** Entwickle weitere Fragen, die in einem Vorstellungsgespräch vorkommen könnten, und überlege dir gute Antworten!

4 Bereitet euch auf ein Vorstellungsgespräch vor, indem ihr ein Rollenspiel durchführt. Besetzt die Rollen des Personalleiters/der Personalleiterin, des Geschäftsführers/der Geschäftsführerin und des Bewerbers/der Bewerberin. Benutzt dafür die Anschreiben, die ihr selbst angefertigt habt (vgl. S. 137).

Gesetzliche Regelungen zur Berufsausbildung

Das steht im Ausbildungsvertrag:

- Berufsbezeichnung
- Sachlich-zeitliche Gliederung der Berufsausbildung
- Ziel der Ausbildung
- Beginn und Dauer der Ausbildung
- Ausbildungsorte
- Dauer der regelmäßigen täglichen Arbeitszeit
- Höhe der Ausbildungsvergütung
- Urlaubszeiten
- Kündigungsregelungen
- Unterschrift vom Ausbilder (Verantwortlicher des Betriebes)
- Unterschrift des Auszubildenden (bei Minderjährigen auch der Eltern/Erziehungsberechtigten)

Wesentliche Inhalte des Berufsausbildungsvertrages

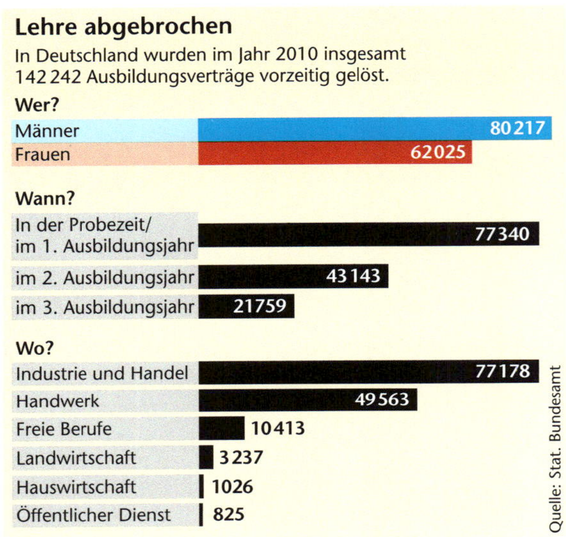

Wer bricht die Lehre ab? In welchen Branchen?

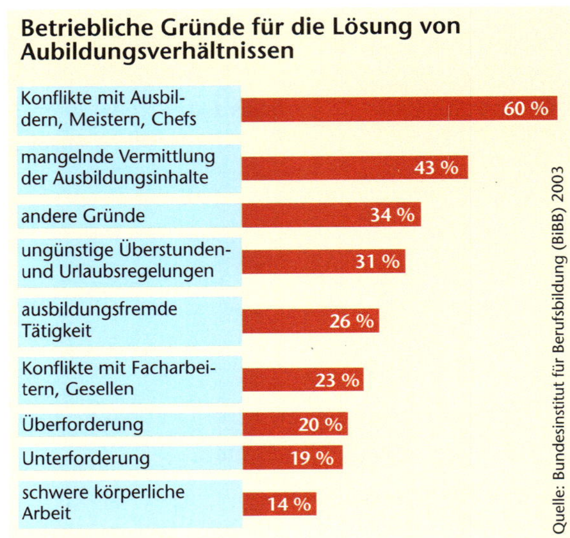

Warum wird die Lehre abgebrochen?

Die Bestandteile des Ausbildungsvertrages kennen

Jana hat sich schließlich dazu entschlossen, eine Ausbildung als Gesundheits- und Krankenpflegerin zu beginnen. Dazu geht ihre neue Chefin mit ihr noch einmal den Ausbildungsvertrag durch.

> Im Ausbildungsvertrag sind viele Rechte und Pflichten, die das Verhältnis zwischen Auszubildendem und dem ausbildenden Betrieb regeln, festgehalten.

Als wichtigster Bestandteil wird das Ziel der Ausbildung, mit welchen Aufgaben du betraut wirst und wann du wo während deiner Ausbildungszeit arbeiten wirst, angegeben. Außerdem wird geregelt, wann die Ausbildung beginnt. Dies ist für viele Ausbildungsberufe im September.

Was für dich sicherlich wichtig ist, ist wie hoch deine Vergütung im Monat ist, wie viel du täglich arbeiten musst und wie viel Urlaub dir im Jahr zusteht. Dafür gibt es Mindestanforderungen, die in verschiedenen Gesetzen stehen. Das Bundesurlaubsgesetz schreibt vor, dass man mit 18 Jahren mindestens 24 Tage Urlaub im Jahr haben muss. Wenn du noch nicht volljährig bist, hast du ein paar Tage mehr Urlaubsanspruch.

Eine Arbeitswoche hat sechs Werktage. Sie geht von Montag bis Samstag. Ist dein Urlaub in Werktagen angegeben, musst du sechs Tage Ur-

Beurteilungen im Arbeitszeugnis
Beispiel: Fachkompetenz

Ein Arbeitgeber ist seit 1963 gesetzlich verpflichtet, dem Arbeitnehmer ein wohlwollendes Zeugnis auszustellen, um ihm eine Chance auf dem Arbeitsmarkt zu geben.
Wer verstehen will, was im Zeugnis wirklich gemeint ist, muss den Code der Personalchefs kennen.

sehr gut	Jana setzte ihre **sehr guten** Fachkenntnisse **stets** sicher und zielgerichtet in der Praxis ein.
gut	Jana setzte ihre **guten** Fachkenntnisse **jederzeit** sicher und zielgerichtet in der Praxis ein.
befriedigend	Jana setzte ihre (guten) Fachkenntnisse sicher und zielgerichtet in der Praxis ein.
ausreichend	Jana setzte ihre Fachkenntnisse **auf zufriedenstellende Weise** in der Praxis ein.
mangelhaft	Jana setzte ihre Fachkenntnisse **im Wesentlichen** sicher und zielgerichtet in der Praxis ein.

Die Geheimnisse der Zeugnissprache

Checkliste Arbeitszeugnis

- Trägt das Zeugnis eine Überschrift?
- Wurde das Zeugnis auf dem üblicherweise verwendeten Firmenbogen geschrieben?
- Sind dein Vor- und Nachname korrekt geschrieben?
- Werden Geburtsdatum und Geburtsort richtig wiedergegeben?
- Sind Beginn und Ende des Arbeitsverhältnisses angegeben?
- Ist die von dir ausgeübte Tätigkeit vollständig und genau beschrieben?
- Sind deine Leistungen ausführlich und richtig beurteilt?
- Entsprechen die Angaben zur Führung im Dienst den Tatsachen?
- Wird der Grund für die Beendigung des Arbeitsverhältnisses genannt?
- Äußert dein Arbeitgeber sein Bedauern über dein Ausscheiden aus dem Arbeitsverhältnis?
- Enthält die Schlussformulierung Wünsche des Arbeitgebers für deine berufliche Zukunft?
- Sind Ort und Datum der Zeugnisausstellung genannt?
- Ist das Zeugnis vom Firmenchef oder einer vertretungsberechtigten Person unterschrieben?

So prüfst du ein qualifiziertes Zeugnis

laub pro Woche rechnen – auch wenn du nur fünf Tage die Woche arbeitest. Du musst in diesem Fall die Urlaubstage durch sechs teilen, um zu sehen, wie viele Wochen Urlaub du hast.
Außerdem ist es wichtig, dass die Probezeit im Vertrag geregelt ist. Während der Probezeit kann dein Arbeitgeber dich ohne Angabe von Gründen entlassen. Die Probezeit beträgt mindestens einen Monat und darf maximal vier Monate betragen. Danach genießen Auszubildende einen besonderen Schutz und dürfen nur wegen besonders schwerer Vergehen entlassen werden, beispielsweise bei Diebstahl.
Was in keinem Vertrag fehlen darf, ist die Unterschrift von dir und deinem Arbeitgeber. Die Unterschrift zeigt, dass du mit dem Vertrag einverstanden bist. Bei Minderjährigen müssen auch die Eltern oder Erziehungsberechtigten unterschreiben. Dein Arbeitgeber muss die Rechtsvorschriften aus dem Berufsbildungsgesetz und dem Jugendarbeitsschutzgesetz beachten.

P **1** Lege dar, welche Bestandteile ein Ausbildungsvertrag enthalten muss.

2 Recherchiere den Unterschied zwischen Arbeits- und Werktagen. Was bedeutet dies für deinen Urlaubsanspruch in deinem bevorzugten Ausbildungsberuf?

3 Entwerft zu zweit Traumausbildungsverträge, die zeigen, wie ihr euch eine ideale Ausbildung vorstellen würdet.

Deine Rechte …

- angemessene Vergütung
- kostenlose Ausbildungsmittel
- nur Arbeiten, die dem Ausbildungsziel dienen
- Anspruch auf ein Zeugnis
- max. 40 Stunden Woche

Deine Pflichten …

- Aufgaben sorgfältig ausführen
- Anweisungen befolgen
- Regeln im Betrieb beachten
- ein Berichtsheft führen
- die Betriebsgeheimnisse wahren
- die Berufsschule besuchen

Rechte und Pflichten von Auszubildenden nach dem Berufsbildungsgesetz (BBiG)

Rechte und Pflichten von Auszubildenden

Lehrlinge gab es schon im Mittelalter …

Die Wurzeln der heutigen dualen Berufsausbildung reichen bis ins Hochmittelalter (11. bis 13. Jahrhundert) zurück. Vor allem Jungen konnten in handwerklichen Berufen (Schmied, Bäcker usw.) in die Lehre gehen. Für Mädchen gab es die weiblichen Zünfte wie die Seiden- oder Garnmacherin.

Lehre mit Familienanschluss

Zur damaligen Zeit lebte man mit der Familie des Meisters unter einem Dach. Die Lehre umfasste ganzheitlich das Familien- und Berufsleben. Häufig wurde ein Junge bereits mit zehn Jahren zu einer Handwerkerfamilie geschickt. Die eigentliche Lehre begann meist mit 14 Jahren und endete nach drei bis vier Jahren mit der Gesellenprüfung.
Der Meister hatte sich um den Lehrling wie um einen Sohn zu kümmern. Er achtete darauf, dass der Lehrling keinen Alkohol trank und rechtzeitig ins Bett ging. Im Gegenzug musste der Lehrling unbedingten Gehorsam leisten und alles, was ihm aufgetragen wurde, erledigen. Er durfte außerdem während der Lehrjahre sich nicht vermählen und musste aus einer ehrbaren Familie stammen.

Nur Kost und Logis

Während der Lehrzeit bekam man keinen Lohn. Oft mussten die Eltern des Lehrlings sogar eine Art „Lehrgeld“ bezahlen, damit ihr Kind aufgenommen wurde. Der Meister hatte für Unterkunft und Essen zu sorgen. Erst gegen Ende des 18. Jh. wurde den Lehrlingen ein kleiner Lohn gezahlt. Allerdings lebten sie zu diesem Zeitpunkt auch nicht mehr mit dem Meister unter einem Dach.

Nicht wie Vieh halten

Im Mittelalter begann der Arbeitstag sehr früh. Mit den ersten Sonnenstrahlen stand man auf und mit Beginn der Dunkelheit endete der Arbeitstag. Die Lehrlinge arbeiteten sechs Tage in der Woche zehn bis zwölf Stunden. Pausen gab es nur, wenn der Meister es anordnete. Vor allem konnte der Meister den Lehrlingen alle möglichen Tätigkeiten auftragen, beispielsweise auch, die Wohnung zu säubern oder die Ställe auszumisten.
Der Spruch „Lehrjahre sind keine Herrenjahre“ stammt aus jener Zeit. Der Lehrling konnte dem

Das Jugendarbeitsschutzgesetz regelt:

Ärztliche Untersuchung Erstuntersuchung; Bescheinigung über ärztliche Untersuchung (nicht älter als 14 Monate)	**Wochenarbeitszeit** 5 Tage = 40 Stunden grundsätzlich; Ausnahme: Landwirtschaft während der Erntezeit	**Urlaub** Jünger als 16 Jahre – 30 Tage 17 Jahre – 27 Tage 18 Jahre – 25 Tage
Ununterbrochene Freizeit 12 Stunden pro Tag grundsätzlich; Ausnahme: keine	**Frühester Arbeitsanfang** 6.00 Uhr grundsätzlich; 5.00 Uhr Landwirtschaft, Bäckerei, Konditoreien; Ausnahme: 4.00 Uhr Jugendliche über 17 Jahren in Bäckereien	**Höchstschichtzeit** 10 Stunden grundsätzlich; Ausnahme: 8 Stunden: Bergbau; 11 Stunden: Gaststätten, Landwirtschaft, Tierhaltung, Baustellen
Spätester Arbeitsschluss 20.00 Uhr grundsätzlich; 22.00 Uhr Gaststätten, Schausteller; 21.00 Uhr Landwirtschaft; 23.00 Uhr Schichtbetriebe	**Ruhepausen** sind eine Arbeitsunterbrechung von mindestens 15 Minuten; bei einer Arbeitszeit von 4 ½ bis 6 Stunden: mindestens 30 Minuten; bei einer Arbeitszeit von mehr als 6 Stunden: 60 Minuten	**Verboten** Akkordarbeit, gefährliche Arbeit, Samstagsarbeit, Sonntagsarbeit (Es gibt Ausnahmen.)

Meister nie tüchtig genug sein. Schließlich sollte die harte Ausbildung den jungen Menschen auf das bevorstehende Leben vorbereiten. Zu alledem war der Lehrling dem Spott und den Streichen der Gesellen ausgesetzt.
Einige Lehrlinge konnten die harte und oft auch demütigende Behandlung nicht aushalten und flohen aus dem Haus des Meisters. Die Zünfte hatten dann zu prüfen, ob der Lehrling grundlos geflüchtet war oder ob ein Vergehen des Meisters vorlag. War die Flucht grundlos, wurde der Lehrling aus der Zunft ausgeschlossen. Ansonsten drohten dem Meister hohe Strafen.
Um Missstände zu vermeiden, gaben Zünfte Verordnungen zum Schutz der Lehrlinge heraus. Darin hieß es beispielsweise: „mit der Zucht […] gebührende Bescheidenheit“ walten zu lassen „und also den Jungen, so ihm vertrauet, für einen Menschen und kein Vieh zu halten“.
Wenn die Lehrzeit zu Ende war, fertigte der Lehrling sein Gesellenstück an und wurde vom Meister verabschiedet. Häufig ging der frischgebackene Geselle dann auf Wanderschaft.

Heute sind Rechte und Schutz der Lehrlinge vor allem in zwei Gesetzen geregelt: im Berufsbildungsgesetz (BBiG) und im Jugendarbeitsschutzgesetz (JArbSchG).

1 Lege dar, welche Rechte und welche Probleme Lehrlinge im Mittelalter hatten.

2 Welche Probleme der Lehrlinge im Mittelalter sind heute durch das BBiG und durch das JArbSchG geregelt und wie? Recherchiere in den Gesetzestexten im Internet.

3 Welche Möglichkeiten gibt es, sich für eine gute Ausbildung einzusetzen?

Ⓜ Stationenarbeit: „Mein Weg in den Beruf!"

Immer mehr Jugendliche wissen nicht Bescheid, was sie in der Ausbildung erwartet! Zum Beispiel wissen sie nicht, welche Pflichten man als Auszubildende oder Auszubildender hat oder wie ein Ausbildungsvertrag aussieht. Deshalb sollt ihr zu Experten ausgebildet werden, die Jugendliche gut beraten können. Wenn ihr alle Stationen durchlaufen habt, könnt ihr euch „Azubi-Berater" nennen.

Und so geht ihr vor:
1. An den Stationen schnuppern
Ehe es richtig losgeht, stellt die Lehrerin bzw. der Lehrer euch alle Stationen vor und ihr könnt Fragen zu den Arbeitsaufträgen stellen.

2. Zum Experten werden
Jetzt geht es los! Es gibt drei Pflichtstationen und zwei Wahlstationen sowie eine Pausenstation. Die Pflichtstationen musst du bearbeiten. Aus den Wahlstationen kannst du dir eine aussuchen. Du bleibst nur so lange an einer Station, bis du die Aufgabe gelöst hast. Wenn du eine Pause brauchst, gehst du einfach an die Pausenstation!

3. Hilfestellung geben
Wenn du etwas nicht verstehst, kannst du jederzeit die Lehrerin bzw. den Lehrer fragen oder Mitschüler/-innen. Wenn du alle Stationen geschafft hast, kannst du deine Mitschüler/-innen unterstützen.

4. Auswertung
Diskutiert in der Klasse gemeinsam eure Ergebnisse.

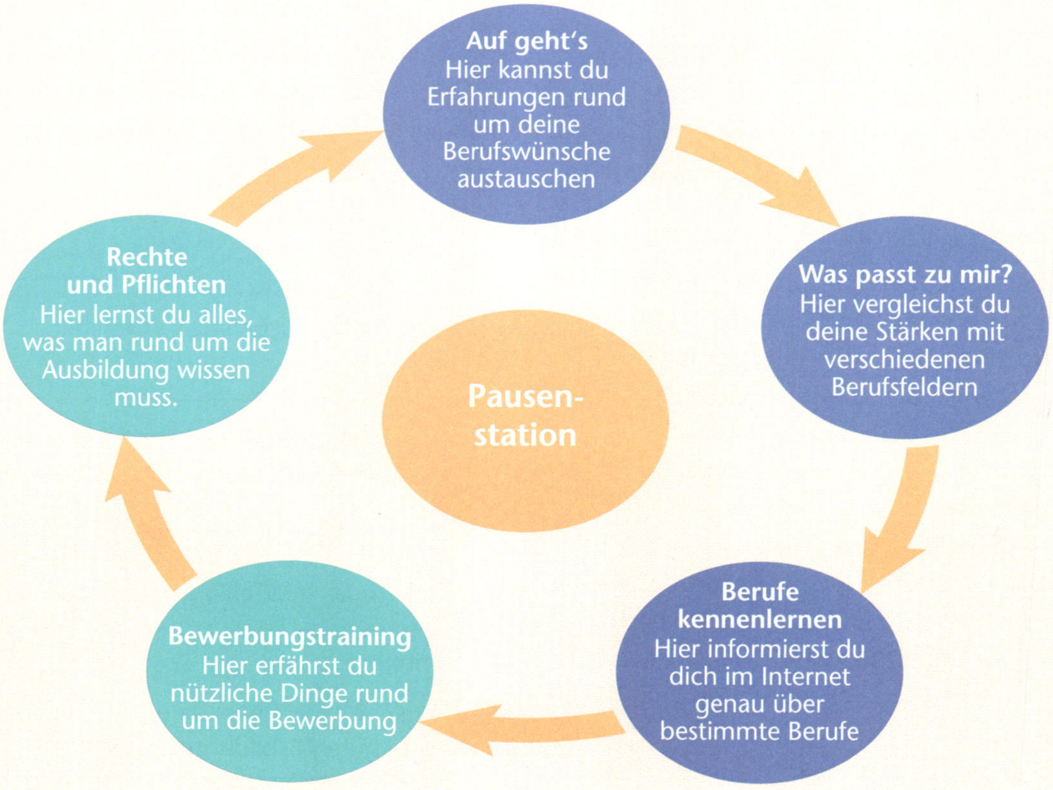

Was essen wir heute?

Suppen

Bohneneintopf

Garart: Braten/ Druckgaren

Vorbereitungsarbeiten (ca. 5 Min.)

Geräte herrichten:
- Abfallschüssel, Ordnungstopf, Probieresslöffel
- Zur Vorbereitung: Küchenschüssel, Seiher, Schneidebrett, Küchenmesser, Dosenöffner
- Zur Zubereitung: Dampfdrucktopf, Rührlöffel, Esslöffel, Messbecher, Küchenwecker

Zubereitungsarbeiten (ca. 15 Min.)

Zutaten	Zubereitung
1 Zwiebel, 1 Knoblauchzehe	schälen, fein schneiden, abdecken
1 grüne Paprika, 2 Tomaten	waschen, putzen, würfeln, abdecken
2 El. wasserfreies Fett	erhitzen
200 g Rindfleischwürfel	anbraten, alle Zutaten zugeben, mitbraten
1/4 l Wasser	ablöschen, Dampfdrucktopf sachgerecht verschließen,
	10 Minuten auf dem II. Ring garen
1 Dose rote Kidneybohnen, 1 Dose Mais	abgießen, zugeben, aufkochen
Salz, Pfeffer, Chilipulver	würzen, abschmecken

Anrichtearbeiten (ca. 2 Min.)
Bohneneintopf in einer vorgewärmten Suppenschüssel anrichten, Schöpflöffel vorlegen.

Tomatensuppe

Garart: Dünsten/ Kochen

Vorbereitungsarbeiten (ca. 5 Min.)

Geräte herrichten:
- Abfallschüssel, Ordnungstopf, Probieresslöffel
- Zur Vorbereitung: Schneidebrett, Küchenmesser
- Zur Zubereitung: Kochtopf, Rührlöffel, Esslöffel, Messbecher, Handrührgerät mit Pürierstab, Sahnerührbecher, Zitruspresse, Küchenwecker

Zubereitungsarbeiten (ca. 15 Min.)

Zutaten	Zubereitung
½ Zwiebel	schälen, fein würfeln
2 El. wasserhaltiges Fett	erwärmen, Zwiebel andünsten
1 El. Mehl	mitdünsten
½ l pürierte Tomaten	langsam ablöschen
¼ l Wasser	zugeben
Salz, Zucker	würzen, 10 Minuten kochen
etwas Zitronensaft, 2 El. Sahne	zugeben, abschmecken

Anrichtearbeiten (ca. 2 Min.)
Tomatensuppe in einer vorgewärmten Suppenschüssel anrichten, Schöpflöffel vorlegen.

Minestrone (italienisch)

Garart: Dünsten/ Kochen

Vorbereitungsarbeiten (ca. 5 Min.)

Geräte herrichten:
- Abfallschüssel, Ordnungstopf, Probieresslöffel
- Zur Vorbereitung: Küchenschüssel, Seiher, Schneidebrett, Küchenmesser, Sparschäler, Küchenwaage
- Zur Zubereitung: Kochtopf, Rührlöffel, Esslöffel, Messbecher, Küchenwecker

Zubereitungsarbeiten (ca. 25 Min.)

Zutaten	Zubereitung
1 Zwiebel	schälen, fein würfeln, abdecken
1 Knoblauchzehe	schälen, fein hacken, abdecken
2 Karotten	waschen, schälen, in feine Streifen schneiden, abdecken
1 Stange Lauch	waschen, in Ringe schneiden, abdecken
200 g grüne Bohnen	waschen, putzen, in 5 cm lange Stücke schneiden, abdecken
3 Tomaten	waschen, schälen, abdecken
2 El. wasserhaltiges Fett	erwärmen, Gemüse andünsten
1 l Wasser	ablöschen
Salz, Paprika, Thymian	würzen, abschmecken, 20 Minuten kochen
125 g Spagetti	zerbrechen, zugeben
200 g grüne Erbsen (tiefgefroren)	zugeben, 10 Minuten kochen
1 El. Petersilie	waschen, fein schneiden, darüber streuen

Anrichtearbeiten (ca. 2 Min.)
Minestrone in einer vorgewärmten Suppenschüssel anrichten, Schöpflöffel vorlegen, mit Parmesan servieren.

Kartoffelsuppe

Garart: Druckgaren

Vorbereitungsarbeiten (ca. 5 Min.)

Geräte herrichten:
- Abfallschüssel, Ordnungstopf, Probieresslöffel
- Zur Vorbereitung: Küchenschüssel, Seiher, Küchenwaage, Gemüsebürste, Schneidebrett, Küchenmesser, Sparschäler
- Zur Zubereitung: Dampfdrucktopf, Rührlöffel, Messbecher, Esslöffel, Küchenwecker

Zubereitungsarbeiten (ca. 15 Min.)

Zutaten	Zubereitung
500 g Kartoffeln	waschen, schälen, würfeln
¾ l Wasser	zum Kochen bringen, Kartoffeln zugeben
2 El. Suppengemüse (tiefgefroren)	zugeben, Dampfdrucktopf sachgerecht verschließen, 5 Minuten auf dem II. Ring garen
1 El. wasserhaltiges Fett	zugeben
Salz, Suppengewürz, Majoran	würzen, abschmecken
1 El. Petersilie	waschen, fein schneiden, darüber streuen

Anrichtearbeiten (ca. 2 Min.)
Kartoffelsuppe in einer vorgewärmten Schüssel anrichten, Schöpflöffel vorlegen.

Getränke

Milchmixgetränke

Vorbereitungsarbeiten (ca. 5 Min.)

Geräte herrichten:

- Abfallschüssel, Ordnungstopf, Probieresslöffel
- Zur Zubereitung: Handrührgerät mit Pürierstab, Sahnerührbecher, Zitruspresse, Küchenmesser, Schneidebrett, Esslöffel, Messbecher

Zubereitungsarbeiten (ca. 10 Min.)

Zutaten	Zubereitung
Bananenmilch: 2 reife Bananen	pürieren
Saft einer ½ Zitrone 2 El. Zucker ½ l Buttermilch	zugeben, verrühren
Kirschmilch: ½ Glas Sauerkirschen	pürieren
1 Pckg. Vanillezucker ½ l Sauermilch	zugeben, verrühren

Anrichtearbeiten (ca. 2 Min.)
Milchmixgetränk in einen Glaskrug füllen oder auf vier Gläser verteilen.

Hawaiidrink

Vorbereitungsarbeiten (ca. 5 Min.)
Geräte herrichten:

- Abfallschüssel, Ordnungstopf, Probieresslöffel
- Zur Zubereitung: Schneidebrett, Küchenmesser, Messbecher, Zitruspresse, Sahnerührbecher

Zubereitungsarbeiten (ca. 15 Min.)

Zutaten	Zubereitung
400 ml Orangensaft 200 ml Apfelsaft 200 ml Ananassaft Saft einer ½ Zitrone	vermischen
4 Ananasstücke, 4 Kiwistücke	auf kleine Holzspieße stecken

Anrichtearbeiten (ca. 2 Min.)
Hawaiidrink in einen Glaskrug füllen oder auf vier Gläser verteilen, mit Früchtespießen und Trinkhalmen garnieren.

Ackersalat

Vorbereitungsarbeiten (ca. 5 Min.)

Geräte herrichten:
- Abfallschüssel, Ordnungstopf, Probieresslöffel
- Zur Vorbereitung: Küchenschüssel, Seiher, Küchenwaage, Küchenmesser
- Zur Zubereitung: Salatbesteck, Schüssel, Esslöffel, Teelöffel

Zubereitungsarbeiten (ca. 10 Min.)

Zutaten	Zubereitung
160 g Ackersalat	putzen, waschen, abdecken
Marinade: 2 El. Essig, 2 El. Öl ½ Tl. Salz, ½ Tl. Zucker, Pfeffer, 1 Tl. Senf	verrühren
	Salat vorsichtig mit der Marinade vermischen

Anrichtearbeiten (ca. 2 Min.)
Ackersalat auf Portionsschälchen verteilen oder in eine Glasschüssel geben und Salatbesteck vorlegen.

Endiviensalat

Vorbereitungsarbeiten (ca. 5 Min.)

Geräte herrichten:
- Abfallschüssel, Ordnungstopf, Probieresslöffel
- Zur Vorbereitung: Küchenschüssel, Seiher, Schneidebrett, Küchenmesser
- Zur Zubereitung: Salatbesteck, Schüssel, Esslöffel, Teelöffel

Zubereitungsarbeiten (ca. 15 Min.)

Zutaten	Zubereitung
½ Endiviensalat	putzen, waschen, in schmale Streifen schneiden, abdecken
Marinade: ½ Becher Sauerrahm, 2 El. Essig 1 Tl. Senf, ½ Tl. Zucker, ½ Tl. Salz, Pfeffer	verrühren
	Salat vorsichtig mit der Marinade vermischen

Anrichtearbeiten (ca. 2 Min.)
Endiviensalat auf Portionsschälchen verteilen oder in eine Glasschüssel geben und Salatbesteck vorlegen.

Rezepte

Griechischer Bauernsalat

Vorbereitungsarbeiten (ca. 5 Min.)

Geräte herrichten:
- Abfallschüssel, Ordnungstopf, Probieresslöffel
- Zur Vorbereitung: Küchenschüssel, Seiher, Schneidebrett, Küchenmesser, Sparschäler
- Zur Zubereitung: Schüssel, Esslöffel, Teelöffel, Küchenwaage, Salatbesteck

Zubereitungsarbeiten (ca. 15 Min.)

Zutaten	Zubereitung
½ Gurke	waschen, schälen, würfeln, abdecken
1 gelbe Paprika	waschen, putzen, würfeln, abdecken
2 Tomaten	waschen, achteln, abdecken
2 Zwiebeln	schälen, in Ringe schneiden, abdecken
Marinade: 2 El. Essig, 2 El. Olivenöl ½ Tl. Salz, Pfeffer	vermengen
	Gemüse mit der Marinade vermengen
100 g schwarze Oliven 200 g Schafskäse	würfeln, über den Salat geben

Anrichtearbeiten (ca. 2 Min.)
Griechischen Bauernsalat auf Portionsschälchen verteilen oder in einer Glasschüssel anrichten und Salatbesteck vorlegen.

Tomaten mit Mozzarella

Vorbereitungsarbeiten (ca. 5 Min.)

Geräte herrichten:
- Abfallschüssel, Ordnungstopf
- Zum Waschen: Küchenschüssel, Seiher
- Zum Schneiden: Küchenmesser, Schneidebrett

Zubereitungsarbeiten (ca. 10 Min.)

Zutaten	Zubereitung
4 Tomaten	waschen, in Scheiben schneiden
2 Mozzarella-Käse	in Scheiben schneiden
	Tomatenscheiben auf vier Teller verteilen, Mozzarellascheiben darauf legen
Pfeffer	darüber streuen
Olivenöl, Balsamico	darüber tropfen
Basilikum	waschen, verzieren

Eiersalat

Garart: Kochen

Vorbereitungsarbeiten (ca. 5 Min.)

Geräte herrichten:

- Abfallschüssel, Ordnungstopf, Probieresslöffel
- Zum Kochen der Eier: Stieltopf, Küchenwecker
- Zur Vorbereitung: Küchenschüssel, Seiher, Schneidebrett, Küchenmesser, Sparschäler, Küchenwaage, Esslöffel
- Zur Zubereitung: Zitruspresse, Salatbesteck, Esslöffel, Teelöffel, Schüssel

Zubereitungsarbeiten (ca. 15 Min.)

Zutaten	Zubereitung
4 Eier	10 Minuten hart kochen, abschrecken, schälen, in Scheiben schneiden
2 Gewürzgurken 100 g gekochter Schinken	würfeln
1 Apfel	waschen, schälen, entkernen, würfeln
1 El. Kapern	zerkleinern
Marinade: 2 El. Majonäse, 2 El. Joghurt, etwas Zitronensaft ¼ Tl. Salz, ¼ Tl. Zucker, ¼ Tl. Senf	verrühren
	Marinade vorsichtig mit den anderen Zutaten vermengen

Anrichtearbeiten (ca. 2 Min.)

Eiersalat auf Portionsschälchen verteilen oder in einer Glasschüssel anrichten und Salatbesteck vorlegen.

Gurkensalat

Vorbereitungsarbeiten (ca. 5 Min.)

Geräte herrichten:

- Abfallschüssel, Ordnungstopf, Probieresslöffel
- Zur Vorbereitung: Küchenschüssel, Seiher, Sparschäler
- Zur Zubereitung: Salatbesteck, Schüssel, Teelöffel, Esslöffel, Schneidebrett, Küchenmesser, Zitruspresse, Universalreibe

Zubereitungsarbeiten (ca. 10 Min.)

Zutaten	Zubereitung
1 Salatgurke	waschen, schälen, abdecken
Marinade: 2 El. Essig oder Zitronensaft ½ Tl. Salz, 1 Tl. Zucker, 1 El. gehackter Dill 2 El. saure Sahne oder Joghurt	vermengen
	Salatgurke in die Marinade hobeln, vermengen Achtung: Erst kurz vor dem Anrichten zubereiten!

Anrichtearbeiten (ca. 2 Min.)

Gurkensalat auf Portionsschälchen verteilen oder in einer Glasschüssel anrichten und Salatbesteck vorlegen.

Eierspeisen

Baskische Eier

Garart: Dünsten

Vorbereitungsarbeiten (ca. 5 Min.)

Geräte herrichten:
- Abfallschüssel, Ordnungstopf
- Zur Vorbereitung: Küchenschüssel, Seiher, Küchenmesser, Schneidebrett
- Zur Zubereitung: Esslöffel, Teelöffel, Küchenwaage, Sahnerührbecher, Handrührgerät mit Schneebesen, Bratenpfanne mit Deckel, Pfannenwender

Zubereitungsarbeiten (ca. 15 Min.)

Zutaten	Zubereitung
2 grüne Paprika	waschen, putzen, in Streifen schneiden, abdecken
1 Zwiebel	schälen, fein würfeln
3 El. wasserhaltiges Fett	erwärmen, Gemüse weich dünsten
500 g Tomaten	waschen, in Scheiben schneiden, mitdünsten, abdecken
4 Eier, ½ Tl. Salz, ½ Tl. Paprikapulver	verrühren, darüber gießen, Pfanne zudecken, stocken lassen

Anrichtearbeiten (ca. 2 Min.)
Baskische Eier in vier gleich große Teile schneiden und auf vorgewärmten Tellern anrichten.

Omelette provençale

Garart: Dünsten/Braten

Vorbereitungsarbeiten (ca. 5 Min.)

Geräte herrichten:
- Abfallschüssel, Ordnungstopf, Probieresslöffel
- Zur Zubereitung der Füllung: Küchenschüssel, Seiher, Küchenmesser, Schneidebrett, Teelöffel, Kochtopf, Rührlöffel, Küchenwecker
- Zur Zubereitung des Omelettes: Sahnerührbecher, Handrührgerät mit Schneebesen, Esslöffel, 2 Bratpfannen mit Deckel, Pfannenwender

Zubereitungsarbeiten (ca. 25 Min.)

Zutaten	Zubereitung
Füllung: 1 gelbe Paprika, 2 Tomaten, 1 kleine Zucchini 1 Zwiebel	 waschen, putzen, würfeln, abdecken schälen, fein würfeln, abdecken
1 Tl. wasserhaltiges Fett	erwärmen, Gemüse 10 Minuten dünsten
Salz, Pfeffer	würzen, abschmecken
Omelette: 4 Eier, 4 El. Milch	 schaumig schlagen
2 El. wasserfreies Fett	erhitzen, Eiermasse auf 2 Pfannen verteilen, zudecken, auf niedrigster Stufe stocken lassen
1 El. Petersilie	waschen, schneiden, darüber streuen

Anrichtearbeiten (ca. 5 Min.)
Omelette auf eine vorgewärmte Platte geben, Gemüse einfüllen, Omelette zuklappen, Greifzange vorlegen.

Fischgerichte

Fisch in Folie

Garart: Garen in Folie

Vorbereitungsarbeiten (ca. 5 Min.)

Geräte herrichten:
- Abfallschüssel, Ordnungstopf
- Zum Garen: Teelöffel, Backblech, Backpinsel, Alufolie, Küchenwecker
- Zur Zubereitung: Küchenschüssel, Esslöffel, Zitruspresse, Teller, Küchenmesser, Schneidebrett

Zubereitungsarbeiten (ca. 10 Min.)

Zutaten	Zubereitung
	Backofen vorheizen
1 Tl. wasserhaltiges Fett	Backblech vorbereiten, Alufolie fetten
4 Schollenfilets oder Fisch nach Wahl	säubern
3 El. Zitronensaft	säuern, 10 Minuten stehen lassen
1 El. gehackter Dill, Salz, Pfeffer	würzen, Dill darüber streuen
	Fisch auf die Alufolie legen, Alufolie verschließen
	Garzeit: 25–30 Minuten bei 200 °C

Anrichtearbeiten (ca. 2 Min.)
Folie öffnen, auf eine vorgewärmte Platte geben, Servierlöffel vorlegen.

Würziger Tomatenfisch

Garart: Backen

Vorbereitungsarbeiten (ca. 5 Min.)

Geräte herrichten:
- Abfallschüssel, Ordnungstopf
- Zum Backen: feuerfeste Auflaufform, Backpinsel, Teelöffel, Küchenwecker
- Zur Zubereitung: Küchenschüssel, Seiher, Esslöffel, Zitruspresse, Teller, Küchenmesser, Schneidebrett, Küchenwaage, Universalreibe

Zubereitungsarbeiten (ca. 20 Min.)

Zutaten	Zubereitung
	Backofen vorheizen
1 Tl. wasserhaltiges Fett	Auflaufform fetten
500 g Fischfilet	säubern, in etwa 5 cm breite Streifen schneiden
3 El. Zitronensaft	säuern, 10 Minuten stehen lassen
2 Zwiebeln	schälen, in dünne Ringe schneiden
500 g Tomaten	waschen, in Scheiben schneiden
	abwechselnd Fisch, Tomaten und Zwiebeln in die Auflaufform schichten
Salz, Pfeffer, Oregano	dazwischen streuen
75 g geriebener Gouda	darüber streuen
	Backzeit: 30 Minuten bei 200 °C

Anrichtearbeiten (ca. 2 Min.)
Auflaufform auf ein Gitter stellen, Servierlöffel vorlegen.

Fleischgerichte

Gefüllte Paprika

Garart: Dünsten

Vorbereitungsarbeiten (ca. 5 Min.)

Geräte herrichten:

- Abfallschüssel, Ordnungstopf, Probieresslöffel
- Zur Vorbereitung: Küchenschüssel, Seiher, Schneidebrett, Küchenmesser
- Zur Zubereitung des Fleischteiges: Rührschüssel, Handrührgerät mit Knethaken, Teelöffel, Küchenwaage, Esslöffel
- Zum Garen: Kochtopf mit Deckel, Messbecher, Handrührgerät mit Pürierstab, Sahnerührbecher, Pfannenwender, Küchenwecker

Zubereitungsarbeiten (ca. 20 Min.)

Zutaten	Zubereitung
4 grüne Paprika	waschen, aushöhlen, abdecken
Fleischteig: 1 Zwiebel 1 Bund Petersilie ½ Tl. Majoran, 1 Tl. Salz, Pfeffer 400 g Hackfleisch, 1 Ei, 2 El. Semmelmehl	 schälen, fein würfeln waschen, fein schneiden Fleischteig herstellen, Fleischteig in die Paprika füllen
30 g wasserhaltiges Fett	erwärmen, Paprika andünsten
½ l Tomatenpüree (Dose)	ablöschen, gefüllte Paprika darin 20 Minuten garen
Salz, Pfeffer	würzen, abschmecken

Anrichtearbeiten (ca. 2 Min.)

Gefüllte Paprika auf vorgewärmten Tellern anrichten, etwas Soße dazugeben.

Kasseler Rippenspeer

Garart: Garen in Folie

Vorbereitungsarbeiten (ca. 5 Min.)

Geräte herrichten:

- Abfallschüssel, Ordnungstopf
- Zur Vorbereitung: Küchenschüssel, Schneidebrett, Küchenmesser, Sparschäler, Seiher
- Zur Zubereitung: Bratschlauch, Esslöffel, Küchenwecker
- Zum Aufschneiden: Fleischbrett, Fleischmesser, Fleischgabel

Zubereitungsarbeiten (ca. 15 Min.)

Zutaten	Zubereitung
	Gitterrost entnehmen, Backofen vorheizen
1 Zwiebel	schälen, vierteln
1 Karotte	waschen, schälen, zerkleinern
500 g Kasseler 4 Wacholderbeeren	mit dem Gemüse in den Bratschlauch geben, Bratschlauch sachgerecht verschließen
	Garzeit: 40 Minuten bei 200 °C

Anrichtearbeiten (ca. 2 Min.)

Kasseler Rippenspeer auf eine vorgewärmte Platte geben, aufschneiden, Fleischgabel vorlegen.

Gulasch

Garart: Braten/ Druckgaren

Vorbereitungsarbeiten (ca. 5 Min.)

Geräte herrichten:

- Abfallschüssel, Ordnungstopf, Probieresslöffel
- Zur Vorbereitung: Küchenmesser, Schneidebrett, Küchenschüssel
- Zur Zubereitung: Dampfdrucktopf, Messbecher, Küchenwaage, Esslöffel, Teelöffel, Rührlöffel, Küchenwecker

Zubereitungsarbeiten (ca. 20 Min.)

Zutaten	Zubereitung
2 Zwiebeln	schälen, fein würfeln, abdecken
1 Paprika	waschen, putzen, würfeln, abdecken
2 El. wasserfreies Fett	erhitzen
200 g Rindfleisch, 200 g Schweinefleisch	würfeln, anbraten, Zwiebeln und Paprika zugeben, mitbraten
1 Tl. Salz, ½ Tl. Pfeffer, ½ Tl. Paprika, 2 El. Tomatenmark	würzen
¼ l Wasser	zugeben, verrühren
Dampfdrucktopf	sachgerecht verschließen, 10 Minuten auf dem II. Ring garen

Anrichtearbeiten (ca. 2 Min.)

Gulasch in eine vorgewärmte Schüssel geben, Schöpflöffel vorlegen.

Sauerbraten

Garart: Braten/ Schmoren

Vorbereitungsarbeiten (ca. 5 Min.)

Geräte herrichten:

- Abfallschüssel, Ordnungstopf, Probieresslöffel
- Zur Vorbereitung: Küchenschüssel, Seiher, Schneidebrett, Küchenmesser, Sparschäler, Küchenwaage, Küchenpapier
- Zur Zubereitung: Schmortopf, Rührlöffel, Messbecher, Teelöffel, Esslöffel, Küchenwecker
- Zum Aufschneiden: Fleischbrett, Fleischmesser, Fleischgabel

Zubereitungsarbeiten (ca. 15 Min.)

Zutaten	Zubereitung
1 Zwiebel	schälen, würfeln
2 Karotten	waschen, schälen, würfeln
500 g gebeiztes Rindfleisch	aus der Beize nehmen, abtrocknen
2 El. wasserfreies Fett	erhitzen, Fleisch anbraten
1 Stück Vollkornbrotrinde	zusammen mit dem Gemüse mitbraten
1/2 l Beize	ablöschen
1 Lorbeerblatt, 2 Wacholderbeeren, Pimentkörner	zugeben, 90 Minuten im Schmortopf garen
Soße:	
1 Tl. Stärke, 3 El. Wasser 2 El. Sahne, Salz, Pfeffer	verrühren, in die Soße einrühren, kurz aufkochen zugeben, würzen, abschmecken

Anrichtearbeiten (ca. 5 Min.)

Fleisch quer zur Faser aufschneiden, auf einer vorgewärmten Platte anrichten, Fleischgabel vorlegen. Soße in eine vorgewärmte Sauciere geben, Soßenlöffel vorlegen.

Gemüsegerichte

Überbackener Blumenkohl

Garart: Dämpfen/ Backen

Vorbereitungsarbeiten (ca. 5 Min.)

Geräte herrichten:

- Abfallschüssel, Ordnungstopf
- Zum Backen: feuerfeste Auflaufform, Teelöffel, Backpinsel, Küchenwecker
- Zur Vorbereitung: Schneidebrett, Küchenmesser, Küchenschüssel, Seiher, Küchenwaage
- Zum Dämpfen: Kochtopf mit Deckel, Locheinsatz, Messbecher
- Zur Zubereitung des Gusses: Sahnerührbecher, Esslöffel, Handrührgerät mit Schneebesen, Universalreibe

Zubereitungsarbeiten (ca. 20 Min.)

Zutaten	Zubereitung
	Backofen vorheizen
1 Tl. wasserhaltiges Fett	Auflaufform fetten
1 Blumenkohl	putzen, waschen
¼ l Wasser	zum Kochen bringen, Blumenkohl im Locheinsatz 12 Minuten dämpfen, in die Auflaufform geben
100 g Schinken	würfeln, über den Blumenkohl geben
Guss: 200 g Joghurt, 2 Eier, 1 El. Mehl 75 g geriebener Emmentaler 1 Tl. Salz	verrühren, über den Blumenkohl gießen
	Backzeit: 20 Minuten bei 200 °C

Anrichtearbeiten (ca. 2 Min.)
Auflaufform auf ein Gitter stellen, Servierlöffel vorlegen.

Broccoli

Garart: Dämpfen

Vorbereitungsarbeiten (ca. 5 Min.)

Geräte herrichten:

- Abfallschüssel, Ordnungstopf
- Zur Vorbereitung: Schneidebrett, Küchenmesser, Küchenschüssel, Seiher
- Zum Dämpfen: Kochtopf mit Deckel, Locheinsatz, Messbecher, Teelöffel, Küchenwecker

Zubereitungsarbeiten (ca. 10 Min.)

Zutaten	Zubereitung
750 g Broccoli	waschen, putzen, in Röschen teilen
¼ l Wasser, 1 Tl. Salz	zum Kochen bringen, Broccoli im Locheinsatz 10 Minuten dämpfen

Anrichtearbeiten (ca. 2 Min.)
Broccoli in einer vorgewärmten Schüssel anrichten, Servierlöffel vorlegen.

Bohnengemüse

Garart: Dünsten

Vorbereitungsarbeiten (ca. 5 Min.)

Geräte herrichten:
- Abfallschüssel, Ordnungstopf, Probieresslöffel
- Zur Vorbereitung: Küchenschüssel, Seiher, Schneidebrett, Küchenmesser, Küchenwaage
- Zur Zubereitung: Kochtopf mit Deckel, Messbecher, Rührlöffel, Esslöffel, Küchenwecker

Zubereitungsarbeiten (ca. 15 Min.)

Zutaten	Zubereitung
750 g grüne Bohnen	waschen, Spitzen abschneiden, in Stücke brechen, abdecken
1 Zwiebel	schälen, fein würfeln
2 El. wasserhaltiges Fett	erwärmen, Zwiebel andünsten, Bohnen dazugeben
1/4 l Wasser	ablöschen
1 Stängel Bohnenkraut	waschen, zugeben, 20 Minuten garen
Salz	würzen, abschmecken
1 El. Petersilie	waschen, schneiden, darüber streuen

Anrichtearbeiten (ca. 2 Min.)

Bohnengemüse in einer vorgewärmten Schüssel anrichten, Servierlöffel vorlegen.

Paprikagemüse

Garart: Dünsten

Vorbereitungsarbeiten (ca. 5 Min.)

Geräte herrichten:
- Abfallschüssel, Ordnungstopf, Probieresslöffel
- Zur Vorbereitung: Küchenschüssel, Seiher, Küchenmesser, Schneidebrett
- Zur Zubereitung: Kochtopf mit Deckel, Messbecher, Rührlöffel, Küchenwecker

Zubereitungsarbeiten (ca. 10 Min.)

Zutaten	Zubereitung
je 1 gelbe, grüne, rote Paprika	waschen, würfeln, abdecken
½ Zwiebel	schälen, fein würfeln
2 El. wasserhaltiges Fett	erwärmen, Zwiebel andünsten, Paprikawürfel zugeben, mitdünsten
⅛ l Wasser	ablöschen, 10 Minuten garen
Salz, Pfeffer	würzen, abschmecken

Anrichtearbeiten (ca. 2 Min.)

Paprikagemüse in einer vorgewärmten Schüssel anrichten, Servierlöffel vorlegen.

Kartoffelgerichte

Salzkartoffeln

Garart: Druckgaren

Vorbereitungsarbeiten (ca. 5 Min.)

Geräte herrichten:
- Abfallschüssel, Ordnungstopf
- Zur Vorbereitung: Küchenschüssel, Seiher, Gemüsebürste, Schneidebrett, Sparschäler, Küchenmesser, Küchenwaage
- Zur Zubereitung: Messbecher, Teelöffel, Dampfdrucktopf mit Locheinsatz, Küchenwecker

Zubereitungsarbeiten (ca. 10 Min.)

Zutaten	Zubereitung
¼ l Wasser	in den Dampfdrucktopf geben
750 g Kartoffeln	waschen, schälen, halbieren, in den Locheinsatz geben
1 Tl. Salz	über die Kartoffeln streuen
	Dampfdrucktopf sachgerecht verschließen, 12 Minuten auf dem II. Ring garen

Anrichtearbeiten (ca. 2 Min.)

Salzkartoffeln in eine vorgewärmte Porzellanschüssel geben, Servierlöffel vorlegen.

Kartoffelbrei

Garart: Druckgaren

Vorbereitungsarbeiten (ca. 5 Min.)

Geräte herrichten:
- Abfallschüssel, Ordnungstopf, Probieresslöffel
- Zur Vorbereitung: Küchenwaage, Küchenschüssel, Seiher, Gemüsebürste
- Zum Garen: Messbecher, Dampfdrucktopf mit Locheinsatz, Küchenwecker
- Zum Schälen: Pellkartoffelgabel, Küchenmesser
- Zur Zubereitung: Spätzlepresse, Rührschüssel, Stieltopf, Handrührgerät mit Schneebesen, Esslöffel, Teigschaber

Zubereitungsarbeiten (ca. 15 Min.)

Zutaten	Zubereitung
¼ l Wasser	in den Dampfdrucktopf geben
750 g mehlig kochende Kartoffeln	waschen, in den Locheinsatz geben, sachgerecht verschließen, 15 Minuten auf dem II. Ring garen
	Kartoffeln schälen, heiß in die Rührschüssel drücken
¼ l Milch	erhitzen, nach Bedarf zugeben, Brei schaumig schlagen
1 El. wasserhaltiges Fett	unterrühren
Salz, Muskat	würzen, abschmecken

Anrichtearbeiten (ca. 2 Min.)

Kartoffelbrei in eine vorgewärmte Porzellanschüssel geben, Servierlöffel vorlegen.

Gebackene Kartoffeln

Garart: Backen

Vorbereitungsarbeiten (ca. 5 Min.)

Geräte herrichten:

- Abfallschüssel, Ordnungstopf
- Zum Backen: rechteckiges Backblech mit Backpapier oder Dauerbackfolie, Küchenwecker
- Zur Vorbereitung: Küchenschüssel, Seiher, Gemüsebürste, Küchenwaage, Küchenmesser, Schneidebrett, Backpinsel

Zubereitungsarbeiten (ca. 10 Min.)

Zutaten	Zubereitung
	Backblech vorbereiten
	Backofen vorheizen
600 g Kartoffeln	waschen, der Länge nach halbieren
Salz, Kümmel	Schnittfläche würzen, auf das Backblech legen
Öl	Oberfläche bestreichen
	Backzeit: 45 Minuten bei 200 °C, mittlere Schiene

Anrichtearbeiten (ca. 2 Min.)

Gebackene Kartoffeln auf einer vorgewärmten Platte anrichten, Servierlöffel vorlegen.

Quarkkeulchen

Garart: Druckgaren/ Braten

Vorbereitungsarbeiten (ca. 5 Min.)

Geräte herrichten:

- Abfallschüssel, Ordnungstopf, Probieresslöffel
- Zur Vorbereitung: Küchenwaage, Küchenschüssel, Seiher, Gemüsebürste
- Zum Garen und Schälen: Dampfdrucktopf mit Locheinsatz, Messbecher, Küchenwecker, Pellkartoffelgabel, Küchenmesser
- Zum Durchdrücken: Spätzlepresse, Rührschüssel
- Zur Zubereitung: Handrührgerät mit Knethaken, Esslöffel, Bratenpfanne, Pfannenwender, Schüssel, Teelöffel

Zubereitungsarbeiten (ca. 30 Min.)

Zutaten	Zubereitung
¼ l Wasser	in den Dampfdrucktopf geben
800 g Kartoffeln	waschen, in den Locheinsatz geben, sachgerecht verschließen, 15 Minuten auf dem II. Ring garen, schälen, durchdrücken
75 g Mehl, 30 g Zucker, 2 Eier 1 Prise Salz, 1 El. Sultaninen, 250 g Quark	mit den Kartoffeln vermengen, eine Rolle formen, in Scheiben schneiden
2 El. wasserfreies Fett	erhitzen, Scheiben zugeben, auf beiden Seiten goldgelb braten
Zucker, Zimt	vermischen, darüber streuen

Anrichtearbeiten (ca. 2 Min.)

Quarkkeulchen auf einer vorgewärmten Platte anrichten, Greifzange vorlegen.

Nudelgerichte/Teigwaren

Überbackene Nudelteigröllchen

Vorbereitungsarbeiten (ca. 5 Min)

Garart: Braten/Backen
Teigart: Nudelteig

Geräte herrichten:
- Abfallschüssel, Ordnungstopf, Probieresslöffel
- Zum Backen: feuerfeste Auflaufform, Teelöffel, Küchenwecker, Backpinsel
- Zur Zubereitung des Nudelteiges: Esslöffel, Küchenwaage, Rührschüssel, Handrührgerät mit Knethaken, Nudelholz, Backbrett, Teigkarte, Teelöffel
- Zur Zubereitung des Fleischteiges: Bratenpfanne, Pfannenwender, Schneidebrett, Küchenmesser, Seiher, Küchenschüssel, Sparschäler, Universalreibe
- Zur Zubereitung der Tomatensoße: Dosenöffner, Kochtopf, Tasse, Handrührgerät mit Pürierstab, Sahnerührbecher

Zubereitungsarbeiten (ca. 45 Min.)

Zutaten	Zubereitung
	Backofen vorheizen
1 Tl. wasserhaltiges Fett	Auflaufform fetten
Nudelteig: 1 Ei, ½ Tl. Salz, 8 El. Wasser	 verquirlen
200 g Mehl	zugeben, verkneten, auf einem Backbrett auswellen
Fleischteig: ½ Zwiebel, 1 Knoblauchzehe 1 Tomate 1 Karotte	 schälen, fein würfeln waschen, würfeln waschen, schälen, raspeln
50 g Schinken	fein würfeln
1 El. wasserfreies Fett	erhitzen, Zwiebel und Knoblauch zugeben
150 g Hackfleisch	zugeben, mitbraten,
	Schinken, Karotte und Tomate zugeben, mitbraten
1 El. Tomatenmark ½ Tl. Salz, Oregano, Pfeffer	 zugeben, würzen, abschmecken
	Fleischteig auf dem Nudelteig verteilen, aufrollen, in Scheiben schneiden, Scheiben in die Auflaufform setzen
Tomatensoße: ½ Zwiebel	 schälen, fein würfeln
2 El. wasserhaltiges Fett	erwärmen, Zwiebel darin andünsten
1 Dose pürierte Tomaten, 1 Becher Sahne	zugeben
1 Tl. italienische Kräuter, 1 Brühwürfel, Salz, Pfeffer	 würzen, abschmecken, Soße über die Nudelteigröllchen gießen
50 g geriebener Käse	darüber streuen
	Backzeit: 30 Minuten bei 200 °C

Anrichtearbeiten (ca. 2 Min.)
Auflaufform auf ein Gitter stellen, Servierlöffel und Greifzange vorlegen.

Spätzle

Garart: Kochen

Vorbereitungsarbeiten (ca. 5 Min.)

Geräte herrichten:
- Abfallschüssel, Ordnungstopf
- Zur Zubereitung des Spätzleteiges: Messbecher, Küchenwaage, Rührschüssel, Handrührgerät mit Knethaken, Teigschaber
- Zum Kochen: Spätzlepresse, Kochtopf mit Deckel, Schaumlöffel

Zubereitungsarbeiten (ca. 20 Min.)

Zutaten	Zubereitung
Spätzleteig:	
250 g Mehl, 2–3 Eier, Salz, ⅛ l Wasser	zu einem glatten Teig verarbeiten
2 l Wasser, Salz	zum Kochen bringen
	Teig durch die Spätzlepresse in das kochende Wasser drücken, aufkochen, Spätzle mit dem Schaumlöffel herausnehmen

Anrichtearbeiten (ca. 2 Min.)
Spätzle in eine vorgewärmte Schüssel geben, Servierlöffel oder Greifzange vorlegen.

Maultaschen

Garart: Kochen
Teigart: Nudelteig

Vorbereitungsarbeiten (ca. 5 Min.)

Geräte herrichten:
- Abfallschüssel, Ordnungstopf, Probieresslöffel
- Zur Zubereitung des Nudelteiges: Küchenwaage, Esslöffel, Teelöffel, Rührschüssel, Handrührgerät mit Knethaken, Nudelholz, Backbrett, Teigkarte, Messbecher
- Zur Zubereitung des Fleischteiges: Küchenmesser, Schneidebrett
- Zum Formen: Rührlöffel, Teigrädchen
- Zum Kochen: Kochtopf mit Deckel, Schaumlöffel, Küchenwecker

Zubereitungsarbeiten (ca. 30 Min.)

Zutaten	Zubereitung
Nudelteig: 2 Eier, 2 El. Wasser, ½ Tl. Salz	verrühren
230–250 g Mehl	zugeben, kneten, 15 Minuten ruhen lassen, Teig dünn auswellen
Fleischteig: 1 Zwiebel 1 El. Petersilie 250 g Hackfleisch, 2 Eier, 2 El. Semmelbrösel 200 g Spinat, 1 Tl. Salz, ½ Tl. Pfeffer, etwas Muskat	 schälen, würfeln waschen, fein schneiden Fleischteig herstellen
	Nudelteig zur Hälfte mit Fleischteig bestreichen, zuklappen, mit dem Rührlöffel Vierecke eindrücken, abschneiden
2 l Wasser, Salz	zum Kochen bringen, 10 Minuten garen, herausnehmen

Anrichtearbeiten (ca. 2 Min.)
Maultaschen auf eine vorgewärmte Platte legen, Greifzange vorlegen.

Getreide-/Reisgerichte

Hirsefrikadellen

Garart: Kochen/ Braten

Vorbereitungsarbeiten (ca. 5 Min.)

Geräte herrichten:
- Abfallschüssel, Ordnungstopf
- Zum Kochen: Küchenwaage, Messbecher, Esslöffel, Kochtopf mit Deckel, Rührlöffel, Küchenwecker
- Zur Zubereitung: Universalreibe, Handrührgerät mit Knethaken, Rührschüssel
- Zum Braten: Bratenpfanne, 2 Pfannenwender

Zubereitungsarbeiten (ca. 20 Min.)

Zutaten	Zubereitung
400 ml Wasser 1 El. Suppengemüse wenig Brühwürfel	aufkochen
200 g Hirse	einstreuen, 20 Minuten quellen lassen
50 g geriebener Käse 2 El. Grieß, 3 Eier	darunter rühren
Salz, Curry	würzen
3 El. wasserfreies Fett	erhitzen, mit dem Löffel Frikadellen in die Bratpfanne setzen, bei mittlerer Hitze goldgelb braten

Anrichtearbeiten (ca. 2 Min.)
Hirsefrikadellen auf einer vorgewärmten Platte anrichten, Greifzange vorlegen.

Risipisi

Garart: Dünsten

Vorbereitungsarbeiten (ca. 5 Min.)

Geräte herrichten:
- Abfallschüssel, Ordnungstopf, Probieresslöffel
- Zur Vorbereitung: Küchenmesser, Schneidebrett
- Zur Zubereitung: Tasse, Rührlöffel, Kochtopf mit Deckel, Küchenwecker, Küchenwaage

Zubereitungsarbeiten (ca. 10 Min.)

Zutaten	Zubereitung
½ Zwiebel	schälen, würfeln
2 El. wasserhaltiges Fett	erwärmen, Zwiebel andünsten
2 Tassen Reis	mitdünsten
4 Tassen Wasser	ablöschen
Salz, ½ Brühwürfel	würzen, abschmecken
	25 Minuten quellen lassen
1 Tasse grüne Erbsen (tiefgefroren)	nach 15 Minuten Garzeit zugeben, unterrühren

Anrichtearbeiten (ca. 2 Min.)
Risipisi in eine vorgewärmte Porzellanschüssel geben, Servierlöffel vorlegen.

Gemüsereis

Garart: Kochen/ Dünsten

Vorbereitungsarbeiten (ca. 5 Min.)

Geräte herrichten:
- Abfallschüssel, Ordnungstopf, Probieresslöffel
- Zur Zubereitung des Reises: Schneidebrett, Küchenmesser, Küchenwecker, Tasse, Rührlöffel, Kochtopf mit Deckel, Teelöffel
- Zur Vorbereitung des Gemüses: Küchenschüssel, Seiher, Schneidebrett, Küchenmesser
- Zum Dünsten: Kochtopf mit Deckel, Rührlöffel, Messbecher, Küchenwecker

Zubereitungsarbeiten (ca. 30 Min.)

Zutaten	Zubereitung
½ Zwiebel, 1 Knoblauchzehe	schälen, würfeln, abdecken
2 El. wasserhaltiges Fett	erwärmen, Zwiebel und Knoblauch andünsten
2 Tassen Reis	mitdünsten
4 Tassen Wasser	ablöschen
Salz, ½ Brühwürfel	würzen, abschmecken
	25 Minuten quellen lassen
1 gelbe Paprika 1 Zucchini 2 Tomaten 1 kleine Stange Lauch	waschen, putzen, zerkleinern, abdecken
½ Zwiebel 1 Knoblauchzehe	schälen, würfeln, abdecken
2 El. wasserhaltiges Fett	erwärmen, Gemüse 10 Minuten dünsten
⅛ l Wasser	ablöschen
Salz, Pfeffer 5 Minuten zugedeckt garen	würzen, abschmecken
	Reis und Gemüse vermischen
Käse nach Wahl (Schafskäse oder Parmesan)	darüber streuen

Anrichtearbeiten (ca. 2 Min.)

Den Gemüsereis auf vorgewärmten Tellern anrichten, Käse darüberstreuen, mit einem Blatt Basilikum verzieren.

Süßspeisen

Rote Grütze

Garart: Kochen

Vorbereitungsarbeiten (ca. 5 Min.)

Geräte herrichten:
- Abfallschüssel, Ordnungstopf, Probieresslöffel
- Zur Vorbereitung: Küchenschüssel, Seiher, Schneidebrett, Küchenmesser
- Zur Zubereitung: Kochtopf, Messbecher, Schneebesen, Teigschaber, Rührlöffel, Esslöffel, Sahnerührbecher

Zubereitungsarbeiten (ca. 10 Min.)

Zutaten	Zubereitung
verschiedene rote Früchte	waschen, vorbereiten, abdecken
½ l Johannisbeersaft ½ Vanillestange	zum Kochen bringen
⅛ l Johannisbeersaft 4 El. Stärke	kalt anrühren, in den kochenden Saft einrühren, aufkochen
	Früchte dazugeben, verrühren

Anrichtearbeiten (ca. 2 Min.)
Rote Grütze auf vier Portionsschälchen verteilen.

Sauermilch-Zitroneneis

Vorbereitungsarbeiten (ca. 5 Min.)

Geräte herrichten:
- Abfallschüssel, Ordnungstopf, Probieresslöffel
- Zur Zubereitung: Sahnerührbecher, Teigschaber, Handrührgerät mit Schneebesen, Zitruspresse, Schneidebrett, Küchenmesser, Gefrierschalen, Küchenwaage, Messbecher

Zubereitungsarbeiten (ca. 5 Min.)

Zutaten	Zubereitung
Saft von 1 Zitrone ½ l Sauermilch ½ Becher süße Sahne 130 g Zucker	schaumig schlagen
	in Gefrierschalen füllen, tiefgefrieren

Anrichtearbeiten (ca. 2 Min.)
Eis in Glasschälchen anrichten.

Joghurtcreme mit Früchten

Vorbereitungsarbeiten (ca. 5 Min.)

Geräte herrichten:
- Abfallschüssel, Ordnungstopf, Probieresslöffel
- Zur Vorbereitung: Küchenschüssel, Seiher, Schüssel, Schneidebrett, Küchenmesser, Esslöffel, Küchenwaage, Sparschäler, Küchenwecker
- Zur Zubereitung: Kochtopf, Rührlöffel, Handrührgerät mit Schneebesen, Sahnerührbecher, Teigschaber, Zitruspresse

Zubereitungsarbeiten (ca. 10 Min.)

Zutaten	Zubereitung
4 Blatt weiße Gelatine	10 Minuten in kaltem Wasser einweichen
400 g Obst der Saison	waschen, vorbereiten, zerkleinern, abdecken
	auf vier Portionsschälchen verteilen
2 Becher Joghurt 2 El. Zucker Saft einer ½ Zitrone	schaumig schlagen
2 El. Wasser	in einen Topf geben, Gelatine ausdrücken, zufügen, unter Rühren erwärmen, bis die Gelatine aufgelöst ist
	Gelatine sofort unter die Jogurtmasse schlagen, über die Früchte gießen, kalt stellen

Obstsalat

Vorbereitungsarbeiten (ca. 5 Min.)

Geräte herrichten:
- Abfallschüssel, Ordnungstopf, Probieresslöffel
- Zur Vorbereitung: Küchenschüssel, Seiher, Schneidebrett, Küchenmesser, Küchenwaage, Sparschäler
- Zur Zubereitung: Zitruspresse, Esslöffel, Salatbesteck

Zubereitungsarbeiten (ca. 10 Min.)

Zutaten	Zubereitung
500 g Obst der Saison	waschen, vorbereiten, zerkleinern, abdecken
Saft einer ½ Zitrone 2 El. Zucker	zugeben, vermischen

Anrichtearbeiten (ca. 2 Min.)
Obstsalat auf vier Glasschälchen verteilen oder in einer Glasschüssel anrichten und Servierlöffel vorlegen.

Weinschaumsoße (Chaudeau)

Garart: Kochen

Vorbereitungsarbeiten (ca. 5 Min.)

Geräte herrichten:
- Abfallschüssel, Ordnungstopf
- Zur Zubereitung: Esslöffel, Zitruspresse, Messbecher, Küchenmesser, Schneidebrett, Schneebesen, Stieltopf, Teigschaber

Zubereitungsarbeiten (ca. 5 Min.)

Zutaten	Zubereitung
4 El. Zucker 1 El. Stärke	vermischen
⅛ l Wasser ⅜ l Weißwein oder Apfelsaft 2 Eier Saft einer ½ Zitrone	alle Zutaten verrühren, unter Rühren aufkochen

Anrichtearbeiten (ca. 2 Min.)

Weinschaumsoße in eine Sauciere geben oder auf Glasschälchen verteilen, heiß servieren.

Kompott

Garart: Kochen

Vorbereitungsarbeiten (ca. 5 Min.)

Geräte herrichten:
- Abfallschüssel, Ordnungstopf, Probieresslöffel
- Zur Vorbereitung: Küchenschüssel, Seiher, Sparschäler, Schneidebrett, Küchenmesser, Küchenwaage
- Zur Zubereitung: Kochtopf, Rührlöffel, Messbecher, Küchenwecker

Zubereitungsarbeiten (ca. 10 Min.)

Zutaten	Zubereitung
500 g Obst der Saison	waschen, vorbereiten, zerkleinern, abdecken
¼ l Wasser	zum Kochen bringen, Obst zufügen, umrühren
	etwa 10 Minuten (je nach Obstsorte) bei schwacher Hitze garen, nicht zerfallen lassen
Zucker	nach Belieben nach dem Garen zugeben

Anrichtearbeiten (ca. 2 Min.)

Kompott auf vier Portionsschälchen verteilen oder in einer Glasschüssel anrichten und Servierlöffel vorlegen.

Lauchtorte

Garart: Dünsten / Backen
Teigart: Quark-Ölteig

Vorbereitungsarbeiten (ca. 5 Min.)

Geräte herrichten:
- Abfallschüssel, Ordnungstopf, Probieresslöffel
- Zum Backen: Springform, Backpinsel, Küchenwecker, Teelöffel
- Zur Zubereitung des Teiges: Küchenwaage, Esslöffel, Rührschüssel, Handrührgerät mit Knethaken
- Zum Auswellen: Backbrett, Nudelholz, Küchenmesser
- Zur Zubereitung des Belages: Seiher, Küchenschüssel, Schneidebrett, Rührlöffel, Kochtopf
- Zur Zubereitung des Gusses: Universalreibe, Sahnerührbecher, Handrührgerät mit Schneebesen, Teigschaber

Zubereitungsarbeiten (ca. 25 Min.)

Zutaten	Zubereitung
	Backofen vorheizen
1 Tl. wasserhaltiges Fett	Springform fetten
Teig: 100 g Quark 2 El. Milch 4 El. Öl ½ Tl. Salz 1 Ei 200 g Weizenvollkornmehl 3 Tl. Backpulver	 verrühren vermischen, zugeben, zu einem glatten Teig kneten
	auswellen, Springform auslegen
2 El. Semmelbrösel	auf den Teigboden streuen
Belag: 750 g Lauch 1 El. wasserhaltiges Fett Salz, Pfeffer	 waschen, putzen, in Ringe schneiden, abdecken erwärmen, Lauch zugeben, andünsten würzen, abschmecken
	Belag auf dem Teigboden verteilen
Guss: 2 Eier 200 g Sauerrahm 1 Tl. Mehl 100 g geriebener Käse Salz, Pfeffer, Muskat	 vermischen, über den Lauch geben
	Backzeit: 45 Minuten bei 210 °C, unterste Schiene

Anrichtearbeiten (ca. 2 Min.)
Lauchtorte auf einer Tortenplatte anrichten, aufschneiden, Tortenheber vorlegen.

Salzstangen

Garart: Backen
Teigart: Hefeteig

Vorbereitungsarbeiten (ca. 5 Min.)

Geräte herrichten:
- Abfallschüssel, Ordnungstopf
- Zum Backen: rechteckiges Backblech mit Backpapier oder Dauerbackfolie, Küchenwecker
- Zur Zubereitung des Teiges: Küchenmesser, Esslöffel, Küchenwaage, Rührschüssel, Handrührgerät mit Knethaken, Teigkarte
- Zum Auswellen: Backbrett, Nudelholz, Teigrädchen
- Zum Bestreichen: Gabel, Backpinsel, Becher, Teelöffel

Zubereitungsarbeiten (ca. 20 Min.)

Zutaten	Zubereitung
	Backblech vorbereiten, Backofen vorheizen
½ Würfel Hefe, 4 El. Sauerrahm, 250 g Mehl 150 g wasserhaltiges Fett, 1 Ei, Salz	zu einem glatten Teig kneten, 15 Minuten gehen lassen
	auswellen, in 2 cm breite Streifen schneiden
1 Ei	verquirlen, Gebäck bestreichen
Kümmel oder Mohn	bestreuen, nochmals 10 Minuten gehen lassen
	Backzeit: 10 Minuten bei 200 °C, mittlere Schiene

Anrichtearbeiten (ca. 2 Min.)
Salzstangen auf einen Kuchenteller geben, Gebäckzange vorlegen.

Pikantes Käsegebäck

Garart: Backen
Teigart: Mürbteig

Vorbereitungsarbeiten (ca. 5 Min.)

Geräte herrichten:
- Abfallschüssel, Ordnungstopf
- Zum Backen: rechteckiges Backblech mit Backpapier oder Dauerbackfolie, Küchenwecker
- Zur Zubereitung des Teiges: Küchenwaage, Universalreibe, Rührschüssel, Handrührgerät mit Knethaken, Teigkarte
- Zum Auswellen: Nudelholz, Backbrett, Ausstecherle
- Zum Bestreichen: Gabel, Becher, Backpinsel, Teelöffel

Zubereitungsarbeiten (ca. 25 Min.)

Zutaten	Zubereitung
	Backblech vorbereiten, Backofen vorheizen
75 g weiche Butter, 90 g fein geriebener Käse, ¼ Tasse Sahne	vermischen
¼ Tl. Salz, ½ Tl. Paprikapulver, ¼ Tl. Backpulver, 125 g Mehl	vermischen, zu den anderen Zutaten geben, verkneten
	Teig auswellen, ausstechen
1 Ei	verquirlen, Gebäck bestreichen, evtl. bestreuen (Mandeln, Sesam)
	Backzeit: 10 Minuten bei 190 – 200 °C, mittlere Schiene

Anrichtearbeiten (ca. 2 Min.)
Käsegebäck auf einem Teller anrichten, Gebäckzange vorlegen.

Weizenbrötchen

Garart: Backen
Teigart: Hefeteig

Vorbereitungsarbeiten (ca. 5 Min.)

Geräte herrichten:
- Abfallschüssel, Ordnungstopf
- Zum Backen: rechteckiges Backblech mit Backpapier oder Dauerbackfolie, Küchenwecker
- Zur Zubereitung des Teiges: Küchenwaage, Messbecher, Teelöffel, Esslöffel, Rührschüssel, Handrührgerät mit Knethaken, Teigkarte
- Zum Bestreichen: Schüssel, Teelöffel, Backpinsel

Zubereitungsarbeiten (ca. 15 Min.)

Zutaten	Zubereitung
	Backblech vorbereiten, Backofen vorheizen
1 Würfel Hefe, ¼ l Buttermilch, knapp ¼ l lauwarmes Wasser	verrühren
300 g Weizenvollkornmehl, 200 g Weizenmehl (Type 405) 1 Tl. Salz, 4 El. Öl	zugeben, kneten, 15 Minuten gehen lassen
	12 Brötchen formen, auf das Backblech legen, nochmals 15 Minuten gehen lassen
Wasser	bestreichen
Sesam, Kümmel, Mohn	Brötchen bestreuen
	Backzeit: 30 Minuten bei 200 °C, mittlere Schiene

Anrichtearbeiten (ca. 2 Min.)
Weizenbrötchen auf einen Kuchenteller legen, Gebäckzange vorlegen.

Wasserwecken

Garart: Backen
Teigart: Hefeteig

Vorbereitungsarbeiten (ca. 5 Min.)

Geräte herrichten:
- Abfallschüssel, Ordnungstopf
- Zum Backen: rechteckiges Backblech mit Backpapier oder Dauerbackfolie, Küchenwecker
- Zur Zubereitung des Teiges: Tasse, Küchenwaage, Messbecher, Rührschüssel, Handrührgerät mit Knethaken, Teigkarte, 2 Esslöffel

Zubereitungsarbeiten (ca. 15 Min.)

Zutaten	Zubereitung
	Backblech vorbereiten
	Backofen vorheizen
2 Würfel Hefe, ¼ Tasse Milch	verrühren
730 ml lauwarmes Wasser, 1 kg Mehl 4 El. Öl, 1 El. Salz	zugeben, zu einem glatten Teig kneten, 10 Minuten gehen lassen
	Wecken mit 2 Esslöffeln formen (ergibt etwa 30 Stück), auf das Backblech legen
	Backzeit: 10 – 25 Minuten bei 220 – 250 °C, mittlere Schiene

Anrichtearbeiten (ca. 2 Min.)
Wasserwecken auf einen Kuchenteller legen, Gebäckzange vorlegen.

Süßes Gebäck

Sauerkirschkuchen

Garart: Kochen/Backen
Teigart: Mürbteig

Vorbereitungsarbeiten (ca. 5 Min.)

Geräte herrichten:
- Abfallschüssel, Ordnungstopf
- Zum Backen: Springform, Backpinsel, Küchenwecker, Teelöffel
- Zur Zubereitung des Teiges: Küchenwaage, Esslöffel, Rührschüssel, Handrührgerät mit Knethaken, Teigkarte
- Zum Auswellen: Nudelholz, Backbrett, Teigrädchen
- Zur Zubereitung des Belages: Messbecher, Seiher, Kochtopf, Rührlöffel, Handrührgerät mit Schneebesen, Teigschaber

Zubereitungsarbeiten (ca. 25 Min.)

Zutaten	Zubereitung
	Backofen vorheizen
1 Tl. wasserhaltiges Fett	Springform fetten
Teig: 220 g Mehl 1 Tl. Backpulver 1 Ei 1–2 El. Quark 50 g Zucker 125 g wasserhaltiges Fett	Mürbteig herstellen
	auswellen, die Springform auslegen
Belag: 2 Gläser Sauerkirschen	abtropfen lassen
½ l Milch	aufkochen
70 g Grieß	zugeben, rühren, zu einem Grießbrei kochen
4 Eier 200 g Zucker	schaumig schlagen
100 g gemahlene Mandeln ½ Tl. Zimt	zugeben, mit dem Grießbrei verrühren, Kirschen unterheben, auf dem Teigboden verteilen
	Backzeit: 50–60 Minuten bei 200 °C, unterste Schiene

Anrichtearbeiten (ca. 2 Min.)

Sauerkirschkuchen auf eine Tortenplatte geben, aufschneiden, Tortenheber vorlegen.

Marmorkuchen

Garart: Backen
Teigart: Rührteig

Vorbereitungsarbeiten (ca. 5 Min.)

Geräte herrichten:
- Abfallschüssel, Ordnungstopf
- Zum Backen: Kastenform, Teelöffel, Backpinsel, Küchenwecker
- Zur Zubereitung des Teiges: Küchenwaage, Esslöffel, Rührschüssel, Handrührgerät mit Schneebesen, Teigschaber, Gabel

Zubereitungsarbeiten (ca. 20 Min.)

Zutaten	Zubereitung
	Backofen vorheizen
1 Tl. wasserhaltiges Fett	Kastenform fetten
250 g wasserhaltiges Fett, 6 Eier, 1 Prise Salz 250 g Zucker, 1 Pckg. Vanillezucker	cremig rühren
500 g Mehl, 1 Pckg. Backpulver	vermischen, nach und nach unterrühren
2–3 El. Milch	nach Bedarf zugeben
	$\frac{2}{3}$ des Teiges in die Kastenform füllen
2 El. Kakao, 2 El. Zucker, 2 El. Milch	verrühren, unter den restlichen Teig geben
	dunklen Teig auf hellem Teig verteilen, mit der Gabel die Teige etwas vermischen
	Backzeit: 60–70 Minuten bei 180 °C, unterste Schiene

Anrichtearbeiten (ca. 2 Min.)
Marmorkuchen aufschneiden, auf einem Gebäckteller anrichten, Gebäckzange vorlegen.

Napfkuchen

Garart: Backen
Teigart: Rührteig

Vorbereitungsarbeiten (ca. 5 Min.)

Geräte herrichten:
- Abfallschüssel, Ordnungstopf
- Zum Backen: Kastenform, Teelöffel, Backpinsel, Küchenwecker
- Zur Zubereitung des Teiges: Küchenwaage, Esslöffel, Rührschüssel, Handrührgerät mit Schneebesen, Teigschaber

Zubereitungsarbeiten (ca. 20 Min.)

Zutaten	Zubereitung
	Backofen vorheizen
1 Tl. wasserhaltiges Fett	Kastenform fetten
200 g wasserhaltiges Fett, 4 Eier 200 g Zucker, 1 Pckg. Vanillezucker	cremig rühren
375 g Mehl, 1 Pckg. Backpulver	vermischen, nach und nach unterrühren
etwas Milch, 2 El. Mandeln, 2 El. Sultaninen	zugeben, vermengen
	Teig in die Kastenform füllen
	Backzeit: 60 Minuten bei 180–200 °C, mittlere Schiene

Anrichtearbeiten (ca. 2 Min.)
Napfkuchen aufschneiden, auf eine Teekuchenplatte geben, Gebäckzange vorlegen.

Blitzkuchen

Garart: Backen
Teigart: Rührteig

Vorbereitungsarbeiten (ca. 5 Min.)

Geräte herrichten:
- Abfallschüssel, Ordnungstopf
- Zum Backen: rechteckiges Backblech mit Backpapier oder Dauerbackfolie, Küchenwecker
- Zur Zubereitung des Teiges: Küchenwaage, Esslöffel, Teelöffel, Rührschüssel, Handrührgerät mit Schneebesen, Zitruspresse, Küchenmesser, Schneidebrett, Stieltopf, Teigschaber

Zubereitungsarbeiten (ca. 15 Min.)

Zutaten	Zubereitung
	Backblech vorbereiten
	Backofen vorheizen
4 Eier, 2 El. Wasser	bis zur doppelten Menge schaumig schlagen
180 g Zucker, 1 El. Zitronensaft	zugeben, mitschlagen
180 g Mehl, 3 Tl. Backpulver	vermengen, unterheben
100 g zerlassene Butter	dazugeben, vorsichtig vermengen
	Teig auf das Backblech streichen
60 g Mandelblättchen, 1 El. Zucker	darüber streuen
	Backzeit: 25–30 Minuten bei 200 °C, mittlere Schiene

Anrichtearbeiten (ca. 2 Min.)
Blitzkuchen in Quadrate oder Rauten schneiden, auf eine Tortenplatte legen, Gebäckzange vorlegen.

Dampfnudeln

Garart: Backen
Teigart: Hefeteig

Vorbereitungsarbeiten (ca. 5 Min.)

Geräte herrichten:
- Abfallschüssel, Ordnungstopf
- Zum Backen: feuerfeste Auflaufform, Teelöffel, Backpinsel, Küchenwecker
- Zur Zubereitung des Teiges: Küchenmesser, Küchenwaage, Messbecher, Esslöffel, Rührschüssel, Handrührgerät mit Knethaken, Teigkarte

Zubereitungsarbeiten (ca. 15 Min.)

Zutaten	Zubereitung
	Backofen vorheizen
1 Tl. wasserhaltiges Fett	Auflaufform fetten
½ Würfel Hefe, knapp ⅛ l Milch	verrühren
250 g Mehl, 2 El. Zucker, 50 g wasserhaltiges Fett, 1 Ei	zugeben, kneten
	12 gleich große Laibchen formen, in die Auflaufform setzen, 30 Minuten gehen lassen
	Backzeit: 20 Minuten bei 200 °C, unterste Schiene

Anrichtearbeiten (ca. 2 Min.)
Dampfnudeln auf eine Kuchenplatte geben, Tortenheber oder Gebäckzange vorlegen.

Flachswickel

Garart: Backen
Teigart: Hefeteig

Vorbereitungsarbeiten (ca. 5 Min.)

Geräte herrichten:
- Abfallschüssel, Ordnungstopf
- Zum Backen: rechteckiges Backblech mit Backpapier oder Dauerbackfolie, Küchenwecker
- Zur Zubereitung des Teiges: Küchenmesser, Küchenwaage, Messbecher, Rührschüssel, Handrührgerät mit Knethaken, Teigkarte
- Zum Formen: Backbrett

Zubereitungsarbeiten (ca. 20 Min.)

Zutaten	Zubereitung
	Backblech vorbereiten, Backofen vorheizen
½ Würfel Hefe, knapp 60 ml Milch	verrühren
250 g Mehl, 125 g wasserhaltiges Fett, 1 Ei, 1 Prise Salz	zugeben, kneten, Rolle formen, in 24 gleich große Scheiben schneiden
50 g Kristallzucker, 1 Pckg. Vanillezucker	vermischen, Flachswickel darin ausformen, auf das Backblech legen, 15 Minuten bei 50 °C im Backofen gehen lassen
	Backzeit: 20 Minuten bei 200 °C, unterste Schiene

Anrichtearbeiten (ca. 2 Min.)
Flachswickel auf eine Kuchenplatte legen, Gebäckzange vorlegen.

Zwetschgenkuchen

Garart: Backen
Teigart: Hefeteig

Vorbereitungsarbeiten (ca. 5 Min.)

Geräte herrichten:
- Abfallschüssel, Ordnungstopf
- Zum Backen: rechteckiges Backblech mit Backpapier oder Dauerbackfolie, Küchenwecker
- Zur Zubereitung des Teiges: Messbecher, Küchenwaage, Esslöffel, Teigkarte, Rührschüssel, Handrührgerät mit Knethaken, Küchenmesser
- Zum Auswellen: Nudelholz, Backbrett
- Für den Belag: Küchenschüssel, Seiher, Küchenmesser, Schneidebrett

Zubereitungsarbeiten (ca. 20 Min.)

Zutaten	Zubereitung
	Backblech vorbereiten, Backofen vorheizen
½ Würfel Hefe, 60 ml Milch	verrühren
250 g Mehl, 40 g Zucker 1 Ei, 1 Prise Salz, 50 g wasserhaltiges Fett	zugeben, zu einem glatten Teig kneten, auswellen, gehen lassen
1 kg Zwetschgen	waschen, entsteinen, halbieren, Teig belegen
60 g Mandelstifte	darüber streuen
	Backzeit: 50 Minuten bei 200 °C, unterste Schiene
Zimt, Zucker	nach Belieben nach dem Backen darüber streuen

Anrichtearbeiten (ca. 2 Min.)
Zwetschgenkuchen in Rechtecke schneiden, auf eine Tortenplatte legen, Tortenheber vorlegen.

Weihnachtsgebäck

Schokoladenbrot

Garart: Backen
Teigart: Rührteig

Vorbereitungsarbeiten (ca. 5 Min.)

Geräte herrichten:

- Abfallschüssel, Ordnungstopf
- Zum Backen: rechteckiges Backblech mit Backpapier oder Dauerbackfolie, Küchenwecker
- Zur Vorbereitung: Küchenwaage, elektrische Raspelmaschine, Küchenschüssel
- Zur Zubereitung des Teiges: Rührschüssel, Handrührgerät mit Schneebesen, Teigschaber

Zubereitungsarbeiten (ca. 15 Min.)

Zutaten	Zubereitung
	Backblech vorbereiten, Backofen vorheizen
250 g bittere Schokolade, 250 g Mandeln	reiben
250 g wasserhaltiges Fett, 250 g Zucker, 6 Eier	schaumig rühren, Schokolade und Mandeln zugeben
100 g Mehl	darunter rühren, den Teig auf das vorbereitete Backblech streichen
	Backzeit: 35–40 Minuten bei 180 °C, unterste Schiene

Anrichtearbeiten (ca. 5 Min.)
Schokoladenbrot noch heiß in Rauten schneiden, auf einem Gebäckteller anrichten, Gebäckzange vorlegen.

Gebackene „S"

Garart: Backen
Teigart: Mürbteig

Vorbereitungsarbeiten (ca. 5 Min.)

Geräte herrichten:

- Abfallschüssel, Ordnungstopf
- Zum Backen: rechteckiges Backblech mit Backpapier oder Dauerbackfolie, Küchenwecker
- Zur Zubereitung des Teiges: Küchenwaage, Rührschüssel, Handrührgerät mit Knethaken, Teigkarte
- Zum Formen: Backbrett, Küchenmesser
- Zum Bestreichen: Gabel, Teller, Backpinsel

Zubereitungsarbeiten (ca. 20 Min.)

Zutaten	Zubereitung
	Backblech vorbereiten, Backofen vorheizen
250 g Mehl, 90 g Zucker, 125 g wasserhaltiges Fett, 1 Ei, 1 Eigelb	Mürbteig herstellen
	Rolle formen, ½ cm breite Scheiben abschneiden, „S" formen
1 Eiweiß, 80 g gehackte Mandeln	Gebäck bestreichen, bestreuen
	Backzeit: 10 Minuten bei 200 °C, mittlere Schiene

Anrichtearbeiten (ca. 2 Min.)
Gebackene „S" auf einem Gebäckteller anrichten, Gebäckzange vorlegen.

Vanillekipferl

Garart: Backen
Teigart: Mürbteig

Vorbereitungsarbeiten (ca. 5 Min.)

Geräte herrichten:

- Abfallschüssel, Ordnungstopf
- Zum Backen: rechteckiges Backblech mit Backpapier oder Dauerbackfolie, Küchenwecker
- Zur Zubereitung des Teiges: Rührschüssel, Handrührgerät mit Knethaken, Küchenwaage, Teigkarte
- Zum Formen: Backbrett, Küchenmesser
- Zum Wenden: Teller, Teelöffel

Zubereitungsarbeiten (ca. 20 Min.)

Zutaten	Zubereitung
	Backblech vorbereiten, Backofen vorheizen
250 g Mehl, 125 g geriebene Mandeln 120 g wasserhaltiges Fett, 1 Ei 100 g Zucker, 1 Pckg. Vanillezucker	Mürbteig herstellen, 15 Minuten kalt stellen
	bleistiftdicke Rollen formen, in 5–6 cm lange Stücke schneiden, die Enden dünner rollen, Hörnchen formen
	Backzeit: 10 Minuten bei 180 °C, mittlere Schiene
30 g Puderzucker, 1 Pckg. Vanillezucker	mischen, das heiße Gebäck darin wenden

Anrichtearbeiten (ca. 2 Min.)
Vanillekipferl auf einem Gebäckteller anrichten, Gebäckzange vorlegen.

Zimtplätzchen

Garart: Backen
Teigart: Makronenteig

Vorbereitungsarbeiten (ca. 5 Min.)

Geräte herrichten:

- Abfallschüssel, Ordnungstopf
- Zum Backen: rechteckiges Backblech mit Backpapier oder Dauerbackfolie, Küchenwecker
- Zur Zubereitung des Teiges: Küchenwaage, Rührschüssel, Handrührgerät mit Schneebesen, 2 Teelöffel

Zubereitungsarbeiten (ca. 20 Min.)

Zutaten	Zubereitung
	Backblech vorbereiten, Backofen vorheizen
2 Eiklar	zu steifem Schnee schlagen
125 g Puderzucker	zugeben, sehr schaumig rühren
1–2 El. Zimt 150 g Haferflocken 60 g Butter	zugeben, unterrühren
	Plätzchen mit 2 Teelöffeln auf das vorbereitete Backblech setzen
	Backzeit: 20 Minuten bei 160 °C, unterste Schiene

Anrichtearbeiten (ca. 2 Min.)
Zimtplätzchen auf einem Gebäckteller anrichten, Gebäckzange vorlegen.

Marmeladen

Aprikosen-Marmelade

Garart: Kochen

Vorbereitungsarbeiten (ca. 5 Min.)

Geräte herrichten:
- Abfallschüssel, Ordnungstopf, Probieresslöffel
- Zur Vorbereitung: Küchenschüssel, Seiher, Küchenmesser, Küchenwaage, Schneidebrett, Handrührgerät mit Pürierstab, Sahnerührbecher
- Zur Zubereitung: Kochtopf, Rührlöffel, Esslöffel, Schöpflöffel, Teigschaber, Küchenwecker

Zubereitungsarbeiten (ca. 20 Min.)

Zutaten	Zubereitung
1 kg Aprikosen	waschen, entsteinen, klein schneiden, pürieren
1 kg Zucker	zugeben, verrühren, erhitzen, 7 Minuten kochen
	Marmelade noch heiß in Gläser füllen, sofort verschließen, beschriften

Bananen-Kiwi-Marmelade

Garart: Garen in der Mikrowelle

Vorbereitungsarbeiten (ca. 5 Min.)

Geräte herrichten:
- Abfallschüssel, Ordnungstopf, Probieresslöffel
- Zur Vorbereitung: Küchenmesser, Schneidebrett, Sparschäler, Handrührgerät mit Pürierstab, Sahnerührbecher
- Zur Zubereitung: Küchenwaage, Rührlöffel, Küchenwecker, Schüssel mit Deckel (mikrowellengeeignet), Schöpflöffel, Teigschaber

Zubereitungsarbeiten (ca. 15 Min.)

Zutaten	Zubereitung
2–3 Kiwis	schälen, pürieren
200 g Gelierzucker	zugeben, verrühren, ½ Stunde ziehen lassen
1 Banane	schälen, zugeben, pürieren
	bei 600 Watt 6 Minuten zugedeckt garen, nach 3 Minuten umrühren
	Marmelade noch heiß in Gläser füllen, sofort verschließen, beschriften

Glossar

Abfall (S. 61)
Abfälle entstehen bei der Herstellung und beim Verbrauch von Produkten und Dienstleistungen. Diese Abfälle müssen entsorgt werden. Sie können verbrannt, kompostiert, recycelt oder auch wiederverwendet werden.

Antibiotika-Resistenzgene (S. 74)
Wenn in eine Zelle ein neues Gen eingeschleust wird, wird dieses oft mit einem Markergen verbunden um herauszufinden, welche Zellen die neuen Informationen angenommen haben. Dafür wird oft ein Antibiotika-Resistenzgen verwendet. Das Resistenzgen ist in der Pflanze, die heranwächst, noch vorhanden. Es ist nicht sicher, ob die Antibiotikaresistenz nicht auf den Menschen übertragen werden kann.

Antibiotikum (S. 71)
Ein Antibiotikum ist ein biologischer Wirkstoff, der Kleinstlebewesen im Wachstum hemmt oder abtötet (z. B. Infektionen).

Arbeitszeitmodelle (S. 12)
Durch Arbeitszeitmodelle wird die Verteilung der Arbeitszeit geregelt. Damit wird die konkrete Arbeitszeit eines Arbeitnehmers geregelt.

Arbeitszeitkonto (S. 15)
Mithilfe von Arbeitszeitkonten können Überstunden bei notwendiger Mehrarbeit mit Freistunden bei geringer Auftragslage verrechnet werden. Nach bestimmten, vorher vereinbarten Zeitabständen muss das Konto ausgeglichen sein.

Arteriosklerose (S. 80)
Arteriosklerose bezeichnet allgemein die Verengung, zugleich die Verdickung und Verhärtung der Arterien. Das hat zur Folge, dass das hindurchfließende Blut schlechter transportiert werden kann.

Bauchspeicheldrüse (S. 79)
Die Bauchspeicheldrüse, die im Oberbauch hinter dem Magen liegt, produziert wichtige Verdauungsenzyme sowie Insulin.

Bedürfnis (S. 20, 21)
Ein Bedürfnis ist ein Mangelempfinden, das wir beheben wollen. Es gibt Grundbedürfnisse (Nahrung, Kleidung, Wohnen) und Wahlbedürfnisse. Zu den Wahlbedürfnissen zählen Kulturbedürfnisse (Bücher, Kino) und Luxusbedürfnisse (Schmuck, Reisen).

Betreuung (S. 8)
Betreuung bedeutet sich um jemanden kümmern.

Brainstorming (S. 27)
Spontane Einfälle zu einem Begriff oder einer Fragestellung werden gesammelt.

Cholesterin (S. 80)
ist ein fettähnlicher Stoff, der in tierischen Nahrungsmitteln enthalten ist (Eigelb, Innereien, Fleischfett). Der menschliche Organismus produziert selbst Cholesterin. Es wird bei der Herstellung von Hormonen, Vitamin D und beim Zellaufbau verwendet.

DNS/DNA (S. 72)
Die Desoxyribonukleinsäure (DNS) trägt die genetische Information. In den Chromosomen liegt sie als fadenförmiges Molekül vor. DNA ist die englische Abkürzung für Desoxyribonucleinacid.

Einkommen (S. 42)
Das Einkommen bildet die finanzielle Grundlage, um die Bedürfnisse der im Haushalt lebenden Personen zu befriedigen. Zu den Einkommensarten zählen das Arbeitseinkommen (z. B. Lohn, Gehalt), das Transfereinkommen (z. B. Rente, Arbeitslosengeld) und das Kapitaleinkommen (z. B. Zinsen, Gewinn). In den meisten privaten Haushalten ist das Arbeitseinkommen das hauptsächliche Geldeinkommen.

Empathie (S. 34)
Der Begriff kommt aus dem Griechischen und bedeutet „sich einfühlen“ in andere Menschen, um deren Gefühle, Gedanken und Ansichten zu verstehen.

Energieeffizienz (S. 59)
Die eingesetzte Energie liefert die größtmögliche Leistung.

Enzyme (S. 73)
Enzyme sind natürliche Wirkstoffe in Zellen, die den Ablauf biologischer Prozesse beschleunigen können. Sie werden zu verschiedenen Zwecken in der Lebensmittelherstellung eingesetzt und können auch gentechnisch aus Mikroorganismen kostengünstig und in großen Mengen hergestellt werden. Beispielsweise wird bei der Käseherstellung durch die Zugabe von Labferment (früher aus Kälbermägen gewonnen, jetzt gentechnisch hergestellt) die Milch zum Gerinnen gebracht.

Erziehung (S. 28)
Erziehung nennt man die Förderung eines Menschen und alle pädagogischen Maßnahmen, die dazu dienen, Kinder in die Erwachsenenwelt einzugliedern.

Erziehungsmittel (S. 28)
Erziehungsmittel werden eingesetzt, um eine gewünschte Verhaltensweise zu bewirken, z. B. Lob, Belohnung.

Erziehungsstile (S. 28)
Erziehungsstile zeigen die Art und Weise, wie Eltern oder Erzieher/Erzieherinnen mit Kindern umgehen.

Export (S. 108)
Ausfuhr von Gütern, Dienstleistungen und Kapital ins Ausland.

Freizeit (S. 18)
Freizeit bedeutet frei zur Verfügung stehende Zeit.

Gen (S. 72)
Ein Gen ist ein Abschnitt auf der DNA, der genetische Erbinformationen von Menschen, Tieren und Pflanzen enthält.

Generation (S. 32)
Eine Generation ist eine Gruppe von Menschen, die in einem bestimmten Zeitraum geboren sind.

Gentechnisch veränderter Organismus (GVO) (S. 74)
Wenn das genetische Material einer Pflanze, eines Tieres oder eines Mikroorganismus (Pilze, Bakterien, Hefen) mithilfe der Gentechnik so verändert wird, wie es auf natürliche Weise (z. B. durch Kreuzen) nicht möglich ist, spricht man von einem genetisch veränderten oder transgenen Organismus.

Gesellschaft (S. 8)
Gesellschaft bedeutet die Vereinigung von Menschen.

Gleitzeit (S. 16)
Gleitzeit bedeutet, dass Arbeitnehmer/-innen Arbeitsbeginn und Arbeitsende innerhalb von festgeschriebenen Zeiten selbst festlegen können. Die im Arbeitsvertrag vereinbarte tägliche Arbeitszeit muss dabei eingehalten werden.

Globalisierung (S. 108)
Als Globalisierung bezeichnet man das Entstehen weltweit ausgerichteter Märkte und die damit verbundene internationale Verflechtung der Wirtschaft. Der Begriff leitet sich ab von dem Fremdwort Globus, die Erdkugel.

Glykogen (S. 66)
Glykogen ist im tierischen und menschlichen Organismus das wichtigste Speicherpolysaccharid, das als Reservekohlenhydrat in der Leber und in Muskeln gespeichert wird.

Hausarbeit (S. 11)
Hausarbeit ist die notwendige, meist unbezahlte Arbeit im Haushalt. Sie dient vorrangig zur Lebenserhaltung. Bei der Hausarbeit wird produ-

ziert (z. B. Mahlzeiten zubereiten) und Dienstleistungen werden erbracht (z. B. Kinder betreut).

Haushalte (S. 8)
Haushalte sind Personengemeinschaften, die miteinander leben und wirtschaften.

Haushaltsarbeiten (S. 9)
Als Haushaltsarbeiten bezeichnet man die einzelnen Tätigkeiten im Haushalt, wie Abendessen zubereiten.

Haushaltsaufgaben (S. 8–9)
Haushaltsaufgaben zeigen die verschiedenen Aufgabenbereiche eines Haushalts auf, wie beispielsweise die Ernährung der Haushaltsmitglieder.

HDL (S. 80)
High Density Lipoprotein (Lipoprotein höherer Dichte) transportiert überschüssiges Cholesterin von den Geweben zurück zur Leber. Es verhindert Cholesterinablagerungen in den Gefäßen.

Herbizidresistenz (S. 73)
Eine Pflanze wurde gentechnisch so verändert, dass sie gegen bestimmte Herbizide (Unkrautvernichtungsmittel), die gespritzt werden, nicht mehr anfällig ist. Es kann also gegen Unkraut chemisch vorgegangen werden, ohne dass der Ertrag der Pflanze darunter leidet.

Immunsystem (S. 76)
Der Begriff Immunsystem fasst alle Organe, Zellen und Eiweißkörper zusammen, die dazu beitragen, dass der menschliche Körper sich gegen Krankheiten wehren kann.

Import (S. 108)
Einfuhr von Gütern, Dienstleistungen und Kapital aus dem Ausland.

Insektenresistenz (S. 73)
Pflanzen werden gentechnisch so verändert, dass sie Gifte entwickeln, die für die Schädlinge, die die Pflanze anfressen, giftig sind, aber nicht für den Menschen oder andere Tiere.

Insulin (S. 78 f.)
Insulin ist ein Hormon, das in der Bauchspeicheldrüse gebildet wird.

Internetadressen (S. 67)
Internetadressen werden kleingeschrieben, die Umlaute ä, ö, ü werden wie im Kreuzworträtsel zu ae, oe, ue. Die einzelnen Teile der Adressen sind jeweils ohne Zwischenraum durch einen Punkt, einen Bindestrich oder einen Schrägstrich voneinander getrennt.

Jo-Jo-Effekt (S. 78)
Als Jo-Jo-Effekt bezeichnet man das Phänomen des schnell wieder steigenden Körpergewichtes nach einer kurzfristigen Reduktionsdiät bei gleichbleibenden Ernährungsgewohnheiten.

Kernzeit (S. 16)
Die Kernzeit ist die vom Arbeitgeber vorgeschriebene Arbeitszeit, in der alle Arbeitnehmer ihren Aufgaben am Arbeitsplatz nachkommen müssen. Diese Zeit darf nicht als Gleitzeit in Anspruch genommen werden.

Kompromiss (S. 34)
Ein Kompromiss ist eine Einigung durch gegenseitige Zugeständnisse. Die an einem Konflikt beteiligten Personen kommen sich so entgegen, dass beide mit der Lösung leben können.

Konflikt (S. 34 f.)
Der Begriff Konflikt kommt aus dem Lateinischen und bedeutet „Zusammenstoß“. Ein Konflikt liegt vor, wenn widersprechende Bedürfnisse, Interessen oder Erwartungen aufeinander treffen. Ein Konflikt kann zwischen zwei oder mehr Personen bestehen.

Konsum (S. 45)
Konsum bedeutet Güter und Dienstleistungen zu nutzen bzw. zu verbrauchen. Um zu konsumieren (lat. verbrauchen), müssen zuerst Güter und Dienstleistungen bereitgestellt werden.

Kredit (S. 49)
Ein Kredit ist eine Geldsumme, die ein Kreditgeber einem Kreditnehmer zeitlich befristet überlässt. Nach Ablauf der Frist muss der Kreditnehmer diese Summe mit Zinsen zurückzahlen.

Körperfunktionen (S. 30)
Körperfunktionen sind meist unwillkürlich ablaufende Vorgänge im Körper, wie beispielsweise die Verdauung.

LDL (S. 80)
Low Density Lipoprotein (Lipoproteine niedriger Dichte) transportiert das Cholesterin aus der Leber zu den Körperzellen. Ist es erhöht, kann dies zu Ablagerungen in den Blutgefäßen führen.

Lebensmittelallergene (S. 74)
sind Stoffe, die eine Allergie auslösen können. Diese Stoffe sind meist Proteine (Eiweiße).

Lebensphase (S. 32)
Lebensphase nennt man einen Abschnitt im Leben eines Menschen wie Kindheit, Jugend.

Leiharbeit/Leiharbeiter (S. 12)
Das sind Arbeitnehmer, die mit einer Zeitarbeitsfirma einen Vertrag abgeschlossen haben und von dieser an andere Unternehmen für eine bestimmte Zeit ausgeliehen werden. Die Leihfirma verdient an jeder Arbeitsstunde, die der Arbeitnehmer leistet, mit.

Lipoproteine (S. 80)
Träger- oder Transporteiweiße, die Fette und Cholesterin im Blut zu den Zellen befördern.

Markergen (S. 74)
Markergene werden in der Gentechnik eingesetzt, damit man erkennen kann, ob neues Erbgut erfolgreich in eine Zelle eingeschleust werden konnte. Das Markergen wird zusammen mit dem Gen der neuen Eigenschaft in das Erbgut einer tierischen oder pflanzlichen Zelle gebracht.

Mindmap (S. 27)
Mindmap bedeutet die Strukturierung eines Stoffgebiets.

Monokultur (S. 108)
Auf einer landwirtschaftlich genutzten Fläche wird dauerhaft nur eine Art von Nutzpflanzen angebaut.

Mykotoxine (S. 70)
Pilze, die auf Lebensmitteln wachsen und Gifte bilden. Sie können zu gesundheitlichen Schäden am Menschen führen.

Ökobilanz (S. 61)
In einer Ökobilanz werden die Auswirkungen von Produkten, Dienstleistungen oder Produktionsverfahren auf die Umwelt erfasst. Ziel der Ökobilanz ist es, umweltverträglicher zu werden.

Osteoporose (S. 81)
Typische Merkmale hierfür sind ein übermäßiger Abbau der Knochensubstanz und eine Abnahme der Knochenstabilität. Die Krankheit ist daher auch als Knochenschwund bekannt.

Partnerschaft (S. 8–9)
Partnerschaft bedeutet die Teilhabe an der Lebens- oder Arbeitswelt eines anderen/einer anderen.

Physisch (S. 33)
Physisch bezeichnet den körperlichen Teil des Menschen.

Präbiotische Lebensmittel (S. 76)
Sie enthalten unverdauliche Bestandteile (Ballaststoffe), die die Aktivität von Darmbakterien steigern sollen.

Privater Haushalt (S. 8)
Der private Haushalt besteht aus Personen, die in einer Wohnung zusammenleben (Ein- oder Mehrpersonenhaushalt) und wirtschaften (mit Einnahmen und Ausgaben haushalten).

Probiotische Lebensmittel (S. 76)
Sie enthalten lebende Keime, die die Darmflora günstig beeinflussen sollen.

Psychisch (S. 33)
Psychisch bezeichnet den geistig-seelischen Teil des Menschen.

Purine (S. 81)
Stickstoffhaltige Substanzen von Zellkernen. Nach dem Genuss purinreicher Lebensmittel (z. B. Innereien) können erhöhte Harnsäurewerte auftreten.

Quelle (S. 97)
Aus einer Quelle beziehst du deine Informationen. Das kann z. B. ein Buch, ein Artikel in einer Zeitung oder im Internet, der Bericht einer Person usw. sein.

Radikalkuren (S. 78)
Radikalkuren nennt man extreme Reduktionsdiäten wie die Null-Diät.

Recycling (S. 61, 105)
Recycling ist die Aufbereitung und Wiederverwendung gebrauchter Stoffe und Abfälle, die zu neuen Produkten weiterverarbeitet werden. So werden z. B. aus Altpapier neue Zeitungen gedruckt. Mit diesem Kreislauf können wir Rohstoffe und Energie sparen.

Region (S. 124)
Unter einer Region verstehen wir z. B. eine Gemeinde, eine Stadt oder ein Bundesland. Die Menschen einer Region leben in Familien, als Nachbarn und als Interessengemeinschaften zusammen.

Reklamation (S. 58)
Reklamation ist eine Beschwerde. Sie ist gerechtfertigt, wenn das Produkt oder die Dienstleistung, die reklamiert wird, fehlerhaft ist.

Rohstoffe (S. 108)
Rohstoffe sind die Hauptbestandteile der Produkte, z. B. Holz, Erdöl,Mehl.

Rollenspiel (S. 40)
Das Rollenspiel ist eine Methode des Lernens. Du lernst nicht nur, vor der Klasse zu stehen und so zu reagieren und zu reden wie z. B. eine Ernährungsberaterin. Du lernst auch, dein theoretisches Wissen überzeugend wiederzugeben und du übst Empathie. Die Zuschauer beobachten und sollten sich nach dem Rollenspiel dazu äußern können.

Schichtarbeit (S. 15)
Es wird in Früh-, Spät- und Nachtschicht eingeteilt. Andere Formen der Schichtarbeit finden wir zum Beispiel in der Gastronomie. Hier gibt es auch Überschneidungen der Arbeitszeit von Früh-, Tages- und Spätschicht. Mit der Schichtarbeit wird das Ziel verfolgt, Maschinen besser auszulasten, Kranke rund um die Uhr zu betreuen oder öffentliche Verkehrsmittel stets bereitzustellen. Schichtarbeit garantiert in vielen Fällen die optimale Nutzung eines Arbeitsplatzes für 24 Stunden.

Schulden (S. 48)
Schulden entstehen, wenn das Geld nicht ausreicht. Es kann dafür ein Kredit bei Banken, Sparkassen oder privaten Personen aufgenommen werden.

Sekundäre Pflanzenstoffe (S. 76)
Es gibt mehr als 30 000 Substanzen, die ausschließlich von Pflanzen gebildet werden. Die Pflanzen benötigen diese Stoffe z. B. als Abwehr gegen Schädlinge, als Farb-, Duft- oder Lockstoffe oder als pflanzeneigene Hormone. Erst in den letzten Jahren erkannte man, dass diese Stoffe für die Gesundheit des Menschen eine große Rolle spielen, z. B. können sie das Immunsystem stärken und auch gegen Krebs und vieles andere wirken. Viele dieser Stoffe sind noch nicht richtig erforscht.

Sozialisation (S. 28)
Mit Sozialisation bezeichnet man das Hineinwachsen des Menschen in die Gesellschaft und das geregelte Zusammenleben.
Man unterscheidet:

primäre Sozialisation
Erlernen der Grundfähigkeiten und Grundeinstellungen sozialen Verhaltens in der frühen Kindheit, meist in der Familie, überwiegend durch Gewöhnung und Nachahmung
sekundäre Sozialisation
Vorgänge und Prozesse, durch die ein Mensch, der bereits über die Grundmuster im Verhalten mit anderen verfügt, neue Rollen und Verhaltensmuster lernt.

Sozialversicherungsbeiträge (S. 43)
Dazu zählen die Beiträge zur gesetzlichen Krankenversicherung, Rentenversicherung, Arbeitslosenversicherung und zur Pflegeversicherung. Die Beiträge berechnen sich aus dem Geldeinkommen der Versicherten und werden vom Versicherten und von seinem Arbeitgeber getragen.

Sparen (S. 45)
Sparen ist der Verzicht auf die Verwendung eines Teils des verfügbaren Geldeinkommens.

Teamarbeit (S. 98)
Teamarbeit bedeutet, mit einer Gruppe von Menschen zusammenzuarbeiten (Gemeinschaftsarbeit). Bei der Arbeit in einer Gruppe (einem Team) ist es wichtig, bestimmte Regeln einzuhalten, z. B. das gemeinsame Ziel zu unterstützen, niemanden bei der Arbeit zu stören, andere Meinungen gelten zu lassen, Ideen weiterzugeben, anderen zu helfen und Konflikte ohne Streit auszutragen.

Teilzeitarbeit (S. 14)
Von Teilzeitarbeit wird dann gesprochen, wenn ein Arbeitnehmer einen Vollzeitarbeitsplatz nur zu einem Teil besetzt. Teilzeitarbeitsplätze werden vom Arbeitgeber eingerichtet, wenn die Arbeitsaufgabe nicht für einen Vollzeitarbeitsplatz ausreicht oder wenn ein Arbeitnehmer Teilzeitarbeit wünscht. Arbeitnehmer haben ein Recht auf Teilzeit.

Textilien (S. 99)
Textilien sind aus Fasern hergestellte Materialien. Daher zählen alle anderen flächigen Produkte wie Folien nicht zu den Textilien.

Toleranz (S. 34)
Ein toleranter Mensch kann die Gewohnheiten, Meinungen, Bräuche anderer Personen dulden und akzeptieren und möchte diese nicht ändern.

Überschuldung (S. 48)
Überschuldet ist z. B. ein Hauhalt dann, wenn er die Raten für Schulden nicht mehr, nicht mehr regelmäßig oder nicht in der festgelegten Höhe zurückzahlen kann.

Verbraucher (S. 56)
Der Verbraucher nutzt Dienstleistungen und Waren, die er gekauft hat.

Verbraucherberatungsstelle (S. 57)
Verbraucherberatungsstellen dienen dem Schutz des Verbrauchers. Sie beraten über die Gebrauchsfähigkeit von Gütern, gesunde Ernährung, Warenkunde und führen Preisvergleiche durch. Es wird auch Hilfe bei Störungsfällen und Reklamationen angeboten.

Work-Life-Balance (S. 13)
Darunter versteht man ein ausgeglichenes Verhältnis von Arbeit und Freizeit.

World Wide Web (www.) (S. 67)
Ein anderer Ausdruck für das Internet. Übersetzt bedeutet er „weltweites Netz“.

Obst- und Gemüsekalender

Obst- und Gemüsesorten	Jan.	Febr.	März	April	Mai	Juni	Juli	Aug.	Sept.	Okt.	Nov.	Dez.
Äpfel	●	●	●	●	○	○	○	○	●	●	●	●
Aprikosen					○	●	●	●	○			
Bananen	○	●	●	●	●	●	●	●	●	●	●	●
Birnen	○	○	○	○	○	○	○	●	●	●	●	●
Erdbeeren			○	○	●	●	●	○			○	○
Himbeeren						○	●	●	○			
Johannisbeeren						○	●	●				
Kirschen					○	●	●	○				
Kiwi	●	●	●	○	○	●	●	●	●	●	●	●
Orangen, Grapefruits	●	●	●	●	●	●	○	○	○	○	●	●
Pfirsiche				○	○	●	●	●	○	○	○	
Pflaumen, Zwetschgen						○	●	●	●	○		
Stachelbeeren						○	●	●				
Weintrauben	○	○	○	○	○	○	●	●	●	●	○	○
Zitronen	●	●	●	●	●	●	○	○	○	●	●	●
Ackersalat (Feldsalat)	○	○	○							●	●	●
Auberginen	○	○	○	○	●	●	●	●	○	○		
Blumenkohl	○	○	●	●	○	○	●	●	●	●	○	○
Bohnen grün					○	○	●	●	●	○	○	
Broccoli		○	○	○				●	●	●		
Chicorée	●	●	●	○						●	●	●
Endivien	●	●	●	○				●	●	●	●	●
Erbsen, grün				○	○	●	●	●				
Gurken	○	○	○	○	○	●	●	●	●	●	●	○
Kohlrabi		○	○	○	○	●	●	○	○	○		
Kopfsalat	○	○	●	●	●	●	●	●	●	○	○	○
Lauch (Porree)	○	○	○	○	○	○	○	●	●	●	●	●
Melonen					○	●	●	●	●	○	○	○
Möhren (gelbe Rüben)	●	●	●	○	○	○	○	●	●	●	●	●
Paprikaschoten	○	○	○	○	○	○	○	●	●	●	○	○
Rettiche	○	○	○	○	●	●	●	●	●	○	○	○
Rhabarber		○	○	●	●	○	○					
Rosenkohl	●	●	○	○						○	●	●
Rotkohl, Weißkohl	●	●	●	○	○	○	●	●	●	●	●	●
Sellerieknollen	●	●	●	○				○	●	●	●	●
Spargel		○	○	●	●	●						
Spinat		○	●	●	●	○	○	○	●	●	○	
Tomaten	○	○	○	○	○	○	●	●	●	○	○	○
Zucchini (Zucchetti)	○	○	○	○	●	●	○	○	○	○	○	○
Zwiebeln	●	●	●	●	●	○	○	●	●	●	●	●

● = großes Angebot ○ = geringeres Angebot, auch aus Gewächshausanbau ■ = aus heimischem Anbau

Nährwerttabelle

Lebensmittel 100 g essbarer Anteil	Eiweiß g	Fett g	Kohlenhydrate g	Ballaststoffe g	Energie kJ	Energie kcal	Mineralstoffe Eisen mg	 Calcium mg	Vitamine A µg	 B_1 mg	 B_2 mg	 C mg
Rindfleisch												
Rinderfilet	19	4	+	0	490	116	2,1	3	–	0,1	0,1	1
Keule (Schlegel)	21	7	+	0	630	150	2,6	1,3	10	0,1	0,2	1
Brust	16	21	+	0	1100	261	2,5	2	–	–	–	–
Rinderleber	20	3	6	0	560	133	7,1	7	8340	0,3	2,9	30
Hackfleisch	23	13	+	0	880	209	2,2	12	0	+	0,2	1
Schweinefleisch												
Schweinelende	19	10	+	0	710	169	–	2	–	–	–	0
Schweineschnitzel	21	8	+	0	680	161	2,3	2	–	0,7	0,2	0
Schweinekotelett	16	25	+	0	1250	297	1,8	11	–	0,8	0,2	0
Schweineschinken	17	23	+	0	1190	283	2,0	9	–	0,8	0,2	0
Schweinebauch	12	42	+	0	1840	438	–	1	–	0,4	0,1	0
Schweineleber	20	6	1	0	5380	138	22,1	10	3540	0,3	3,2	23
Geflügel												
Brathuhn	15	4	0	0	448	106	1,8	12	10	0,1	0,2	3
Ente	18	17	0	0	960	228	2,1	11	–	0,3	0,2	–
Truthahn	15	11	+	0	703	167	4,2	27	+	0,1	0,1	0
Fleisch- und Wurstwaren												
Geflügelwurst	16	5	0	0	460	109	–	–	–	–	–	–
Gelbwurst	12	33	+	–	1500	357	–	–	–	–	0,1	–
Leberwurst	12	41	0	0	1840	438	5,3	41	1460	–	0,9	0
Mettwurst	12	52	0	0	2225	529	1,6	13	0	+	–	–
Salami	18	50	0	0	2180	519	2,4	13	–	0,1	0,1	0
Fleischkäse (Leberkäse)	13	23	0	0	1120	266	–	4	–	+	0,2	0
Wiener Würstchen	15	21	0	0	1080	257	2,4	18	–	0,1	0,1	0
Schinken, gekocht	19	20	0	0	1150	273	2,4	10	+	0,5	0,3	0
Seefische												
Kabeljau (Dorsch)	17	+	0	0	300	71	0,5	11	+	+	+	2
Rotbarsch (Goldbarsch)	18	4	0	0	470	111	0,7	22	12	0,1	0,1	+
Süßwasserfische												
Forelle	20	3	0	0	450	107	1,0	18	45	+	+	+
Karpfen	18	5	0	0	500	119	1,1	29	56	+	+	1
Fischdauerwaren												
Bismarckhering	17	16	0	0	920	219	–	38	36	+	0,2	0
Thunfisch in Öl	24	21	0	0	1230	292	1,2	7	370	+	+	0
Fischstäbchen, tiefgefr., roh	16	7	20	–	850	202	–	–	–	–	–	0
Obst												
Ananas, roh	+	+	14	1,0	240	57	0,4	16	10	0,1	+	20
Apfel	+	+	14	2,0	245	58	0,4	7	9	+	+	11
Apfelsine	1	+	11	1,6	210	50	0,4	30	15	0,1	+	50
Aprikose, roh	1	+	13	1,5	240	57	0,6	15	298	+	+	10
Banane	1	+	23	1,8	415	98	0,4	7	38	+	+	8
Birne	+	+	13	3,3	230	54	0,3	16	6	+	+	5
Erdbeere, roh	1	+	7	1,6	140	33	0,9	25	13	+	+	62
Himbeere	1	+	8	4,7	160	38	1,0	40	7	+	0,1	25
Johannisbeere, schwarz	1	+	12	6,8	225	53	1,2	53	23	0,1	0,1	180
Kirsche, süß	1	+	16	1,3	290	69	0,4	14	13	0,1	0,1	15
Pfirsich	1	+	10	1,9	180	42	1,2	5	73	+	+	10
Pampelmuse/Grapefruit	1	+	10	1,6	180	42	0,3	20	3	+	+	41
Pflaume	1	+	16	1,6	285	67	0,5	16	35	0,1	+	5
Weintraube	1	+	16	1,5	300	71	0,5	21	5	+	+	4
Gemüse												
Blumenkohl	2	+	4	2,9	105	25	0,6	20	21	0,1	0,1	70
Bohnen, grün	2	+	6	1,9	140	33	0,8	56	60	0,1	0,1	19
Chicorée	1	+	2	1,3	67	15	0,7	26	216	+	+	10
Chinakohl	1	+	2	1,9	67	15	0,6	40	13	+	+	36
Endivien	2	+	2	1,2	70	16	1,6	54	333	0,1	0,1	10
Erbsen, grün	5	+	10	4,3	260	61	1,8	23	53	0,3	0,1	9
Gurke	+	+	2	0,5	35	8	0,4	11	28	+	+	1
Kohlrabi	2	+	5	1,4	120	28	0,9	75	2	0,1	+	66
Kopfsalat	1	+	2	1,4	60	14	0,7	23	150	0,1	0,1	10
Möhren, Karotten	1	+	6	3,6	120	28	0,6	29	1120	0,1	+	7
Paprikaschoten	1	+	4	3,6	90	21	0,6	9	230	0,1	0,1	107
Porree/Lauch	2	+	6	2,3	140	33	1,0	87	333	0,1	0,1	30
Rhabarber	1	+	3	3,2	70	16	0,5	52	12	+	+	10
Rosenkohl	4	+	6	4,4	180	42	0,9	24	65	0,1	0,2	84
Rotkohl/Blaukraut	2	+	5	2,5	120	28	0,5	35	5	0,1	+	50
Spargel	2	+	3	1,3	90	21	1,0	21	50	0,1	0,1	21
Spinat, roh	2	+	2	2,6	75	17	5,2	83	816	0,1	0,2	51

Lebensmittel 100 g essbarer Anteil	Eiweiß g	Fett g	Kohlen-hydrate g	Ballast-stoffe g	Energie kJ	Energie kcal	Mineralstoffe Eisen mg	 Calcium mg	Vitamine A µg	 B_1 mg	 B_2 mg	 C mg
Tomate	1	+	3	1,0	70	16	0,5	14	133	0,1	+	24
Weißkohl/Weißkraut	1	+	4	3,0	105	25	0,5	46	10	+	+	46
Zwiebeln	1	+	9	1,8	176	41	0,5	29	33	+	+	8
Hülsenfrüchte												
Bohnen, weiß	21	2	57	23,2	1400	333	6,0	105	65	0,5	0,2	3
Erbsen, geschält	22	1	59	16,6	1450	345	5,0	44	20	0,7	0,2	1
Linsen	24	1	56	17,0	1420	338	6,9	74	20	0,5	0,3	+
Kräuter												
Kresse	2	+	3	3,5	90	21	0,7	26	216	+	+	10
Petersilie	3	+	6	4,3	150	35	4,8	147	730	0,1	0,2	166
Schnittlauch	4	+	8	6,0	220	52	13,0	167	50	0,1	0,2	47
Pilze												
Champignons, frisch	3	+	3	2,0	105	25	1,1	10	+	0,1	0,5	4
Champignons, Dose	2	+	3	–	100	23	0,7	9	+	+	0,4	2
Kartoffeln,-erzeugnisse												
Kartoffeln, roh, ohne Schale	2	+	19	–	350	83	1,0	13	3	0,08	+	15
Kartoffelpüree, trocken	8	1	79	6,1	1530	364	2,2	30	+	0,25	0,15	26
Nüsse												
Erdnüsse, geröstet	26	49	18	11,4	2660	633	2,3	65	110	0,3	0,1	0
Haselnüsse	14	61	14	8,2	2855	679	3,8	226	4	0,4	0,2	3
Getreideerzeugnisse												
Weizenmehl, Type 1600	12	2	69	1,4	1449	345	3,3	38	60	0,45	0,17	0
Weizenmehl, Type 405	11	1	74	4,0	1460	347	0,7	15	+	0,06	0,03	0
Weizenkeime	27	9	46	17,7	1570	373	8,1	69	160	2,01	0,72	0
Roggenmehl, Type 1800	11	2	70	13,9	1415	336	4,0	23	45	0,30	0,14	0
Reis, ganzes Korn, unpoliert	7	2	75	2,2	1470	350	2,6	23	0	0,41	0,09	0
Reis, ganzes Korn, poliert	7	1	79	1,4	1480	352	0,6	6	0	0,06	0,03	0
Haferflocken	14	7	66	10,0	1680	400	4,6	54	0	0,59	0,15	0
Eierteigwaren, Nudeln	13	3	72	3,4	1580	376	2,1	20	60	0,20	0,10	–
Cornflakes	8	1	83	4,0	1600	380	2,0	13	0	–	0,05	0
Hefegebäck, einfach	5	7	33	–	930	221	–	–	–	–	–	–
Milch/Milchprodukte												
Vollmilch, 3,5 % Fett	3,5	3,5	5	0	275	65	0,1	118	22	+	0,2	2
Milch, entrahmt	4	+	5	0	145	34	0,1	125	+	+	0,2	2
Buttermilch	4	+	4	0	145	34	0,1	109	8	+	0,2	+
Joghurt, Vollmilch	5	4	5	0	310	73	0,2	150	28	+	0,3	2
Joghurt, aus entrahmter Milch	5	+	5	0	165	39	–	–	–	–	–	–
Schlagsahne	2	30	3	0	1260	300	+	75	240	+	0,2	1
Saure Sahne	3	10	4	0	480	114	–	–	–	–	–	–
Kondensmilch (7,5 % Fett)	7	8	10	0	570	135	0,1	240	65	+	0,4	2
Speisequark (40 % i. Tr.)	12	11	4	0	695	165	0,3	70	110	+	0,2	–
Speisequark, mager (10 % i. Tr.)	17	1	2	0	370	88	0,5	70	13	+	0.3	1
Doppelrahmfrischkäse	15	28	2	0	1480	352	–	34	320	+	0,3	0
Emmentalerkäse	18	26	2	0	1370	326	0,5	382	480	+	0,4	+
Hühnerei												
Hühnerei (Gesamtinhalt)	13	11	1	0	670	159	1,8	50	265	0,1	0,3	+
Hühnereidotter	16	32	+	0	1580	376	7,2	140	1490	0,3	0,4	+
Hühnerklar	11	+	1	0	230	54	0,2	11	+	+	0,3	+
Obstsäfte												
Apfelsaft	+	0	12	–	190	45	0,3	7	15	0,1	+	1
Apfelsinensaft, ungesüßt	1	0	11	0,4	200	47	0,3	15	12	0,1	+	42
Cola-Getränk	0	0	11	0	185	44	–	4	0	0	0	0
Getränke/Gemüsesäfte												
Karottensaft	+	+	6	–	110	26	–	27	–	–	–	4
Tomatensaft	2	+	4	0,1	100	23	0,8	12	117	+	+	15
Zucker, Zuckerwaren												
Honig	+	0	80	0	1380	328	1,3	5	0	+	+	2
Marmelade i. D.	+	0	66	–	1135	270	+	10	0	+	+	8
Schokolade, Vollmilch	9	32	55	0,0	2340	557	3,1	214	18	0,10	0,35	+
Zucker	0	0	100	0	1720	409	0,5	1	0	0	0	0
Fett/Öle												
Butter	1	83	1	0	3240	771	0,1	13	590	+	+	+
Margarine	1	80	1	0	3180	757	0,1	10	590	+	+	+
Halbfettmargarine	6	40	+	0	1620	385	–	–	–	–	–	–
Sonnenblumenöl	0	100	0	0	3880	923	0	0	4	0	0	0
Mayonnaise, 80 % Fett	2	80	3	0	3060	728	1,0	23	3	+	+	6
Mayonnaise, 50 % Fett	1	52	5	0	2130	507	–	–	–	–	–	–

Zeichenerklärung: + = in Spuren: – = kann nicht bestimmt werden, da keine genaue Analyse vorliegt.

Anhang

Stichwortregister

Methoden

Rezeptregister

Bildquellenverzeichnis

S. 10.1: picture-alliance/dpa-infografik – **S. 13.1:** sodapix / F1online – **S. 15.1:** iStockphoto.com – **S. 15.2:** Fotolia – **S. 19.1:** picture-alliance/dpa-infografik – **S. 19.2:** mbrowe/iStockphoto.com – **S. 19.3:** iStockphoto.com – **S. 25.1:** Rui Camilo/Deepol – **S. 25.2:** Uwe Dahlmann/Jahreszeitenverlag – **S. 26.1:** Shutterstock/fizkes – **S. 26.2:** Shutterstock/Tyler Olson – **S. 26.3:** Shutterstock/yeo2205 – **S. 26.4**: Mitch Diamond/Avenue Images/Index Stock – **S. 29.1:** Shutterstock/Iakov Filimonov – **S. 29.2:** Shutterstock.com/Evgeny Atamanenko – **S. 31:** picture-alliance/Globus Infografik – **S. 32.1:** DiAgentur/Keystone – **S. 32.2:** Teich/Caro – **S. 32.3:** BilderBox, Thening, Österreich – **S. 32.4:** A. Riedmiller/Caro – **S. 37:** Gerhard Mester/Baaske Cartoons – **S. 39.1:** picture-alliance/dpa-infografik – **S. 39.2:** picture-alliance/dpa-Grafik – **S. 45:** picture-alliance/dpa-infografik – S. **48.1:** Hyundai Deutschland – **S. 48.2:** picture-alliance/Globus Infografik – **S. 50.1+4:** © 2003 Siemens Elektrogeräte GmbH – **S. 50.2+3:** Fotolia – **S. 54**: amazon.de – **S. 61:** Fotolia – **S. 66.1:** MEV, Augsburg – **S. 66.2:** Haussen/Freelens Pool – **S. 67.1:** Deutsche Gesellschaft für Ernährung, Bonn – **S. 67.2:** BilderBox, Thening, Österreich – **S. 69:** A. Riedmiller/Caro – **S. 71:** Fotolia/Philip#144987525 – **S. 72:** Hans-Guenter Oed/stock 4B – **S. 75:** Ruffer/Caro – **S. 77:** Margarethe Schmid/Bernhard Ordner, Schwäbisch-Gmünd – **S. 86.1:** Margarethe Schmid/Bernhard Ordner, Schwäbisch-Gmünd – **S. 86.2:** Hoffmann/Caro – **S. 86.3:** Margarethe Schmid/Bernhard Ordner, Schwäbisch-Gmünd – **S. 87.1-3:** Margarethe Schmid/Bernhard Ordner, Schwäbisch-Gmünd – **S. 89:** picture-alliance/dpa – **S. 92:** © 2006 schönere Welt! Sven C. Steinmeyer, swelt.com – **S. 100:** picture-alliance/Manfred Segerer – **S. 104.1:** Dachverband FairWertung e. V. 2010 – **S. 104.2:** Elisabeth Mitterwallner, München – **S. 105:** Vaude Sport GmbH & Co. KG, Tettnang – **S. 106.1-3:** Ulrike Priebe, Strehla – **S. 107.1-2:** Werner Bachmeier, Ebersberg – **S.108:** Geo-Grafik – **S. 110.1:** Altmann/maritius images – **S. 110.2:** Werner Bachmeier, Ebersberg – **S. 110.3:** Getty Images – **S. 110.4:** Clopert/REA/laif – **S. 111.1:** M.Nascimento/REA/laif – **S. 111.2:** E. Fink – **S. 111.3:** Schreiber-Braun/Photopool – **S. 111.4:** MEV, Augsburg – **S. 116.1+2:** Bundesagentur für Arbeit – **S. 116.3:** ullstein bild/ecopix – **S. 116.4+5:** Bundesagentur für Arbeit – **S. 119.1:** Institut der deutschen Wirtschaft/IW-Zukunftspanel – **S. 119.2:** A. Bacall/CartoonStock.com – **S. 121.1:** Thomas Trutschel/photothek – **S. 121.2:** Joker – **S. 124:** iStockphoto.com – **S. 128:** picture alliance/dpa – **S. 148-178:** Margarethe Schmid/Bernhard Ordner, Schwäbisch-Gmünd.

Umschlagabbildungen:
v.l+h.l.: Peter Wirtz, Dormagen – **v.M.+h.M.:** Corbis © Hermann/Starke – **v.r.+h.r.:** MEV, Augsburg.